Der bereicherungsrechtliche Nutzungsanspruch

Veröffentlichungen des Instituts für Energie- und Regulierungsrecht Berlin

Herausgegeben von Franz Jürgen Säcker

Band 56

PL ACADEMIC RESEARCH

Genevieve Baker

Der bereicherungsrechtliche Nutzungsanspruch

PL ACADEMIC RESEARCH

Bibliografische Information der Deutschen Nationalbibliothek
Die Deutsche Nationalbibliothek verzeichnet diese Publikation in der Deutschen Nationalbibliografie; detaillierte bibliografische Daten sind im Internet über http://dnb.d-nb.de abrufbar.

Zugl.: Berlin, Freie Univ., Diss., 2015

D 188
ISSN 2363-684X
ISBN 978-3-631-71432-4 (Print)
E-ISBN 978-3-631-71433-1 (E-PDF)
E-ISBN 978-3-631-71434-8 (EPUB)
E-ISBN 978-3-631-71435-5 (MOBI)
DOI 10.3726/b10568

PL Academic Research ist ein Imprint der Peter Lang GmbH.

Peter Lang – Frankfurt am Main · Bern · Bruxelles · New York · Oxford · Warszawa · Wien

Diese Publikation wurde begutachtet.

www.peterlang.com

Inhaltsverzeichnis

Vorwort

Die vorliegende Arbeit geht auf eine Anregung meines Doktorvaters, Prof. Dr. iur. Dr. rer. pol. Dres. h.c. Franz Jürgen Säcker, zurück, an dessen Institut für Deutsches und Europäisches Wirtschafts-, Wettbewerbs- und Regulierungsrecht ich während ihrer Anfertigung als wissenschaftliche Mitarbeiterin tätig war. Für die vielen ertragreichen zivilrechtlichen Diskussionen in dieser Zeit, die interessierte Betreuung der Dissertation und die sehr zügige Korrektur möchte ich Herrn Säcker ganz herzlich danken. Die Arbeit hat in hohem Maße von seiner besonderen Qualifikation als ein seinen Schülern zugewandter, die Gesamtsystematik des Zivil- und Wirtschaftsrechts stets im Blick behaltender und zugleich für Detailfragen aus jedem Rechtsbereich zu begeisternder Zivilrechtslehrer profitiert.

Prof. Dr. iur. Martin Schwab danke ich für die Erstellung des Zweitgutachtens und für seine gründliche Auseinandersetzung mit der Arbeit.

Für ihre vielfältige Unterstützung während meiner juristischen Ausbildung und insbesondere für die in das Korrekturlesen dieser Arbeit investierte Zeit und Mühe danke ich meinen Eltern. Ihnen ist die Arbeit gewidmet.

§ 1 Einleitung

Wenn zwei Parteien einen Kaufvertrag geschlossen und vollzogen haben, sich aber nach einiger Zeit herausstellt, dass der Kaufvertrag nichtig ist, muss der Vollzug rückabgewickelt werden. Bei einem Sachkauf, beispielsweise, wird der Vollzug des Kaufvertrags durch Übereignung und Übergabe der Sache durch den Käufer und Zurückzahlung des Kaufpreises durch den Verkäufer rückgängig gemacht. Dies ist der Anwendungsbereich des bereicherungsrechtlichen Hauptanspruchs gemäß § 812 Abs. 1 S. 1, 1. Var. BGB. Aber auch nach dieser Rückabwicklung bleibt das Problem, dass die Vermögensgüter eine Zeit lang, nämlich bis zur Rückabwicklung, unrichtig zugeordnet waren. Die Sache stand dem Käufer, ein Geldbetrag in Höhe des Kaufpreises dem Verkäufer bis zur Rückabwicklung zur Verfügung, und zwar ohne vertragliche Rechtfertigung, weil die Nichtigkeit ex tunc wirkt. Nach dem Gesetz soll es hierfür ebenfalls einen Ausgleich geben[1]. Dies ist der Anwendungsbereich des Nutzungsanspruchs gemäß § 818 Abs. 1, 1. Var. BGB.

Der Nutzungsanspruch spielt in erster Linie bei der Leistungskondiktion eine Rolle, obwohl die Nutzung eines fremden Rechtsguts einen typischen Fall der Eingriffskondiktion darstellt[2]. Als Nebenanspruch kann § 818 Abs. 1, 1. Var. BGB nämlich nur zur Anwendung kommen, wenn die Nutzung nicht selbst das Erlangte darstellt, sondern einen Annex zum bereicherungsrechtlichen Hauptgegenstand. Der Hauptgegenstand muss daher eine Position wie das Eigentum sein, welche eine Nutzung vermittelt. Eine solche Position lässt sich aber in der Regel nicht durch Eingriff erlangen[3]. Auch im Bereich der Rückabwicklung von

1 Diese rechtspolitische Entscheidung ist natürlich nicht zwingend. Die Verfasser der UNIDROIT Principles of International Commercial Contracts 2010 haben sich beispielsweise wegen der vielfältigen Probleme in Zusammenhang mit dem Nutzungsanspruch gegen einen Ausgleich aufgrund der unrichtigen Güterzuordnung bis zur Rückabwicklung entschieden (Art. 3.2.15, Anmerkung 5, abrufbar unter: http://www.unidroit.org/english/principles/contracts/principles2010/integralversionprinciples2010-e.pdf, abgerufen am 13.1.2014). Es reiche aus, dass die Parteien den Hauptgegenstand zurückerhielten (UNIDROIT 2008, Study L, Misc 28, Nr. 52 ff.; vgl. hierzu auch *Zimmermann*, The Unwinding of Failed Contracts in the UNIDROIT Principles 2010 (VI)). Der Draft Common Frame of Reference 2009 sieht hingegen wie das BGB Nutzungsansprüche vor (Art. III.-3:510 und VII.-5:104).

2 Praktisch bedeutsam ist der Eingriff in Immaterialgüter.

3 Der Besitz wird teilweise (vgl. MünchKommBGB/*Schwab* § 818 Rn. 21, 30, 38) als eine in diesem Sinn vermittelnde Position betrachtet. Bei einem den Besitz einer Sache

fehlgeschlagenen Verträgen werden nicht alle Fälle, in denen der Gebrauch eines Rechtguts für einen Zeitraum auszugleichen ist, über den Nutzungsanspruch gelöst. Wenn die Gebrauchsüberlassung, wie bei einem Mietvertrag, die vertragliche Primärpflicht des gescheiterten Vertrags bildet, wird diese nach überwiegender Ansicht über den bereicherungsrechtlichen Hauptanspruch ausgeglichen[4].

§ 818 Abs. 1, 1. Var. BGB lautet:

„Die Verpflichtung zur Herausgabe erstreckt sich auf die gezogenen Nutzungen (…).“

Die Norm bringt durch das Wort „gezogen“ zum Ausdruck, dass ein Vorteil bei dem Schuldner eingetreten sein muss. Für die Bestimmung des Vorteils sind aber verschiedene Ansätze denkbar. Im obigen Fall könnte beispielsweise auf die Nutzungsmöglichkeit oder die tatsächliche Benutzung der Sache abgestellt werden. Wenn die Sache von dem Schuldner zur Ertragserzielung eingesetzt wurde, etwa durch Vermietung an Dritte, wäre es auch denkbar, auf die erzielten Einnahmen abzustellen. §§ 99, 100 BGB, die eine Legaldefinition der „Nutzungen“ enthalten, zeigen, dass das Gesetz keinen einheitlichen Ansatz gewählt hat.

§ 100 BGB bestimmt:

„Nutzungen sind die Früchte einer Sache oder eines Rechts sowie die Vorteile, welche der Gebrauch der Sache oder des Rechts gewährt.“

§ 99 BGB definiert:

„(1) Früchte einer Sache sind die Erzeugnisse der Sache und die sonstige Ausbeute, welche aus der Sache ihrer Bestimmung gemäß gewonnen wird.
(2) Früchte eines Rechts sind die Erträge, welche das Recht seiner Bestimmung gemäß gewährt, insbesondere bei einem Recht auf Gewinnung von Bodenbestandteilen die gewonnenen Bestandteile.
(3) Früchte sind auch die Erträge, welche eine Sache oder ein Recht vermöge eines Rechtsverhältnisses gewährt.“

Das Gesetz ermöglicht einen Ausgleich durch Herausgabe etwa erzielter Erträge (bei gleichzeitigem Aufwendungsersatz für den Schuldner nach § 102 BGB) und

---

durch Eingriff erlangenden, bösgläubigen Besitzer findet bei dieser Sichtweise der bereicherungsrechtliche Nutzungsanspruch Anwendung. Ist der Besitzer gutgläubig, ist das Bereicherungsrecht durch das Eigentümer Besitzer Verhältnis gesperrt. Ein weiterer Anwendungsbereich des § 818 Abs. 1, 1. Var. BGB außerhalb der Leistungskondiktion existiert in Zusammenhang mit § 816 Abs. 1 S. 2 BGB, der den Bereicherungsanspruch gegen den unentgeltlich vom Nichtberechtigten erwerbenden Dritte regelt.

4 Auch hier wird aber teilweise vertreten, das Erlangte sei der Besitz und die Nutzungen seien als Annex über § 818 Abs. 1, 1. Var. BGB auszugleichen (MünchKommBGB/*Schwab*, § 818 Rn. 21).

durch Ersatz des Werts des „Gebrauchsvorteils". Gebrauchsvorteile sind nach der Gesetzessystematik Vorteile, die keine Früchte, d.h. keine Erträge, sind. Der Begriff erfasst die übrigen Vorteile. Nach heute herrschender[5] und zutreffender[6] Ansicht beschreibt der Gebrauchsvorteil nicht den durch den Gebrauch eines Guts erlangten Folgevorteil (z.B. Ertrag oder Ersparnis), sondern den Gebrauch an sich. Offen bleibt aber bei diesem Verständnis des Gebrauchsvorteils, ob auf die Nutzungsmöglichkeit oder die tatsächliche Benutzung abzustellen ist. Der Nutzungsausgleich über den Gebrauchsvorteil führt zum Ersatz des objektiven Werts des Gebrauchs (§ 818 Abs. 2 BGB), da der Gebrauch nicht herausgabefähig ist.

Ob der Ausgleich durch Herausgabe der erzielten Erträge oder durch Ersatz des Gebrauchsvorteils zur Anwendung kommt, ergibt sich aus dem Anwendungsbereich des § 99 BGB. Die in § 99 BGB bezeichneten Erträge sind herauszugeben – daher werden nur solche Vorteile über § 100 2. Var. BGB ausgeglichen, die nicht bereits durch den Ausgleich über § 99 BGB abgegolten wurden.

Der Anwendungsbereich des § 99 BGB ist trotz der Tatsache, dass das Bereicherungsrecht in seiner jetzigen Fassung unverändert seit Inkrafttreten des BGB besteht, umstritten. Die Bestimmung der Früchte i. S. v. §§ 818 Abs. 1, 1. Var., 99 BGB und die damit verbundene Frage, wann ein Ausgleich durch Herausgabe der vom Schuldner erzielten Erträge erfolgt, bildet den ersten Hauptuntersuchungsgegenstand dieser Arbeit (§ 2). Diese Frage wird in der Literatur als Problem der „Gewinnherausgabe" diskutiert. Wenn der Bereicherungsschuldner z.B. Eigentum an einer Wohnung erlangt hat und diese in der Zeit bis zur Nutzung gegen einen über dem Marktpreis liegenden Mietzins vermietet hat, geht es nämlich praktisch darum, wem die Differenz zwischen erzieltem Ertrag und objektivem Gebrauchswert

5 Vgl. MünchKommBGB/*Stresemann*, § 100 Rn. 2, 4, 6; Soergel/*Maly*, § 100 Rn. 3; *Larenz/Canaris*, Schuldrecht II/2, S. 271.

6 Das BGB übernahm den zweiteiligen Nutzungsbegriff von den zur Zeit seiner Schaffung bestehenden Gesetzbüchern (preußisches Allgemeine Landrecht, französisches Gesetzbuch und sächsisches Gesetzbuch). Motive III, S. 39: „Auch der Entw. verbindet diesen Sinn mit dem Worte „Nutzungen". Aus den vom BGB zum Vorbild genommenen Rechtsquellen geht hervor, dass Gebrauch und Gebrauchsvorteil synonym verstanden wurden. § 72 des sächsischen BGB lautete: „Unter Nutzungen werden die Früchte und der Gebrauch einer Sache verstanden".
Der Gebrauchsvorteil nach heutigem Verständnis ist im Übrigen nicht so neu, wie in der Literatur behauptet wird. Es wird vorgetragen, der Gebrauchsvorteil sei eine Erfindung des gemeinen Rechts (*Würthwein*, Schadensersatz, S. 102; *Hagmann*, Gewinnherausgabe, S. 114). Tatsächlich gab es ihn schon im römischen Recht; er firmierte aber (wie auch Früchte i. S. d. BGB) unter *fructus*.

zusteht. § 99 Abs. 3 BGB erfasst seinem Wortlaut nach die mittels eines Vertrags erzielten Erträge. In der Literatur[7] wird jedoch auch die Ansicht vertreten, § 99 Abs. 3 BGB sei im Anwendungsbereich des bereicherungsrechtlichen Nutzungsanspruchs in den Fällen der Vermietung nur anwendbar, wenn der Vertrag bereits bei Übereignung des Restitutionsgegenstandes bestand (§ 566 BGB). Streitig ist ebenfalls, ob die Erträge eines Unternehmens, das schuldrechtlich als einheitlicher Gegenstand behandelt wird, als über den Nutzungsanspruch herauszugebende Erträge betrachtet werden können. Wieder geht es um die Frage, wem eine Differenz zwischen erzieltem Ertrag und Kostenaufwand, zu dem der objektive Gebrauchswert des Unternehmens gehört, zuzuweisen ist. Obwohl bei der Frage des Nutzungsausgleichs mittels der Herausgabe der erzielten Erträge die Gewinnherausgabe im Vordergrund steht, geht es auch darum, wer einen „Verlust", d.h. eine negative Differenz zwischen erzieltem Ertrag und Kostenaufwand zu tragen hat. Wenn der Bereicherungsschuldner die erworbene Wohnung unter dem Marktwert vermietet hat und der Nutzungsausgleich durch Herausgabe des erzielten Ertrags erfolgt, trägt der Gläubiger den Verlust. Wenn der Ausgleich durch Ersatz des objektiven Werts des Gebrauchsvorteils erfolgt, ist es möglich, dass der Schuldner ihn trägt. Zwar kann sich der Schuldner grundsätzlich gemäß § 818 Abs. 3 BGB auf Entreicherung berufen. Bei der Abwicklung eines gegenseitigen Vertrags wird die Einwendungsmöglichkeit aber eingeschränkt. Nach der von der Rechtsprechung vertretenen „Saldotheorie" kann sich der Schuldner nämlich erst nach einer Saldierung der Rückgewährpflichten auf Entreicherung berufen. Zu den Saldierungsposten werden auch die Nutzungsansprüche gezählt.

Wenn feststeht, welche Fälle über den Ausgleich nach §§ 818 Abs. 1 S. 1, 1. Var., 99 BGB durch Herausgabe der erzielten Erträge zu lösen sind, wird sich der Frage zuzuwenden sein, wie die übrig gebliebenen Konstellationen i. R. v. §§ 818 Abs. 1, 1. Var., 100 BGB auszugleichen sind. Diese Frage stellt den zweiten Hauptuntersuchungsgegenstand der Arbeit dar (§ 3). Mit der Frage ist zum einen das Problem der Relevanz des tatsächlichen Einsatzes des Restitutionsgegenstandes für die Ausgleichspflicht des Gebrauchsvorteils verbunden. Zum anderen geht es um die Frage, wie die Wertersatzpflicht zu bestimmen ist. Da die Herausgabe des Gebrauchsvorteils unmöglich ist, ist nach § 818 Abs. 2 BGB Wertersatz zu leisten. Der Wertersatz ist nach herrschender Ansicht „objektiv" und regelmäßig unter Heranziehung des Marktes zu bestimmen. Einen einzigen, durch einen Sachverständigen feststellbaren „objektiven Marktwert" des Gebrauchs eines

---

7 *Larenz/Canaris*, Schuldrecht II/2, S. 271, 272; *Jagmann*, Wertersatz, S. 204; *Hagmann*, Gewinnherausgabe, S. 154.

Gegenstands gibt es jedoch nicht zwingend. Das liegt daran, dass es „den Markt" nicht notwendig gibt. Der objektive Marktwert der Nutzung von Geld hängt beispielsweise davon ab, ob Darlehen, die von einem Kreditinstitut an einen Verbraucher oder umgekehrt von einem Verbraucher an ein Kreditinstitut (z.B. Sparvertrag) gewährt werden, relevant sein sollen. Der objektive Marktwert der Nutzung einer Wohnung hängt davon ab, ob ein Gebrauch aufgrund Mietvertrags oder aufgrund Eigentumserwerbs maßgeblich sein soll. Soll auf den Marktpreis rekurriert werden, muss also festgestellt werden, welcher Markt relevant ist[8]. Der Markt muss bestimmt werden.

Die oben dargestellten Probleme ergeben sich bei der Frage, was unter den gezogenen Nutzungen i. S. d. § 818 Abs. 1, 1. Var. BGB zu verstehen ist. An deren Behandlung wird sich die Erörterung des dritten und letzten Problemkreises, der im Zusammenhang mit dem Nutzungsanspruch besteht, anschließen, nämlich die Frage, ob es – entgegen dem Gesetzeswortlaut – bei der Abwicklung von gegenseitigen Verträgen eine Haftung für nicht gezogene Nutzungen geben kann (§ 4). Nach der bei der Abwicklung von gegenseitigen Verträgen nach der Rechtsprechung anzuwendenden „Saldotheorie" kann sich der Bereicherungsschuldner im Grundsatz erst nach Saldierung der gegenseitigen Bereicherungsansprüche auf Entreicherung i. S. v. § 818 Abs. 3 BGB berufen. Hierdurch kann z.B. der Schuldner, der fahrlässig die empfangene Sache zerstört hat, nicht die selbst geleistete Zahlung zurückverlangen und sich im Rahmen des gegen ihn gerichteten Anspruchs auf Entreicherung berufen. In die Saldierung werden die Hauptansprüche gemäß §§ 812 Abs. 1 S. 1, 1. Var., 818 Abs. 2 BGB und die Nutzungsansprüche gemäß § 818 Abs. 1, 1. Var. BGB aufgenommen. Demgegenüber werden nicht gezogene Nutzungen nicht berücksichtigt. Dagegen wenden sich verschiedene Literaturstimmen, die auch die Berücksichtigung von (entgegen den Regeln der ordnungsgemäßen Wirtschaft) nicht gezogenen Nutzungen bei der Rückabwicklung von gegenseitigen Verträgen verlangen.

8 *Mankowski/Schreier*, AcP 208 (2008), 736.

§ 2 Der Ausgleich der erzielten Erträge nach §§ 818 Abs. 1 S. 1, 1. Var., 99 BGB und die Gewinnherausgabeproblematik

Wurde das Erlangte zur Ertragserzielung eingesetzt, gibt es, wie oben ausgeführt, zwei verschiedene Wege, auf denen der Nutzungsausgleich erfolgen kann. In diesem Abschnitt soll ermittelt werden, wann der Ausgleich über §§ 818 Abs. 1, 1. Var., 99, 102 BGB erfolgt. Ob der Ausgleich über §§ 99, 102 oder § 100 2. Var. BGB erfolgt, hat verschiedene Konsequenzen:

Durch die Nutzung des Restitutionsgegenstands zur Ertragserzielung kann der Schuldner Vorteile in gegenständlicher (z. B. körperlicher) oder nicht-gegenständlicher Form erlangen. Wenn gegenständliche Vorteile erzielt wurden, entscheidet die Art des Nutzungsausgleichs zunächst über die *Realverteilung* der gegenständlichen Vorteile. Durch den Nutzungsausgleich nach § 99 BGB werden diese dem Gläubiger zugeteilt. Erfolgt der Ausgleich über § 100 2. Var. BGB, behält der Schuldner sie[9].

Auf der Ebene der *Wertverteilung* wird dem Gläubiger durch die Anwendung des § 99 BGB ein Bruttoertrag zugeteilt. Hiervon werden durch § 102 BGB die Aufwendungen des Schuldners – durch Verrechnung oder durch Konstruktion eines Gegenanspruchs – abgezogen. Der Gläubiger erhält zum Wertausgleich der Nutzung im Anwendungsbereich des § 99 BGB im Ergebnis den durch den Schuldner erzielten Nettoertrag. Im Anwendungsbereich des § 100 2. Var. BGB erhält er hingegen den objektiven Wert der Nutzung.

Das Problem der Gewinnherausgabe ist dem Bereich der Wertverteilung zuzuordnen. Ein Gewinn ist nach allgemeinem Verständnis eine positive Differenz zwischen Ertrag und Kostenaufwand. Er ist kein gegenständlicher Vorteil, sondern abstrakter Wert. Ein Gewinn liegt vor, wenn der Nettoertrag höher ist als der objektive Gebrauchswert des Restitutionsgegenstands. Bei einem Wertausgleich nach §§ 99, 102 BGB ist im Gegensatz zu dem nach § 100 2. Var. BGB eine Gewinnherausgabe möglich.

---

9 Begriffe der „Real- und Wertverteilung" nach *Wendehorst*, Anspruch und Ausgleich, S. 16 ff.

Wertausgleich bei Nutzungen

Wert des vom Schuldner erzielten Bruttoertrags
- Aufwendungen des Schuldners i. S. v. § 102 BGB
= Nettoertrag ➔ Nutzungsausgleich nach §§ 99, 102 BGB
- objektiver Gebrauchswert ➔ Nutzungsausgleich nach § 100 2. Var. BGB
= Gewinn

Untersuchungsgegenstand dieses Abschnitts ist die Frage, wann der Nutzungsausgleich nach §§ 818, 99, 102 BGB erfolgt, und damit zugleich, ob eine Gewinnherausgabe an den Gläubiger erfolgt. Mit dem Problem der Gewinnherausgabe wird im Rahmen dieser Arbeit die Frage bezeichnet, ob die positive Differenz von erzieltem Nettoertrag und objektivem Wert an den Gläubiger herauszugeben ist. Es wird mit „Gewinnherausgabe" eine bestimmte Rechtsfolge benannt, ohne dass damit vorweggenommen werden soll, ob es sich um eine „echte" Gewinnherausgabe handelt. Für eine Gewinnherausgabe sind verschiedene materielle Rechtsgründe denkbar; die Haftung kann z. B. durch Sanktions- oder Zuordnungserwägungen gerechtfertigt sein[10]. Bei der sanktionierenden Gewinnhaftung (die beispielsweise nach allgemeiner Ansicht bei vorsätzlichem Eingriff in fremde Rechtsgüter Anwendung findet) sollen alle vom Schuldner erzielten Vorteile abgeschöpft werden; ihm sollen auch die Früchte seiner etwaigen Leistung entzogen werden. Diese abschöpfungsorientierte Haftung wird typischerweise, und im Folgenden, als „echte Gewinnhaftung" bezeichnet[11].

A. Die Gewinnherausgabeproblematik in Rechtsprechung und Literatur

Die Herausgabe eines Gewinns, der durch den Gebrauch des Restitutionsgegenstandes durch den Schuldner erzielt wurde, wird in den folgenden Fallgruppen diskutiert[12]:

10 In der Literatur wird der Begriff der Gewinnherausgabe im weitesten Sinn zur Beschreibung einer vorteilsorientierten Haftung, d. h. von Verbindlichkeiten, bei denen der Anspruch einen Vorteil des Schuldners, aber keinen korrespondierenden Nachteil des Gläubigers voraussetzt, verwendet (vgl. z. B. *Helms*, Gewinnherausgabe, S. 6 ff.; *Böger*, Vorteilsorientierte Haftung, S. 9 ff).

11 Vgl. *Helms*, Gewinnherausgabe, S. 6 ff.; *Böger*, Vorteilsorientierte Haftung, S. 9 ff.

12 Der Gebrauch rechtsgrundlos erlangter Gegenstände als Betriebsmittel wird vereinzelt in der Literatur, nicht aber in der Rechtsprechung diskutiert.

I. Gebrauch restitutionspflichtiger Sachen durch Abschluss entgeltlicher Gebrauchsüberlassungsverträge

In der Rechtsprechung des BGH zum bereicherungsrechtlichen Nutzungsanspruch werden die vom Schuldner durch die Vermietung oder Verpachtung des Restitutionsgegenstandes erzielten Erträge im Grundsatz als Nutzungen im Sinne der §§ 818 Abs. 1, 1. Var., 99 Abs. 3 BGB betrachtet[13].

In einer neueren Entscheidung des BGH[14] zum Nutzungsbegriff, der allerdings eine Herausgabepflicht aus dem Eigentümer-Besitzer-Verhältnis betraf[15], stellt das Gericht fest, dass die herauszugebenden Nutzungen der Höhe nach nicht auf den objektiven Mietwert beschränkt seien. In dem Fall begehrte der Kläger Herausgabe des gesamten vom Mieter nach Beendigung des Hauptmietvertrags erzielten Untermietzinses. Der vom Mieter erzielte Untermietzins war höher als der im Hauptmietvertrag vereinbarte Mietzins. Das Gericht entschied, dass der Herausgabeanspruch auch den den objektiven Mietwert übersteigenden Teil des (Unter-)Mietzinses umfasse. Die erzielten Erträge fielen nur dann nicht unter die herauszugebenden Nutzungen, wenn sie nicht aus der herauszugebenden Sache selbst erzielt wurden, sondern ausschließlich auf der besonderen Leistung und Fähigkeit des Schuldners beruhten. Dies sei z. B. der Fall, wenn der Schuldner Erträge aus einem von ihm in den Räumen erst eingerichteten Betrieb oder wegen werterhöhender Investitionen erzielt habe. In der Entscheidung nahm das Gericht Bezug auf eine Entscheidung aus dem Jahre 1969[16], in der eine Pflicht zur Herausgabe der erzielten Mieterträge abgelehnt wurde. Die Parteien des Rechtsstreits hatten einen nichtigen Pachtvertrag über ein Grundstück mit Haus geschlossen. Der Pächter hatte in dem Haus ein Bordell eingerichtet und einzelne Zimmer vermietet. Die erzielten Mieten überstiegen die vereinbarte Pacht. Das Gericht sah die erzielten Mieten nicht als Nutzungen des Grundstücks, sondern als Gewinne des Betriebs des Schuldners an. Daher wurde nur ein Anspruch auf Erstattung der Gebrauchsvorteile bejaht. In dem 2009 zu entscheidenden Fall der Untervermietung sei aber keine besondere Leistung des

13 BGH, NJW 1995, 454, 455.

14 BGH, NJW-RR 2009, 1522, 1523.

15 Das Urteil der Vorinstanz, OLG Brandenburg (Urteil v. 17.8.2005, Az. 3 U 212/04, BeckRS 2009, 24215), das vom BGH im Ergebnis bestätigt wurde, nahm einen Anspruch auf die Mieterträge aus § 818 Abs. 1, 1. Var. BGB an. Der BGH begründete den Anspruch hingegen mit § 987 BGB und musste daher nicht über § 818 Abs. 1, 1. Var. BGB entscheiden.

16 BGH, BB 1969, 1106.

Schuldners anzuerkennen: „Entscheidend für die erzielte Untermiete (…) sind die unverändert gebliebenen Mieträume. Daneben spielt eine persönliche Geschicklichkeit des Beklagten bei den Verhandlungen eine untergeordnete Rolle".

Die Rechtsprechung betrachtet also Erträge aus Vermietung und Verpachtung grundsätzlich als Früchte des Restitutionsgegenstands i. S. d. § 99 Abs. 3 BGB, auch wenn der Ertrag über dem objektiven Wert liegt. Ein besonderes Verhandlungsgeschick des Schuldners spiele keine Rolle. Allerdings ist trotzdem nicht jeder Ertrag aus Vermietung eine Frucht der Sache. Wenn der höhere Ertrag durch die Vermietung im Rahmen eines vom Schuldner eingerichteten Betriebs stattfindet, ist er Frucht des Betriebs und nicht der Sache.

In der Literatur werden sämtliche Erträge ganz überwiegend als Nutzungen i. S. d. § 818 Abs. 1, 1. Var. BGB gesehen[17]. Begründet wird dies mit der ausdrücklichen Anordnung durch § 99 Abs. 3 BGB.

Demgegenüber will eine Mindermeinung[18] den bereicherungsrechtlichen Nutzungsanspruch auf Erträge aus Vermietung und Verpachtung des Restitutionsgegenstandes beschränken. Es sollen nur die Erträge herauszugeben sein, die durch Verträge entstanden sind, die bereits bei Erwerb des Restitutionsgegenstandes durch den Schuldner existierten (vgl. § 566 BGB). Im Übrigen sei von dem Schuldner nur der übliche Miet- oder Pachtzins zu zahlen. Begründet wird diese Ansicht zum einen mit dem Vergleich zu dem Surrogatsanspruch aus § 818 Abs. 1, 2. Var. BGB, zum anderen mit dem Tatbestandsmerkmal des § 812 Abs. 1 S. 1 BGB „auf Kosten", in welches die „Ausgleichsfunktion" des Bereicherungsrechts zum Ausdruck komme.

In den Fällen der gewinnbringenden Vermietung oder Verpachtung des Gegenstandes durch den Schuldner liegt der Gewinn in der positiven Differenz zwischen dem objektiven Wert des Gebrauchs und dem tatsächlich vom Schuldner durch Vermietung oder Verpachtung erzielten Ertrag. Der objektive Gebrauchswert wird von der Ansicht, die eine Gewinnherausgabe ablehnt, anhand des üblichen Miet- oder Pachtzinses bestimmt. Die diskutierten Gewinnherausgabefälle im Bereich der Vermietung oder Verpachtung sind also Ausnahmeerscheinungen. Eine Differenz zwischen dem üblichen und dem vom Schuldner erzielten Ertrag wird es in der Regel nicht geben.

---

17 Vgl. MünchKommBGB/*Schwab*, § 818 Rn. 11 ff.; BeckOK/*Wendehorst*, § 818 Rn. 12.

18 *Larenz/Canaris*, Schuldrecht II/2, S. 271, 272; *Jagmann*, Wertersatz, S. 204; *Hagmann*, Gewinnherausgabe, S. 154.

II. Gebrauch restitutionspflichtiger Geldbeträge

Bei dem Gebrauch von Geldbeträgen, die der Schuldner „zum endgültigen Verbleib"[19], beispielsweise als Kaufpreis, erhalten hat, ist zwischen verschiedenen Konstellationen zu differenzieren:

1. *Abschluss von Darlehensverträgen, Tilgung eigener Verbindlichkeiten und Vermeidung einer Kreditaufnahme*

Die Konstellationen, in denen der Schuldner den erhaltenen Kapitalbetrag einem Dritten darlehensweise (beispielsweise einer Bank im Rahmen eines Sparvertrags[20]) überlässt, entsprechen aus Sicht der Rechtsprechung konstruktiv den oben dargestellten Fällen der Vermietung und Verpachtung von Sachen. Die ständige Rechtsprechung sieht daher auch hier den tatsächlich erzielten Ertrag als gezogene Nutzung an[21]. Es gelte auch eine tatsächliche Vermutung dafür, dass Banken Kapitalerträge oder Zinsersparnisse in Höhe des gesetzlichen Verzugszinses erwirtschaften[22]. Wenn der Schuldner ein eigenes verzinsliches Darlehen mit dem erhaltenen Geldbetrag tilgt, sind nach der Rechtsprechung die ersparten Zinsen analog § 99 Abs. 3 BGB die gezogenen und herauszugebenden Nutzungen[23]. „Für die auf wirtschaftlicher Betrachtung aufbauende Herausgabepflicht des Bereicherungsschuldners kann jedoch kein entscheidender Unterschied darin liegen, ob er das erlangte Geld zinsbringend anlegt und damit sein Vermögen vermehrt oder ob er eine Verminderung seines Vermögens vermeidet, indem er eine eigene (hochverzinsliche) Schuld ablöst."[24] Zuletzt hat die Rechtsprechung die Herausgabepflicht wegen ersparter Zinsen auf die Fälle ausgeweitet, in denen durch den Erhalt des Geldbetrags eine Kreditaufnahme durch den Schuldner vermieden oder aufgeschoben werden konnte[25].

---

19 MünchKommBGB/*Schwab* § 818 Rn. 16.

20 Nach herrschender Ansicht ist auf den Sparvertrag Darlehensrecht anzuwenden, weil das Zinsinteresse gegenüber dem Verwahrungsinteresse überwiegt (vgl. *Fikentscher/Heinemann*, SchuldR, S. 547, Rn. 1091).

21 Vgl. z.B. BGHZ 102, 41, 47; BGHZ 138, 160, 164 ff.; BGHZ 172, 147, 157; BGH NJW 2000, 1637, 1638; BGH NJW-RR 2012, 1511, 1512.

22 BGHZ 172, 147, 157.

23 Vgl. BGHZ 138, 160, 164 ff.; BGH NJW 1999, 2890, 2891; BGH NJW-RR 2012, 1511, 1512.

24 BGHZ 138, 160, 166.

25 BGH NJW-RR 2012, 1511, 1513 (zu öffentlichrechtlichen Steuererstattungsansprüchen).

Der Gläubiger erhält daher nach der Rechtsprechung grundsätzlich den vollen vom Schuldner durch den Gebrauch des Geldes erzielten oder ersparten Zinsertrag. Allerdings wurde in BGHZ 138, 160 offen gelassen, ob dies „für die Höhe des erzielten Nutzungsvorteiles auch dann gelten kann, wenn sich dieser nicht im Rahmen „banküblicher" Verwendung des Geldes bewegt, sondern auf einer besonderen Leistung des Bereicherungsschuldners beruht"[26].

Die herrschende Ansicht in der Literatur schließt sich der Rechtsprechung an. Die vom Schuldner tatsächlich erzielten bzw. ersparten Zinsen seien die herauszugebenden Nutzungen[27]. Eine Mindermeinung sieht allerdings, wie auch in den Gebrauchsüberlassungsfällen und mit derselben Begründung, nur den objektiven Gebrauchswert als von der Nutzungspflicht umfasst an. Der objektive Gebrauchswert sei der übliche Habenzins, d.h. der Marktzins für einen entsprechenden Kredit[28]. In der Literatur wird weiterhin vertreten, Nutzungen i. S. d. § 100 BGB aus Geld könne es nicht geben, weil eine Ertragserzielung mit Geld stets seine Veräußerung voraussetze[29]. Letztlich gibt es noch eine Ansicht[30], die die vom Schuldner erwirtschafteten, nicht aber die ersparten Zinsen als gezogene Nutzungen betrachtet. Nutzungen seien Vermögensmehrungen, die Vermeidung einer Vermögensminderung könne dem nicht gleichgestellt werden.

2. *Investitionen in ein Unternehmen*

Der Schuldner kann das rechtsgrundlos erhaltene Geld nicht nur durch Überlassung an einen anderen gegen Zinszahlung investieren. Er kann das Kapital auch in ein fremdes oder eigenes Unternehmen investieren. Investiert er in ein fremdes Unternehmen durch Erwerb einer Inhaberstellung (z.B. durch Erwerb eines Gesellschaftsanteils[31]), kann die Herausgabe der aufgrund der Stellung

---

26 BGHZ 138, 160, 166.

27 Vgl. MünchKommBGB/*Schwab* Rn. 11, 15 m. w. N.

28 *Larenz/Canaris*, Schuldrecht II/2, S. 271; *Hagmann*, Gewinnherausgabe, S. 156, 157.

29 *Schauhoff*, Bereicherungshaftung, S. 91 ff. Eine Pflicht zur Herausgabe von Kapitalerträgen nach § 818 Abs. 1, 1. Var. BGB, die wegen der unterschiedlichen Nutzungsbegriffe in § 100 und § 818 BGB dennoch möglich sei, wird abgelehnt, weil es rein zufällig sei, welcher Teil des Gesamtvermögens des Schuldners zur Ertragserzielung eingesetzt wurde (S. 145 f.).

30 *Gretter*, DB 1995, 516, 517; RGRK/*Kregel* § 100 Rn. 5. So auch aus der älteren Rechtsprechung RGZ 136, 135, 136.

31 Zwischen der Gewährung eines unabhängig vom Unternehmensgewinn verzinslichen Kredits an ein Unternehmen (in öffentlich begebener, verbriefter Form als Anleihe bezeichnet) und dem Erwerb einer Inhaberstellung, die einen Anteil des

erworbenen Erträge unstreitig nicht verlangt werden. Der Gesellschaftsanteil ist ein rechtsgeschäftlich erlangtes Surrogat, das nicht unter § 818 Abs. 1, 2. Var. BGB fällt. Die Nutzungen aus der Inhaberstellung sind demnach nicht herauszugeben[32]. Investiert der Schuldner in seinen eigenen Betrieb, ist die Rechtslage hingegen streitig.

Der BGH[33] hatte in diesem Zusammenhang einen Fall zu entscheiden, in dem der Schuldner das rechtsgrundlos erlangte Geld in seinen landwirtschaftlichen Betrieb investiert hatte, der in den Folgejahren Erträge abwarf. Das Gericht sah den Schuldner zur Herausgabe des Unternehmensertrags verpflichtet, soweit das Geld hierzu beigetragen hat. Der Beitrag sei nach § 287 ZPO zu schätzen.

In der Literatur wird ganz überwiegend vertreten[34], bei dem Nutzungsausgleich sei nicht auf den konkret im Betrieb erzielten (anteiligen) Ertrag, sondern auf den Gebrauchsvorteil abzustellen. Dieser sei durch Zahlung des üblichen Habenzinses auszugleichen, der allerdings durch den konkret erzielten Ertrag begrenzt werde.

III. Unternehmenserträge

Gegenstand einer Leistung im bereicherungsrechtlichen Sinn, beispielsweise im Rahmen eines nichtigen Unternehmenskaufvertrags, kann ein Unternehmen als „wirtschaftliche Einheit von Sachen, Rechten und sonstigen Gütern des

---

Unternehmensgewinns vermittelt, ist der Übergang aus wirtschaftlicher Sicht fließend. Es gibt auch Zwischenformen wie die Gewinnobligation, eine mit einem Anspruch auf Gewinnbeteiligung ausgestattete Anleihe, die zusätzlich zu einer festen Nominalverzinsung eine gewinnabhängige Zusatzverzinsung beinhaltet. Es erscheint jedenfalls auf den ersten Blick bedenklich, dass nach h. A. der mittels eines Kreditverhältnisses erzielte Ertrag Frucht sein soll, der mittels einer Inhaberstellung, die mit der dem erlangten Geld erworben wurde (z. B. Dividende), hingegen nicht (weil die Inhaberstellung ein nicht gemäß § 818 Abs. 1, 2. Var. BGB herauszugebendes Surrogat darstellt).

32 Hat der Schuldner ein Surrogat i. S. v. § 818 Abs. 1, 2. Var. BGB erlangt, müssen von diesem die Nutzungen ausgeglichen werden. Hat der Schuldner das Erlangte veräußert und dafür einen Geldbetrag erhalten, muss er für einen Geldbetrag i. H. d. objektiven Werts i. S. v. § 818 Abs. 2 BGB Nutzungen erstatten. Dies wird von der herrschenden Ansicht verkannt.

33 BGHZ 64, 322, 324, 325.

34 Vgl. *Larenz/Canaris*, Schuldrecht II/2, S. 275; Flume, GS Knobbe-Keuk, S. 127 f.; *Jagmann*, Wertersatz, S. 181, 202; *Schauhoff*, Bereicherungshaftung, S. 16; *Hagmann*, Gewinnherausgabe, S. 156, 157. Fn. 208; a. A. aber wohl RGRK/*Heimann-Trosien* § 818 Rn. 10.

Rechtsverkehrs"[35] sein. Ein Unternehmen kann durch Asset oder Share Deal erworben werden; problematisiert wird die Gewinnherausgabe aber scheinbar nur beim Asset Deal[36]. Das mag daran liegen, dass nach allgemeiner Auffassung die Gewinne aus Gesellschaftsanteilen als Rechtsfrüchte gemäß § 99 Abs. 2 BGB herauszugeben sind[37]. Eine Ungleichbehandlung nichtiger Unternehmenskäufe im Wege von Share und Asset Deal hinsichtlich des Nutzungsausgleichs erschiene jedoch bedenklich, denn auch wenn beim Anteilskauf formalrechtlich nicht die Einheit von Gütern und Rechten erworben wird, ist dies natürlich faktisch der Fall. Der Anteilskauf eines gesamten Unternehmens hat auch wenig mit dem Kauf eines Anteils gemein, der keine gesellschaftsrechtlichen Einflussmöglichkeiten vermittelt.

Wenn ein Unternehmen primärer Bereicherungsgegenstand ist, muss es einen Ausgleich der Unternehmensnutzung über § 818 Abs. 1, 1. Var. BGB geben. Es ist aber umstritten, ob der Nutzungsausgleich durch Herausgabe des konkret erzielten „Unternehmensgewinns" zu erfolgen hat. Die Diskussion um den Unternehmensgewinn leidet dabei etwas darunter, dass oftmals nicht klar ist, was mit dem Begriff gemeint ist. Die Rechtsprechung scheint unter dem Begriff des Unternehmensgewinns den pagatorischen Gewinn zu verstehen, d.h. den Ertrag, der nach Abzug der tatsächlich angefallenen Kosten von den tatsächlichen Einnahmen übrig bleibt[38]. Bei diesem Gewinnbegriff werden der kalkulatorische Unternehmerlohn und die kalkulatorischen Eigenkapitalzinsen nicht auf der Kostenseite berücksichtigt. Werden sie abgezogen, spricht man vom kalkulatorischen Gewinn[39]. Von der Rechtsprechung wurde der pagatorische Gewinn in der Vergangenheit dogmatisch als den Rechtsfrüchten (§§ 99 Abs. 2, 3 BGB) nahe stehend eingeordnet[40]. Von der neueren Rechtsprechung wird er pauschal unter § 100 BGB gefasst[41].

Eine einseitige Verteilung des pagatorischen Gewinns wird allerdings von keiner Seite vertreten. Dieser wird stets aufgeteilt; maximal erhält der Gläubiger den pagatorischen Gewinn abzüglich eines kalkulatorischen Lohns. Streitig ist also die Verteilung des pagatorischen Gewinns abzüglich eines kalkulatorischen

---

35 BGHZ 7, 208, 211.

36 So z.B. bei *Hagmann*, Gewinnherausgabe, S. 72.

37 Vgl. BeckOK/*Fritzsche*, § 99 Rn. 10.

38 *Bardmann*, BWL, S. 154.

39 *Bardmann*, BWL, S. 154.

40 BGH 7, 208, 218 (einen Anspruch aus §§ 987 ff. BGB daher ablehnend); BGH BB 1962, 535.

41 BGHZ 168, 220, 241.

Lohns, d.h. ob dieser vollständig an den Gläubiger auszukehren ist, oder nur der Anteil daran, der dem objektiven Nutzungswert entspricht.

Die Pflicht zur Auskehrung des vollständigen Gewinns in diesem Sinn nach § 818 Abs. 1, 1. Var. BGB hängt nach der Rechtsprechung davon ab, ob die persönlichen Leistungen oder Fähigkeiten des Schuldners oder der Restitutionsgegenstand bei der Ertragserzielung im Vordergrund stehen[42]. War der Gegenstand wesentlich, erhält der Schuldner nur ein Arbeitsentgelt und der Gläubiger den übrigen Ertrag[43]. Bleibt nach dem Abzug nichts übrig, wird eine Herausgabepflicht abgelehnt[44]. War die Leistung wesentlich, erhält der Gläubiger den objektiven Gebrauchswert und der Schuldner die Differenz von pagatorischem Gewinn und objektivem Gebrauchswert. Im Jahr 1952 entschied der BGH, dass der pagatorische Gewinn aus einem aufgrund eines nichtigen Kaufvertrags erworbenen Fleischereigeschäft nicht dessen Nutzung (analog § 987 BGB) sei, weil sie im stärkeren Maße auf die persönliche Leistung des Schuldners als auf den Restitutionsgegenstand beruhe[45]. In späteren Entscheidungen nahm der BGH an, der pagatorische Gewinn (abzüglich eines kalkulatorischen Lohns) einer realkonzessionierten Apotheke[46], eines Kinos[47], eines Bordells[48] und eines Sonnenstudios[49] sei jeweils die Nutzung des entsprechenden Betriebs. Der Ertrag beruhe nicht auf den persönlichen Fähigkeiten des betreibenden Schuldners.

In einer neueren Entscheidung zu Erträgen einer Steuerberaterpraxis[50] zeigt sich die Tendenz, den Gewinn i. S. v. pagatorischem Gewinn abzüglich des kalkulatorischen Lohns zwischen den Parteien aufteilen zu wollen. Man hat den Eindruck, das Gericht will einen Spielraum schaffen, d.h. sich von dem „Ganz oder gar nicht"-Prinzip lösen. „Beruhen die Gewinne, wie hier, sowohl auf dem gegenständlichen Bereich des Unternehmens bzw. der Praxis als auch auf den persönlichen Leistungen und Fähigkeiten des Betreibers, ist es Sache des Tatrichters,

42 Vgl. BGHZ 168, 220, 241.

43 BGH WM 1956, 90, 91; BGHZ 126, 105, 109.

44 BGHZ 126, 105, 109.

45 Auch im Fall BGH NJW 1978, 1578 (zu § 987 BGB), bei dem es um Erträge aus der Nutzung einer Tankstelle ging, war aus Sicht des Gerichts der übliche Pachtzins an den Gläubiger herauszugeben.

46 BGH LM § 987 BGB Nr. 3 (zu § 987 BGB).

47 BGH WM 1956, 91 (zu § 818 BGB).

48 BGHZ 63, 365 (zu § 987 BGB). Wegen der Sittenwidrigkeit des Gewinns wurde der Anspruch aber auf den objektiven Ertragswert begrenzt.

49 BGHZ 126, 105 (zu § 818 BGB).

50 BGHZ 168, 220 (zu § 818 BGB).

den Anteil der beiden Faktoren – gegebenenfalls im Wege einer Schätzung nach § 287 ZPO – zu ermitteln"[51]. Der BGH stellte fest, die Festsetzung des Anteils des Schuldners durch einen *angehobenen* kalkulatorischen Unternehmerlohn sei nicht zu beanstanden.

In der bereicherungsrechtlichen Literatur wird teilweise stets der volle pagatorische Gewinn des Unternehmens abzüglich eines Entgelts für die Eigenleistung des Schuldners als herauszugebende Nutzung betrachtet[52]. Teilweise wird nur eine Pflicht des Schuldners zur Zahlung des üblichen Pachtzinses als Wertersatz für den gezogenen Gebrauchsvorteil i. S. v. § 100 2. Var. BGB befürwortet[53]. Als Mittelweg wird eine Aufteilung des pagatorischen Gewinns abzüglich des kalkulatorischen Lohns vertreten. Dieser sei nur herauszugebende Nutzung, *soweit* er in dem Gegenstand angelegt war[54]. Er ist zwischen dem Unternehmen als Gegenstand und der persönlichen Leistung des Schuldners aufzuteilen. Der dem Unternehmen zuzuordnende Anteil wird unterschiedlich berechnet. Teilweise wird er anhand eines objektiven Ertragswerts[55] bemessen, teilweise wird auf eine richterliche Schätzung nach § 287 ZPO abgestellt[56].

B. Die zentrale Rolle des Fruchtbegriffs für die Problemlösung

Die Möglichkeit eines Nutzungsausgleichs durch Herausgabe des tatsächlich erzielten Ertrags unter Aufwendungsausgleich im Rahmen der bereicherungsrechtlichen Abwicklung ergibt sich aus § 99 BGB i. V. m. § 102 BGB, der Ertragstypen aufzählt und auf den § 818 Abs. 1, 1. Var. BGB verweist. Die Reichweite des § 99 BGB entscheidet darüber, wann ein solcher Ausgleich stattfindet. Die Rechtsprechung und die herrschende Lehre begründen ihren Standpunkt in den Fällen der Vermietung, Verpachtung und Zinserzielung mit dem Wortlaut des § 99 Abs. 3 BGB. Bei den Zinsersparnissen und Unternehmenserträgen erfolgt

---

51 BGHZ 168, 220, 241.

52 *Rupietta*, Rückabwicklung, S. 237 ff.; MünchKommBGB/*Schwab* Rn. 33 ff. (Frucht analog § 99 Abs. 1 BGB); MünchKommBGB/*Stresemann* § 99 Rn. 11; Palandt/*Heinrichs* § 99 Rn. 3.

53 *Hagmann*, Gewinnherausgabe, S. 157 ff.; *Larenz/Canaris*, Schuldrecht II/2, S. 272, 273; (wohl auch) BeckOK/*Wendehorst*, § 818 Rn. 18.

54 *Jagmann*, Wertersatz, S. 203; *Reuter/Martinek*, Bereicherung, S. 562; *Kaiser*, Rückabwicklung, S. 242; *Keil*, Fehlerhafte Unternehmenskäufe, S. 233 ff; *Schwintowski*, JZ 1987, 588, 593; *Kohler*, Gestörte Rückabwicklung, S. 678 ff.

55 *Jagmann*, Wertersatz, S. 203; *Keil*, Fehlerhafte Unternehmenskäufe, S. 233 ff.; *Schwintowski*, JZ 1987, 588, 593; *Kohler*, Gestörte Rückabwicklung, S. 678 ff.

56 *Reuter/Martinek*, Bereicherung, S. 562; *Kaiser*, Rückabwicklung, S. 242.

die Einordnung des erzielten Nettoertrags als Nutzung wegen der vermeintlichen Vergleichbarkeit mit den Rechts- oder Sachfrüchten i. S. des § 99 BGB.

Die Mindermeinungen begründen ihre Ansichten jedoch mit einer bereicherungsrechtlichen Modifizierung des Fruchtbegriffs. Aus Prinzipien, die dem bereicherungsrechtlichen Hauptanspruch zugrunde liegen, werden Schlüsse im Rahmen der Nutzungsproblematik gezogen. *Hagmann* will eine Modifizierung des § 99 BGB wegen der „Ausgleichsfunktion" des Bereicherungsrechts vornehmen. *Canaris* und *Jagmann* wollen § 99 BGB dem herrschenden Verständnis des § 818 Abs. 1, 2. Var. BGB anpassen. Es soll daher zunächst geprüft werden, ob der bereicherungsrechtliche Hauptanspruch einen Lösungsweg für die Nutzungsproblematik – unabhängig von § 99 BGB – vorzeichnet.

I. Schlüsse aus dem in § 812 Abs. 1 S. 1 BGB enthaltenen Tatbestandsmerkmal „auf Kosten" und der „Ausgleichsfunktion" des Bereicherungsrechts?

Hagmann modifiziert den allgemeinen Fruchtbegriff für das Bereicherungsrecht unter Berufung auf das Tatbestandsmerkmal „auf Kosten" des § 812 Abs. 1 BGB, welches Ausdruck eines „Ausgleichs- und Gerechtigkeitsprinzips" des Bereicherungsrechts und daher auch bei dem Nutzungsanspruch zu berücksichtigen sei[57]. Auf Kosten seien Nutzungen nur erlangt, die dem Gläubiger „gebühren". Ein Vorteil gebühre dem Gläubiger nicht, wenn er Ergebnis der „persönlichen Leistung oder der eigenständigen investorischen Entscheidung"[58] des Schuldners sei. Nach Hagmann sind natürliche Früchte dem Gläubiger zugeordnet, weil die zur Fruchtziehung erforderliche Arbeitsleistung nebensächlich, weil im Restitutionsgegenstand angelegt, sei[59]. Mittelbare Früchte seien hingegen dem Schuldner zuzuordnen, wenn dieser zur Fruchtziehung ein Rechtsgeschäft abgeschlossen habe, weil der Abschluss eines Rechtsgeschäfts als persönliche Leistung zu qualifizieren sei[60]. Der Ausgleich der Nutzung erfolge daher über den Gebrauchsvorteil. Der modifizierte Fruchtbegriff sei auch im Rücktrittsrecht, nicht aber im Eigentümer-Besitzer-Verhältnis anwendbar[61].

57 *Hagmann*, Gewinnherausgabe, S. 139.
58 *Hagmann*, Gewinnherausgabe, S. 145.
59 *Hagmann*, Gewinnherausgabe, S. 144.
60 *Hagmann*, Gewinnherausgabe, S. 146, 147.
61 *Hagmann*, Gewinnherausgabe, S. 180.

Es soll daher zunächst die Bedeutung des Tatbestandsmerkmals „auf Kosten" untersucht werden und ob sich hieraus Schlüsse für die Nutzungsproblematik ziehen lassen.

1. Die Bedeutung des Tatbestandsmerkmals „auf Kosten"

Auf der höchsten denkbaren Abstraktionsebene lassen sich zwei Voraussetzungen des Bereicherungsanspruchs[62] bestimmen. 1. Der Schuldner muss einen Vorteil entgegen der Rechtsordnung erlangt haben („etwas erlangt ohne Rechtsgrund"). 2. Dies muss „auf Kosten" des Gläubigers erfolgt sein. Die erste Voraussetzung, der „Vorteil ohne Rechtsgrund" stellt den Haftungsgrund des Schuldners dar. Wenn ihm der Vorteil nicht zusteht, ist eine Haftung, die nur zu dessen Wegnahme führt, auch ohne sonstige Voraussetzungen, wie etwa ein verschuldeter Eingriff in ein Rechtsgut, gerechtfertigt. Die zweite Voraussetzung, „auf Kosten", stellt die Ausgleichsberechtigung des Gläubigers dar, d.h. den Grund, warum er den Vorteil zugesprochen bekommt und nicht etwa ein anderer.

Das Tatbestandsmerkmal „auf Kosten" hat heute nach herrschender Ansicht nur Bedeutung im Bereich der Eingriffskondiktion[63]. Bei der Leistungskondiktion ist nämlich in fast allen Fällen evident, warum dem Gläubiger der Vorteil zu gewähren ist. Mit der Leistung wendet der Gläubiger dem Schuldner in aller Regel einen Vorteil zu, der aus seinem Vermögen stammt. Die Leistung verursacht in der Regel einen Zuwachs von Vermögen beim Schuldner und einen Abgang beim Gläubiger. Im Bereich der Leistungskondiktion kann eine Anwendung des Tatbestandmerkmals daher nur praktische Bedeutung haben, wenn eine Partei eine Leistung unter Inanspruchnahme fremder Ressourcen erbringt[64]. Diese Fälle werden aber nach überwiegender Auffassung bei der Bestimmung des Leistenden (im Rahmen des Tatbestandsmerkmals der „Leistung") und unter Heranziehung des § 816 BGB gelöst[65].

---

62 Leistungs- und Eingriffskondiktion sind verschiedenen Rechtsbereichen zuzuordnen, nämlich der Vertragsabwicklung und dem Rechtsgüterschutz. Auf höchster Abstraktionsebene lassen sich dennoch gemeinsame Voraussetzungen der Kondiktionen aufstellen. Die abstrakten Kriterien beschreiben aber nur Ziele und sind für die praktische Rechtsanwendung wenig geeignet (vgl. BeckOK/*Wendehorst*, § 812 Rn. 18).

63 Vgl. BeckOK/*Wendehorst*, § 812 Rn. 109.

64 MünchKommBGB/*Schwab*, § 812 Rn. 44. Die Erbringung einer Leistung unter Inanspruchnahme fremder Ressourcen ist, wenn die fremde Ressource keine Sache ist (vgl. §§ 929, 932 BGB), nicht möglich, vgl. BGHZ 20, 345 (Paul Dahlke).

65 Vgl. MünchKommBGB/*Schwab*, § 812 Rn. 44.

Im Bereich der Eingriffskondiktion hat das Tatbestandmerkmal „auf Kosten“ hingegen eine große Bedeutung. Das Verständnis des Begriffs hat sich aber seit Inkrafttreten des BGB mehrfach geändert.

Als das BGB geschaffen wurde, herrschte im Bereicherungsrecht die Vermögensverschiebungsehre *v. Savignys*[66]. Als Grundgedanke aller Bereicherungsansprüche wurde „die Erweiterung eines Vermögens durch Verminderung eines andern Vermögens“[67] betrachtet. Der Bereicherungsanspruch des Gläubigers wurde als gerechtfertigt angesehen, wenn das Erlangte vor dem Bereicherungsvorgang zu seinem Vermögen gehört hatte[68]. Die Anspruchsberechtigung des Gläubigers ergab sich aus dessen Vermögensnachteil. Nach einem solchen Verständnis sind sowohl Bereicherungsanspruch als auch Schadensersatzanspruch Ausgleichsansprüche des Gläubigers für einen erlittenen Nachteil[69]. Der Schadensersatzanspruch begründet eine Haftung in Höhe des Nachteils wegen eines rechtswidrigen und verschuldeten Handelns des Schuldners. Der Bereicherungsanspruch stützt sich hingegen auf das Vorhandensein eines Vorteils, der dem Schuldner nicht zusteht. Er beschränkt sich auf den Nachteilausgleich in Höhe dieses Vorteils, weil er kein Verschulden voraussetzt[70]. Er stellt daher die Schnittmenge von auszugleichendem Nachteil und dem Schuldner nicht zustehendem Vorteil dar.

Die Lehre stieß aber bald auf Schwierigkeiten im Bereich der unkörperlichen Vorteile wie Nutzungen von Sachen und Immaterialgütern, weil man die Vermögensverschiebung als *gegenständliche* Verlagerung von Vorteilen verstand. Zur Überwindung dieses Problems ging man dazu über, statt einer Vermögensverschiebung eine Vermögensminderung und eine Vermögensmehrung als Teil eines einheitlichen Bereicherungsvorgangs zu verlangen[71]. Allerdings wurde auch stillschweigend das Schadenserfordernis aufgegeben, indem eine Übereinstimmung von Vermögensmehrung und Nachteil nicht mehr verlangt wurde. Auf diesem Weg wurden die Fesseln eines Schadenssystems abgestreift, das an der Differenzhypothese haftet, einen objektiven Mindestschaden in Höhe des (etwaigen) Veräußerungswerts ablehnt und daher keinen Ausgleich für die Inanspruchnahme einer veräußerungsfähigen Position durch einen anderen unabhängig von dem Veräußerungswillen und der konkreten Veräußerungsmöglichkeit des Inhabers

66 *Helms*, Gewinnherausgabe, S. 27 ff.; *Ellger*, Bereicherung durch Eingriff, S. 170 ff.
67 *Savigny*, System Bd. V, S. 525.
68 *Savigny*, System Bd. V, S. 527.
69 Vgl. *Helms*, Gewinnherausgabe, S. 26.
70 Vgl. *Helms*, Gewinnherausgabe, S. 26.
71 *Ellger*, Bereicherung durch Eingriff, S. 81 ff.

anerkennt[72]. Auf die stillschweigende Aufgabe des Schadenserfordernisses folgte seine ausdrückliche Aufgabe, die in der berühmten Bemerkung *Essers*, wir „haben es mit Bereicherungs- und nicht Entreicherungsrecht zu tun"[73] besonders plastisch zum Ausdruck kommt. In die durch die endgültige Aufgabe der Vermögensverschiebungslehre entstandene dogmatische Leere traten die Rechtswidrigkeitslehren und die – heute herrschende – Lehre vom Zuweisungsgehalt der Rechte[74]. Während die Rechtswidrigkeitslehren die durch die Aufgabe des Schadenserfordernisses gelockerte Bindung des Bereicherungsanspruchs an das Vermögen des Gläubigers ausnutzten, suchte die Zuweisungslehre, eine schlüssige Verbindung wieder herzustellen. Der gemeinsame Grundgedanke der verschiedenen Rechtswidrigkeitstheorien[75] ist, der rechtswidrige Erwerbsvorgang sei Grundlage des Bereicherungsanspruchs. Die rechtswidrige Handlung, die zum Erwerb des Vorteils führt, ist entscheidend. Der Vorteil, der kausal durch einen rechtswidrigen Eingriff erlangt wurde, ist daher herauszugeben. Die Zuweisungslehre stellt hingegen darauf ab, ob der vom Schuldner erlangte Vorteil dem Gläubiger von der Rechtsordnung zugeordnet ist. Nicht die Vereinbarkeit des Erwerbsvorgangs mit der Rechtsordnung, sondern die des Vorteils ist entscheidend. Grundlage der Theorie ist, dass die Rechtsordnung dem Inhaber eines Rechts, wie des Eigentums, nicht nur die Sache als Gegenstand, sondern auch deren Nutzung und Verwertung zuordnet[76]. Die Lehre setzte sich gegen die Rechtswidrigkeitstheorien u.a. durch, weil sich aus der Rechtswidrigkeit einer Handlung nicht logisch schließen lässt, dass die durch die Handlung erlangten Vorteile a) dem Schuldner weggenommen und b) dem Gläubiger zugeführt werden müssen. Ein weiterer (allerdings wegen der Seltenheit der relevanten Fälle nicht bedeutender) Vorteil der Zuweisungslehre liegt darin, dass sich die Fälle, in denen die Bereicherung durch einen Dritten[77] oder durch ein Naturereignis erfolgt, erfasst werden können.

Bei dem bereicherungsrechtlichen Anspruch handelt es sich nach heute herrschender Zuweisungslehre also um eine vorteilsorientierte Haftung, deren Rechtfertigung in der *Zuordnung* des Erlangten an den Gläubiger durch die

---

72 Hierauf wird unter § 3 B III noch ausführlich einzugehen sein.

73 *Esser*, Schuldrecht BT II, S. 363.

74 Zwischen den beiden Grundpositionen gibt es auch Theorien, die einen Übergang darstellen, vgl. z.B. *Wilhelm*, Rechtsverletzung, S. 173, 193.

75 Vgl. die ausführliche Darstellung bei *Ellger*, Bereicherung durch Eingriff, S. 89 ff.

76 *Helms*, Gewinnherausgabe, S. 34.

77 Hier ist der Lehrbuchfall des Hausmeisters, der fremdes Holz im Ofen seines Arbeitgebers verbrennt, einzuordnen.

Rechtsordnung liegt. Haftungsgrund ist nicht ein rechtswidriges Verhalten. Konsequenz für die Rechtsfolge ist, dass auch nur dasjenige herauszugeben ist, das dem Gläubiger zugewiesen ist. Es sollen nicht alle Vorteile abgeschöpft werden; dem Schuldner sollen die Früchte seiner Leistung verbleiben. Die herrschende Ansicht nimmt an, dass der bereicherungsrechtliche Hauptanspruch keine „echte“ Gewinnhaftung begründet. Die durch *Wilburg*[78] und *v. Caemmerer*[79] begründete Zuweisungslehre führt zur Begründung v. a. systematisch § 687 Abs. 2 BGB an. Das Gesetz wolle nur dem vorsätzlich rechtwidrig eingreifenden Schuldner die Früchte seiner Leistung nehmen. Dem redlichen Bereicherungsschuldner müssten daher diese Früchte belassen werden. Der Mindermeinung, die eine „echte“ Gewinnherausgabe im Bereicherungsrecht vor allem aufgrund der vermeintlichen Notwendigkeit der Kohärenz von Risiko (§ 818 Abs. 3 BGB) und Vorteil bejaht, wird entgegengehalten, dass der Zweck der Entreicherungsnorm, die Privilegierung des gutgläubigen Bereicherungsschuldners, durch eine Haftungserweiterung in sein Gegenteil verkehrt würde.

Die Zuweisungslehre ist allerdings nur ein „Denkmodell“[80], das ausgefüllt werden muss. Die Frage, welche Vorteile dem Gläubiger von der Rechtsordnung zugewiesen sind, beantwortet sie nicht. Die aus § 687 Abs. 2 BGB hergeleitete Annahme, dass wir dem Schuldner die Früchte seiner Leistung belassen wollen, beantwortet noch nicht die Frage, *ob* ein Vorteil seiner Leistung zuzuordnen ist. Diese Frage ist logisch zu trennen. Bei der Beantwortung der Frage, ob ein Vorteil dem Gläubiger zuzuordnen ist, muss zwischen Vorteilen wie der Nutzung oder Verwertung und den aus einer solchen Handlung entstehenden Folgevorteilen unterschieden werden. Über die Zuweisung des ersten Vorteils muss zuerst entschieden werden. Die wohl herrschende Ansicht konkretisiert die Zuweisungslehre bei dieser Frage dahingehend, dass Rechtspositionen, die eine marktfähige, ausschließliche Nutzungs- oder Verwertungsmöglichkeit vermitteln, einen Zuweisungsgehalt besitzen[81]. Die Rechtsposition muss dem Anspruchssteller eine Nutzungs- oder Verwertungsmöglichkeit vermitteln, über deren Inanspruchnahme er alleine entscheidet und die er gegen Entgelt veräußern kann. Ob dies bei einer Rechtsposition der Fall ist, kann nur durch eine Analyse der einschlägigen Rechtsvorschriften beantwortet werden. Beim Eigentum und den ähnlichen Herrschaftsrechten besteht kein Zweifel an dem Zuweisungsgehalt. Praktisch geht es bei der Konkretisierung darum, Positionen vom Anwendungsbereich der

---

78 Ungerechtfertigte Bereicherung, S. 27 ff.

79 Bereicherung, S. 333 ff.

80 *Helms*, Gewinnherausgabe, S. 35.

81 Vgl. *Ellger*, Bereicherung durch Eingriff, S. 395 ff.

Eingriffskondiktion auszuschließen, die nur Unterlassungsansprüche begründen, wie etwa subjektive Rechte im UWG.

Steht dem Gläubiger eine marktfähige, ausschließliche Nutzungsmöglichkeit zu, ist ihm der objektive Wert der Nutzung zugewiesen. Ob ein durch die Inanspruchnahme einer dem Gläubiger zustehenden Nutzungsmöglichkeit erzielter, darüber hinausgehender Wert (Gewinn) diesem ebenfalls zuzuordnen ist, hängt von dem Umfang der Zuweisung des Rechts ab. Zur Entscheidung im Bereich der Eingriffskondiktion wird mit „Zweckmäßigkeits- und Gerechtigkeitserwägungen" operiert[82]. Die herrschende Ansicht hat sich dem Standpunkt *v. Caemmerers* angeschlossen, nach dem die Herausgabe eines Gewinns ausscheidet, um dem redlichen Schuldner die Früchte seiner Leistung nicht zu nehmen[83]. In der neueren Literatur wird zur Begründung angeführt, die durch die Nutzungsmöglichkeit vermittelte Gewinnchance dürfe nicht zu einer Gewinngarantie erhoben werden; eine Vergütung für die Gewinnchance sei bereits in der üblichen Nutzungsgebühr enthalten[84]. Ist der Gewinn Folge eines Rechtsguts des Gläubigers und einer Leistung des Schuldners, gibt es keine zwingend „richtige" Antwort auf die Frage der Zuordnung. Es handelt sich um eine Wertungsentscheidung – bewertet werden die Beiträge, die zum Gewinn geführt haben[85]. Der herrschenden Meinung liegt die Bewertung zugrunde, dass eine einseitige Zuordnung erfolgen soll und dass die Leistung des Schuldners als Beitrag zum Gewinn in den Fällen der Eingriffskondiktion der maßgebliche Faktor ist.

Mit diesem Hintergrundwissen kann nun *Hagmanns* sehr abstrakte Argumentation mit dem „Ausgleichs- und Gerechtigkeitsprinzip des Bereicherungsrechts" als Ausdruck des Tatbestandsmerkmals „auf Kosten" eingeordnet werden: Nach der herrschenden Zuweisungslehre heißt „auf Kosten" im Rahmen der Eingriffskondiktion, dass der abzuschöpfende Vorteil dem Gläubiger gebühren muss. Nach der Auffassung *v. Caemmerers*, der sich die herrschende Auffassung anschließt, gebühren Gewinne, die unter Inanspruchnahme einer dem Gläubiger zugewiesenen Nutzung erzielt wurden, diesem nicht. Eine Differenz von erzieltem Nettoertrag und objektivem Wert der Nutzung sei Frucht der persönlichen Leistung des Schuldners. *Hagmann* nimmt die Annahme, dem Schuldner sollen die Früchte seiner persönlichen Leistung verbleiben, zum Ausgangspunkt ihrer

---

82 *Helms*, Gewinnherausgabe, S. 62.

83 Bereicherung, S. 209 ff.

84 *Ellger*, Bereicherung durch Eingriff, S. 906, 910.

85 Dies hat bereits *Wilburg* erkannt (vgl. *Wilburg*, Ungerechtfertigte Bereicherung, S. 126 ff.).

Argumentation[86]. Dann bewertet sie eigenständig, ob die Folgen von Nutzungen im Anwendungsbereich des § 818 Abs. 1, 1. Var. BGB dem Rechtsgut des Gläubigers oder der Leistung des Schuldners zuzuordnen sind. Hinsichtlich des durch rechtsgeschäftliche Veräußerung eines Vorteils erzielten Gewinns stimmt ihre Bewertung mit der der herrschenden Ansicht im Rahmen des bereicherungsrechtlichen Hauptanspruchs überein.

Richtig ist, dass, wenn man mit der – überzeugenden – herrschenden Meinung davon ausgeht, dass das Bereicherungsrecht auf der Zuweisung von Vorteilen basiert und daher keine echte Gewinnhaftung begründet, dies auch im Rahmen des Nebenanspruchs nach § 818 Abs. 1, 1. Var. BGB gelten muss. Das von der herrschenden Ansicht angeführte gesetzessystematische Argument aus § 687 Abs. 2 BGB besitzt auch hier Gültigkeit. Einen vorsätzlichen Eingriff in fremde Rechtsgüter setzt auch der Nutzungsanspruch nicht voraus. Es gibt aber keinen Grund zur Annahme, dass § 818 Abs. 1, 1. Var. BGB im Gegensatz zum bereicherungsrechtlichen Hauptanspruch eine echte Gewinnhaftung bezweckt. Der Verweis auf § 99 BGB lässt einen solchen Schluss nicht zu. § 99 BGB erfasst definitionsgemäß *die Früchte des erlangten Restitutionsgegenstands* – d.h. begrifflich gerade nicht die Früchte der Leistung des Schuldners. § 99 BGB erfasst auch nicht jeden Vorteil, für dessen Erlangung der Einsatz des Gegenstands kausal war[87]. In den Motiven zur Norm steht, dass die in § 99 BGB aufgelisteten Früchte Erträge sind, deren „Quelle“ die Sache bzw. das Recht ist[88]. Dass §§ 818 Abs. 1, 1. Var., 99 BGB eine echte Gewinnherausgabe beinhalten, wird nur deshalb angenommen, weil die Normen die Herausgabe bestimmter Vorteile (insbesondere durch § 99 Abs. 3 BGB) anordnen, die im Rahmen des bereicherungsrechtlichen Hauptanspruchs als Früchte der Leistung des Schuldners bewertet werden. Diese Bewertung ist aber, wie oben dargelegt, nicht zwingend. Wenn §§ 818 Abs. 1, 1. Var., 99 BGB einer anderen, ebenso vertretbaren Bewertung zugrunde liegen, stellt dieser Anspruch genauso wie der bereicherungsrechtliche Hauptanspruch keine echte Gewinnhaftung, sondern eine vorteilsorientierte Haftung, die auf der Zuweisung von Vorteilen an den Gläubiger basiert, dar.

---

86 In Widersprüche verstrickt sich die Arbeit aber, weil das gesetzessystematische Argument aus § 687 Abs. 2 BGB als „widerlegt“ betrachtet wird (S. 33 ff., 51). Damit entzieht Hagmann ihrer Argumentation die Grundlage.

87 Z. B. stellen die bei der Bewirtschaftung des eigenen Grundstücks unter Nutzung rechtsgrundlos erlangter landwirtschaftlicher Geräte erzielten Erzeugnisse keine nach § 99 BGB herauszugebenden Früchte dar, auch wenn die Nutzung der Geräte für die Ertragserzielung kausal war.

88 Motive III, S. 38.

Bezwecken aber §§ 818 Abs. 1, 1. Var., 99 BGB keine echte Gewinnherausgabe, stellt sich nicht das Problem der Anpassung der Normen an das durch „auf Kosten“ zum Ausdruck kommende bereicherungsrechtliche Prinzip, dass der Gläubiger nur das ihm Zugewiesene und nicht die Früchte der Leistung des Schuldners erhält, sondern an die im Rahmen des bereicherungsrechtlichen Hauptanspruchs geltende Bewertung der Zuordnung von Vorteilen. Nur insoweit steht eine „bereicherungsrechtliche Überlagerung“ des § 99 BGB zur Debatte. Es ist nicht eine Anpassung des Nutzungsanspruchs an das „Ausgleichs- und Gerechtigkeitsprinzip des Bereicherungsrechts“, sondern an die von der herrschenden Ansicht im Rahmen des Hauptanspruchs vorgenommene Bewertung zur Ausfüllung dieses Prinzips zu prüfen. Das Problem einer solchen Anpassung wäre aber, dass § 99 BGB eine gesetzliche Regelung darstellt, während die Zuordnungsbewertung durch die herrschende Ansicht im Rahmen des Hauptanspruchs durch den Rechtsanwender erfolgt.

Das Problem von *Hagmanns* Methodik liegt also darin, dass sich aus dem angeführten „Ausgleichsprinzip“ nur ergibt, dass der Gläubiger lediglich das erhält, was ihm zugewiesen ist, und nicht die Früchte der Leistung des Schuldners. Das Prinzip sagt nichts darüber aus, welche Vorteile Früchte der Leistung und welche Früchte des Restitutionsgegenstands sind. Der Zuweisungsumfang einer Rechtsposition, und die Antwort auf die Frage, ob ein Gewinn einem an der Entstehung mitwirkenden Rechtsgut (oder stattdessen einer ebenfalls kausalen Leistung) zugeordnet ist, ist in erster Linie aus dem Gesetz zu ermitteln. Eine eigenständige Bewertung der Faktoren, wie bei der Eingriffskondiktion stillschweigend und bei dem Nutzungsanspruch von *Hagmann* ausdrücklich vorgenommen, kommt erst in Betracht, wenn kein gesetzlicher Maßstab für die Bestimmung des Zuweisungsgehalts zur Verfügung steht. Im Anwendungsbereich des § 818 Abs. 1, 1. Var. BGB gilt aber die Regelung des § 99 BGB, der einen Entscheidungsmaßstab liefern könnte. *Hagmann* spricht § 99 BGB von vornherein jegliche Bedeutung ab, weil der allgemeine Nutzungsbegriff nicht „die ausgleichende Verteilung der Vorteile zwischen dem sie hervorbringenden Gut und der hieran mitwirkenden persönlichen Leistung“ im Blick habe[89]. Sie unterstellt, § 99 BGB habe nicht die Funktion, die Zuordnungsfrage bzgl. der in der Definition genannten Erträge, die unter Mitwirkung des Restitutionsgegenstands und sonstigen Produktionsfaktoren erzielt wurden, zu regeln. Diese Annahme lässt sich aber angesichts der bewussten Erstreckung des Anwendungsbereichs des § 99 BGB auf die

89 *Hagmann*, Gewinnherausgabe, S. 140.

Restitutionsverhältnisse durch den Gesetzgeber nicht halten, wie im folgenden Abschnitt näher zu erläutern ist.

2. *Die Zuordnungsfunktion des § 99 BGB*

a. *Die bewusste Erstreckung des § 99 BGB auf die Restitutionsverhältnisse*

aa. Restitutionsverhältnisse

Mit „Restitutionsverhältnisse" werden im Rahmen dieser Arbeit die Rechtsverhältnisse bezeichnet, in denen die Nutzung eines Gegenstands nachträglich ausgeglichen werden muss. Zu den Restitutionsverhältnissen in diesem Sinn zählen das Bereicherungsrecht, das Verhältnis zwischen Eigentümer und bösgläubigem, verklagtem oder unentgeltlichem Besitzer und das Rücktrittsrecht. Der nach § 993 BGB privilegierte Besitzer darf die Nutzungen behalten, so dass kein Restitutionsverhältnis im obigen Sinn vorliegt.

Unter der Funktion einer Norm ist ihre Aufgabe, einen bestimmten Interessenkonflikt zu lösen, zu verstehen. Der hier relevante Interessenkonflikt ergibt sich daraus, dass beide Parteien, deren „Produktionsfaktoren" an der Erzielung eines Ertrags mitgewirkt haben, daran interessiert sind, den Ertrag schuldrechtlich (d.h. endgültig) zugewiesen zu bekommen. Hierbei geht es zum einen um die Zuweisung von erzielten gegenständlichen Vorteilen (Realverteilung), zum anderen um die Zuweisung des Werts des Bruttovorteils, abzüglich der Aufwendungen i. S. v. § 102 BGB, und damit des erzielten Nettoertrags (Wertverteilung).

Die Zuordnungsfunktion im Rahmen der Restitutionsverhältnisse besteht darin, die Zuweisung von Erträgen und Werten an Parteien unter Berücksichtigung der zu ihrer Entstehung beitragenden Beiträge zu bestimmen. Die Zuweisung erfolgt nicht wegen der Privilegierung einer Partei[90] oder der Sanktionierung eines Verhaltens einer Partei[91]. Es geht allein um die Bewertung der Beiträge zum Ertrag. Diese Funktion hat § 99 BGB im Bereicherungsrecht, wie oben dargelegt wurde, sowie ebenfalls im Rücktrittsrecht (§§ 346, 347 BGB) und im Verhältnis zwischen Eigentümer und verklagtem oder bösgläubigem Besitzer (§ 987 BGB).

Es wird zwar vertreten, § 987 BGB habe keine Zuordnungsfunktion in diesem Sinn, sondern eine Abschöpfungsfunktion entsprechend § 687 Abs. 2 BGB[92]. Die Norm habe nicht nur den Zweck, dem Eigentümer das ihm Zugeordnete zu gewähren, sondern darüber hinaus auch die Früchte der Leistung des Besitzers. Diese Ansicht kann jedoch nicht überzeugen.

---

90 Wie etwa bei der Zuweisung der Früchte an den gutgläubigen Besitzer.

91 Wie etwa bei dem vorsätzlichen Eingriff (§ 687 Abs. 2 BGB).

92 *Hagmann*, Gewinnherausgabe, S. 168, 169.

Der Tatbestand entspricht zunächst nicht dem des § 687 Abs. 2 BGB; ein vorsätzlicher Eingriff in ein fremdes Recht muss im Anwendungsbereich des § 987 BGB nicht vorliegen. Die Ansicht wird darauf gestützt, dass in den Motiven zum heutigen § 987 BGB ausgeführt ist, dass (auch) der (gutgläubige) Besitzer ab Rechtshängigkeit „mit der Möglichkeit eines ihm ungünstigen Ausganges des Rechtsstreites rechnen und sich deshalb gewissermaßen als Verwalter einer fremden Sache betrachten“[93] müsse[94]. Es ist die Verwendung des Wortes „Verwalter“, auf die sich die Ansicht stützt: Ein Verwalter setze seine Arbeitskraft in den Dienst eines anderen. Aus den Motiven geht jedoch hervor, dass der Gesetzgeber nur das Ziel verfolgte, dem Besitzer eine Pflicht zur Erhaltung der Sache und zur Nutzbarmachung des Gegenstands nach Rechtshängigkeit bzw. Kenntnis aufzuerlegen: „Die Kenntnis von der Fremdheit der Sache rechtfertigt die Verbindlichkeit des Wissenden, mit der Sache so zu verfahren, dass sein Verfahren dem Eigenthümer nicht zum Schaden gereicht. Die Verpflichtung des Besitzers muss also auf Erhaltung und Nutzbarmachung der Sache gehen…“[95]. Auch aus der Aussage „Weil der Besitzer für die Nutzbarmachung zu sorgen hat, wird ihm die Herausgabe der wirklich gezogenen schlechthin auferlegt, also auch, der mit den besonderen Ziehungsmitteln des Besitzers gezogenen Nutzungen, welche der Eigentümer nicht gezogen haben würde“[96] kann nicht geschlossen werden, dass § 987 BGB eine Abschöpfungsfunktion verfolgt. Sie lässt sich nämlich auch dahingehend interpretieren, dass für den Anspruch kein subjektiver Schaden des Eigentümers vorliegen muss. Das Fehlen eines subjektiven Schadens bedeutet aber nicht, dass eine Abschöpfungsfunktion verfolgt wird, sondern lässt genauso eine Zuordnungsfunktion zu. Die Zuweisung eines Guts aufgrund des Zuordnungsgedankens erfordert gerade keinen Schaden. Die Möglichkeit, im Rahmen des Verhältnisses von Eigentümer und verklagtem oder bösgläubigem Besitzer die Anwendung der Geschäftsführung ohne Auftrag anzuordnen, wurde auch erkannt; man sah aber hiervon ab[97]. § 987 Abs. 2 BGB will dem Schuldner daher nur eine Pflicht zur Erhaltung der Sache und zur Nutzbarmachung des Gegenstands nach Rechtshängigkeit bzw. Kenntnis auferlegen; bei ihrer schuldhaften Verletzung entsteht der Ersatzanspruch. Aus der Kenntnis folgt selbstverständlich die Pflicht, die Möglichkeit zur Nutzung des Gegenstands nicht verstreichen zu lassen. Aus der Kenntnis der Fremdheit der Sache kann aber nicht die Pflicht

---

93 Mugdan III, S. 978.

94 *Hagmann*, Gewinnherausgabe, S. 168.

95 Motive III, S. 403.

96 Motive III S. 403.

97 Motive III S. 404.

abgeleitet werden, seine Leistungen und Fähigkeiten in den Dienst der anderen Partei zu stellen. Der Besitzer ist nur insoweit „gewissermaßen Verwalter“[98], als einen Verwalter ebenfalls die Pflicht trifft, die Sache nicht zu schädigen und nutzbar zu machen. Der Eigentümer soll daher nur das ihm Zugeordnete über § 987 BGB erhalten. Der Unterschied zu § 818 BGB ist lediglich, dass er dieses auch erhält, wenn der Besitzer versäumt hat, die Nutzung zu ziehen (vorteilsunabhängige und verschuldensabhängige Haftung).

Im Rahmen der §§ 818 Abs. 1, 1. Var, 987, 346, 347 BGB hat § 99 BGB demnach die Funktion, eine an den Produktionsbeiträgen ausgerichtete Zuteilung von Vorteilen zu bewerkstelligen. Nicht relevant sind im Übrigen Verkehrsschutzinteressen (z.B. Rechtsklarheit und -sicherheit), da §§ 818 Abs. 1, 1. Var, 987, 346, 347 BGB die schuldrechtliche, endgültige Zuweisung von Vorteilen im Verhältnis zweier Parteien regeln. Die vorläufige dingliche Zuweisung von gegenständlichen Erträgen kann in bereicherungs- und rücktrittsrechtlichen Konstellationen von der endgültigen schuldrechtlichen Zuweisung abweichen. Sie hängt davon ab, ob ein wirksames Verfügungsgeschäft vorliegt (Abstraktionsprinzip). Im Falle einer Abweichung von dinglicher und schuldrechtlicher Zuweisung ist nur aus der schuldrechtlichen Zuweisung eine Zuordnungsentscheidung herauszulesen. Die dingliche Zuweisung wird im Fall der Abweichung nicht von Zuordnungserwägungen, sondern von Verkehrsschutzinteressen bestimmt. Die endgültige Zuordnungsentscheidung richtet sich nach der Bewertung der Beiträge unabhängig davon, ob sie auf der dinglichen oder der schuldrechtlichen Ebene erfolgt. Eine etwaige Diskrepanz der Zuteilung auf dinglicher und schuldrechtlicher Ebene folgt daraus, dass bei der dinglichen Zuteilung Aspekte der Rechtssicherheit und -klarheit eine abweichende Zuordnung aus Sicht des Rechtssetzenden gebieten. Die dingliche Verteilung richtet sich nicht allein nach den Beiträgen. Auf der endgültigen schuldrechtlichen Verteilungsebene erfolgt dann eine Korrektur. Sofern keine schuldrechtliche Korrektur einer dinglichen Realverteilung vorliegt (so heute bei § 950 BGB, anders bei §§ 955, 933 BGB), reflektiert auch die dingliche Verteilung die Bewertung der Beiträge.

bb. Gesetzgebungsverfahren

Interessenkonflikte werden durch Rechtssätze gelöst, d.h. durch die (Nicht-)Anordnung einer bestimmten Rechtsfolge (hier: (Nicht-)Anordnung der Herausgabe des konkreten Ertrags) für den Sachverhalt, in dem der Konflikt auftritt. Nun

98 Mugdan III, S. 978.

ist § 99 BGB als Legaldefinition eine erläuternde[99] Rechtsnorm. Sie stellt, isoliert betrachtet, keinen klassischen Rechtssatz im Sinne von Tatbestand und Rechtsfolge dar. Eine Funktion im obigen Sinn hat sie daher erst in Verbindung mit den Normen, im Rahmen derer sie anwendbar ist. Ihre Funktion wird durch diese Normen bestimmt. Der Anwendungsbereich des § 99 BGB lässt daher Schlüsse darüber zu, welche Konflikte durch die Norm zu lösen sind.

Die Definition *Reinhold Johows* im Vorentwurf des BGB zum Sachenrecht ist entsprechend dem Fruchtbegriff der zu dieser Zeit herrschenden Ansicht[100] auf Erträge von Sachen ausgerichtet. Den Anwendungsbereich beschränkt er jedoch in Abweichung von der herrschenden Ansicht auf die Gebrauchsüberlassungsverhältnisse. § 20 des Vorentwurfs zum Sachenrecht lautete:

> *„Als Früchte einer Sache gelten für die Beurteilung des Rechts zum Bezug derselben:*
> *1. diejenigen Erzeugnisse der Sache und diejenige sonstige Ausbeute aus derselben, deren Gewinnung nach den Regeln einer guten erhaltenden Wirtschaft zur bestimmungsgemäßen Nutzung der Sache gehört;*
> *2. die Einkünfte, welche die Sache vermöge eines Rechtsverhältnisses abwirft, zum Beispiel Pacht- und Miethgelder, die Einkünfte aus besonderen Berechtigungen, welche mit dem Eigentum der Sache verbunden sind (Grundgerechtigkeiten, Real-, Zehnt-, Fischerei- etc. Rechte, Realgewerbeberechtigungen u. dgl.)*“[101]

Die Definition sollte weder auf die Restitutionsverhältnisse, noch unmittelbar auf den Eigentumserwerb anwendbar sein. Zur Begründung des begrenzten Anwendungsbereichs führte *Johow* aus:

> *„Im juristischen Sinn spricht man von Früchten in zweifacher Beziehung: erstens in Beziehung auf das Recht zum Bezuge derselben und zweitens in Beziehung auf die Verpflichtung zur Erstattung derselben. Es ist jedoch wohl zu beachten, daß man etwas Verschiedenes im Sinne hat, je nachdem man den Ausdruck in dieser oder in jener Beziehung gebraucht. Wo dies übersehen wird, leidet der Fruchtbegriff an bedenklicher Prinziplosigkeit und darum Grenzunsicherheit (…) Demzufolge beschränken sich die Bestimmungen darüber, was im Sinne des Entw. unter Früchten zu verstehen, auf jene erste Beziehung, auf das Recht zum Bezuge derselben. (…) Das Recht zum Bezuge der Früchte ist nur dann von juristischer Bedeutung, wenn es einem Anderen, als dem Eigenthümer der fruchtbringenden Sache zusteht. Dies ist bei mehreren Rechtsverhältnissen der Fall, insbesondere bei dem Nießbrauch, der familienrechtlichen Nutznießung, der Pacht.*“[102] Der Fruchtbegriff habe auf „*die Erwerbung des Eigenthums an organischen Erzeugnissen einer Sache oder an*

---

99 *Larenz/Canaris*, Methodenlehre, S. 79.

100 Zur ausführlichen Darstellung zur damaligen herrschenden Lehre unten S. 58 ff.

101 Siehe *Schubert*, Redaktorenvorlagen, S. 18.

102 Siehe *Schubert*, Redaktorenvorlagen, S. 205.

sonstiger physischer Ausbeute aus derselben (...) nur insofern Einfluss, als dabei das Recht zum Fruchtbezuge in Betracht kommt."[103]

In den Regelungen des Teilentwurfs zum dinglichen Fruchterwerb, §§ 152 ff. TE Sachenrecht, wurde (wie auch in den hieraus entstandenen §§ 953, 954, 956 BGB) der Begriff der Frucht nicht verwendet, es war stattdessen von Erzeugnissen und Bestandteilen einer Sache die Rede[104].

Die Fruchtdefinition sollte nur einen Ausschnitt des „Fruchtrechts" regeln, nämlich das (dingliche oder obligatorische) Recht des Nutzungsinhabers auf Erträge von Sachen. Insoweit handelte es sich zwar um eine Norm betreffend Sachen, aber nicht um eine sachenrechtliche Regelung, auch wenn sie im Vorentwurf zum Sachenrecht verortet war. Der Fruchtbegriff des Vorentwurfs zum Sachenrecht hatte nur die Funktion, den in den Gebrauchsüberlassungsverhältnissen wegen der gegenläufigen Interessen von Nutzungs- und Vollrechtsinhaber bestehenden Konflikt zu lösen: Bei einer Abspaltung von Voll- und Nutzungsrecht hat der Eigentümer das Interesse, nach der Nutzung durch den Nießbrauchinhaber oder Pächter die größtmöglichen Vorteile aus seinem Eigentum noch ziehen zu können. Der Nutzungsberechtigte hat das Interesse, möglichst große Vorteile während der Dauer seines Nutzungsrechts zu ziehen. Die kurzfristige Erzielung eines hohen Ertrags kann sich negativ auf die spätere Gewinnerzielung auswirken, so z.B. beim „Raubbau". Sie kann eine spätere Nutzung vorwegnehmen. Die Definition *Johows* war deshalb auf die Erträge, die im Rahmen einer „guten erhaltenden Wirtschaft" gezogen werden, begrenzt. § 20 des Vorentwurfs zum Sachenrecht sollte das zeitweise Nutzungsrecht vom Vollrecht abgrenzen.

Die Fruchtdefinition *Johows* wurde jedoch bei der Schaffung des ersten Entwurfs des BGB bewusst auf die Restitutionsverhältnisse ausgeweitet. In den Motiven zum ersten Entwurf steht:

„Der Entwurf bestimmt deshalb in § 792 den Begriff der Frucht nach dessen verschiedenen Richtungen, indem er davon ausgeht, dass diese Bestimmung nicht nur für die Fälle, in welchen das Recht zur Beziehung der Früchte einen Anderen als demjenigen zusteht, dem der fruchttragende Gegenstand gehört, sondern auch für die Fälle maßgebend ist, in welchen die Früchte herauszugeben oder zu ersetzen sind. Der Begriff ist immer der nämliche".[105]

---

103 Siehe *Schubert*, Redaktorenvorlagen, S. 205, Fn. 1.

104 Allein § 955 BGB, der den gutgläubigen Erwerb des Besitzers regelt, verwendet direkt den Begriff der Frucht. Die Vorschrift wurde erst von der ersten Kommission eingeführt; im Vorentwurf war ein solcher Erwerb nicht vorgesehen. Zur mittelbaren Wirkung des Fruchtbegriffs i. R. d. §§ 953 ff. BGB siehe unten.

105 Motive III, S. 37.

Bei der Erweiterung des Anwendungsbereichs des Fruchtbegriffs auf die Restitutionsverhältnisse wurden zum einen die Früchte von (unkörperlichen) Rechten in die Definition aufgenommen, zum anderen wurde die allgemeine Begrenzung der Sachfrüchte auf die Erträge, die nach den Regeln einer ordnungsgemäßen Wirtschaft erzielt wurden, aufgehoben, weil diese nur für die Früchte bei der Pacht und beim Nießbrauch Sinn mache[106]. Die in der Begrenzung zum Ausdruck kommende Ausrichtung des Fruchtbegriffs nach seiner Funktion bei den Gebrauchsüberlassungsverhältnissen wurde als nicht kompatibel mit seiner weiteren Funktion im Rahmen der Restitutionsverhältnisse gesehen. Der Gesetzgeber hat reagiert, indem er die Lösung des bei den Gebrauchsüberlassungsverhältnissen bestehenden Konflikts in das jeweilige Spezialrecht (heute §§ 581 Abs. 1 S. 1, 1036 Abs. 2, 1039 Abs. 1 S. 2 BGB) verlagerte.

Angesichts der Anpassung des Fruchtbegriffs, um den Restitutionsverhältnissen gerecht zu werden, lässt sich nicht von einer alleinigen Orientierung des allgemeinen Fruchtbegriffs an den Gebrauchsüberlassungsverhältnissen reden. Vielmehr stellte sich der Gesetzgeber den § 99 BGB als weiten, in den Restitutionsverhältnissen unmodifiziert anwendbaren Begriff vor, aus dem eine Teilmenge die i. S. d. Gebrauchsüberlassungsverhältnisse maßgeblichen Früchte darstellte.

Der Gesetzgeber hat die Regelung des § 99 BGB jedenfalls für die Gebrauchsüberlassungsverhältnisse wie Pacht und Nießbrauch *und* die Restitutionsverhältnisse geschaffen, wie *Hagmann* auch zugesteht[107]. Wenn die Anwendung

106 Motive III, S. 38.

107 *Hagmann*, Gewinnherausgabe, S. 139.

einer Norm bewusst auf den Rechtsbereich erstreckt wurde, in dem sich ein Interessenkonflikt stellt, muss zunächst davon ausgegangen werden, dass sie die Funktion hat, diesen zu lösen. Demjenigen, der behauptet, sie habe nicht diese Funktion, trifft die argumentative Beweislast. *Hagmann* gibt aber keine schlüssige Begründung für ihre Annahme, der Nutzungsbegriff sei nur an den Rechtsinstituten der Pacht und des Nießbrauchs „orientiert". Nicht überzeugen kann es jedenfalls, zum Beweis die Tatsache anzuführen, dass in der späteren (!) Rechtsprechung § 99 BGB zumeist in Zusammenhang mit einem Pachtverhältnis oder Nießbrauch thematisiert werde.

Es hat den Anschein, als schließe *Hagmann*, § 99 BGB könne nicht auf den Zuordnungskonflikt bei mehreren Produktionsfaktoren ausgerichtet sein, weil eine Lösung nach Maßgabe des § 99 BGB ihrer Vorstellung einer „gerechten" Zuordnungslösung widerspricht. Es soll dennoch untersucht werden, ob nicht ein überzeugender Grund zur Annahme besteht, dass die Lösung der Zuordnungsfrage nicht eine Funktion des § 99 BGB ist. Zunächst ist festzustellen: Die Annahme, der Gesetzgeber habe verkannt, dass bei der Fruchtziehung Aufwendungen (Einsatz von sonstigen Produktionsfaktoren) durch einen anderen als den Fruchtberechtigten erfolgen können, wie dies bei Restitutionsverhältnissen typisch ist, wird durch die Regelung des § 102 BGB widerlegt. Wir können also schwerlich annehmen, der Gesetzgeber habe die Umstände, die zu dem Interessenkonflikt führen, verkannt. In den Gesetzgebungsmaterialien ist auch nicht die Aussage zu finden, die Frage nach der Zuordnung von Erträgen zum Restitutionsgegenstand solle *nicht* durch § 99 BGB beantwortet werden. Denkbar wäre es aber, mithilfe der Gesetzesmaterialien eine Funktion des § 99 BGB nachzuweisen, die nicht mit der Zuordnungsfunktion *kompatibel* ist. Angesichts der Tatsache, dass sich der Anwendungsbereich des § 99 BGB auf Restitutionsverhältnisse *und* Gebrauchsüberlassungsverhältnisse erstrecken soll, ist dieser Gedanke nicht fern liegend und wohl auch der Impuls für *Hagmanns* Argumentation.

b. Schließt die Anwendbarkeit des § 99 BGB auf die Gebrauchsüberlassungsfälle eine Zuordnungsfunktion der Norm aus?

Wie bereits dargestellt, ist § 99 BGB auch i. R. d. Gebrauchsüberlassungsverhältnisse anwendbar. Hier geht es zunächst um die Frage, welche Vorteile der Pächter oder Nießbraucher (bei Fehlen einer speziellen vertraglichen Abrede) aufgrund seines Nutzungsrechts erlangen soll. Das zeitweise Nutzungsrecht muss vom Vollrecht abgegrenzt werden. In diese Kategorie fällt weiterhin das Verhältnis zwischen Eigentümer und gutgläubigem, unverklagtem, entgeltlichem Besitzer. Dieser darf nach § 993 Abs. 1 BGB a. E. die Nutzungen behalten, sofern es sich nicht um Übermaßfrüchte handelt. Die Interessenlage entspricht daher den Gebrauchsüberlassungsverhältnissen, weil hier ebenfalls die Unterscheidung von Nutzungs- und Vollrecht (die Sache darf der Besitzer selbstverständlich nicht behalten) relevant ist. Der Unterschied zu den Gebrauchsüberlassungsfällen liegt nur darin, dass es sich nicht um eine *vertraglich* begründete, sondern um eine wegen des aufgrund der Sachherrschaft schutzwürdigen guten Glaubens des Besitzers gesetzlich angeordnete Aufspaltung handelt. Wegen § 993 Abs. 1 BGB wird gesetzlich quasi gutgläubig ein Nutzungsrecht erworben.

Wenn § 99 BGB auf die Nutzungsverhältnisse im obigen Sinn Anwendung findet, kann prima facie angenommen werden, dass die Norm auch dort Funktionen erfüllt. Zu ermitteln ist daher, welche Aufgaben der Fruchtbegriff i. R. d. Nutzungsverhältnisse erfüllt, ob die Beschränkung des Fruchtbegriffs auf die Erträge, die wertungsmäßig dem Gegenstand zuzuordnen sind, zu sachwidrigen Ergebnissen führen kann, und ob das gegen eine Zuordnungsfunktion des § 99 BGB spricht.

aa. Funktion der Abgrenzung der Nutzungsvorteile vom Vollrecht

In den Restitutionsfällen stand das Gut dem Schuldner rechtlich nicht zu. Jegliche Vorteile aus dem Gut stehen dem Gläubiger zu. Die Vorteile aus dem Gebrauch werden über die Nutzungen ausgeglichen, die aus dem Verbrauch über den jeweiligen Hauptanspruch. Die Vorteile des Guts sind aber von aus sonstigen Produktionsfaktoren erzielten Vorteilen abzugrenzen.

In den Nutzungsfällen erfolgt, anders als im Rahmen der Restitutionsverhältnisse, eine (zeitweise) Abspaltung der Nutzungsbefugnis vom Vollrecht. Es müssen die Vorteile des Gebrauchs von den übrigen, durch das Vollrecht vermittelten Vorteilen abgegrenzt werden. Diese Funktion erfüllt der Fruchtbegriff trotz der Abänderung der an den Gebrauchsüberlassungsverhältnissen ausgerichteten Definition *Johows* durch die erste Kommission: Wie bereits oben dargestellt, wurde bei der Überarbeitung des Vorentwurfs eines Fruchtbegriffs die allgemeine Begrenzung bei den Sachfrüchten auf die Erträge, „*deren Gewinnung nach den Regeln einer guten erhaltenden Wirtschaft zur bestimmungsgemäßen Nutzung der Sache gehört*“ zwar aufgegeben, um die Definition an die Restitutionsverhältnisse anzupassen. In der überarbeiteten Fassung waren nunmehr *alle* Erzeugnisse sowie die „bestimmungsgemäße“ Ausbeute Früchte. Das Merkmal „bestimmungsgemäß“ bezweckte eine an den Wertungen der Verkehrsauffassung (d.h. nicht naturwissenschaftlich) ausgerichtete *Abgrenzung von Voll-(Substanz-)*

und Nutzungsrecht[108]. Es erlaubte Übermaßerzeugnisse aus der Fruchtdefinition auszugrenzen, obwohl die Substanz des Grundstücks nicht angegriffen wird, und Bodenbestandteile trotz des Substanzverbrauchs zu erfassen. Aufgrund der Modifizierung des Fruchtbegriffs durch die erste Kommission hat man die Abgrenzung von Nutzungs- und Vollrecht hinsichtlich der Erzeugnisse in das Spezialrecht ausgelagert. Die wertende Abgrenzung von Nutzung und Vollrecht mit Blick auf die organischen Erzeugnisse erfolgt i. R. der Regelungen über das Nutzungsrecht (§§ 581 Abs. 1 S. 1, 1036 Abs. 2, 1039 Abs. 1 S. 2, 993 Abs. 1 BGB). Die Abgrenzung hinsichtlich der sonstigen Sachfrüchte[109] („*bestimmungsgemäße* Ausbeute"), der Rechtsfrüchte (§ 99 Abs. 2 BGB, „*bestimmungsgemäßer Ertrag*") und der Zivilfrüchte (§ 99 Abs. 3 BGB, „*Ertrag*") beließ man hingegen in § 99 BGB, so dass § 99 BGB nach wie vor die Abgrenzung von Nutzungs- und Vollrecht weitgehend zu leisten hat.

Die Abgrenzung von Nutzungs- und Substanzertrag ist von der Frage zu trennen, ob die Ziehung des Nutzungsertrags auf eine für die Substanz schädliche Art und Weise vorgenommen wird. Wenn z.B. Bestandteile eines Grundstücks unter Verwendung von schädlichen Stoffen, die den zurückbleibenden Boden verunreinigen, abgebaut werden, liegt keine Ziehung von Übermaßbestandteilen, aber dennoch ein Verstoß gegen die Pflicht zur Nutzungsziehung nach den Regeln der ordnungsgemäßen Wirtschaft (§§ 581 Abs. 1, 1036 Abs. 2 BGB) vor. Die Pflicht zur ordnungsgemäßen Wirtschaft hat auch im Hinblick auf Ausbeute i. S. d. § 99 Abs. 1, 2. Var. BGB noch die Funktion, die Interessen des Eigentümers zu schützen, aber nicht die Funktion der Abgrenzung von Substanz- und Nutzungsvorteil (wie bei den Erzeugnissen).

Nun ist *Hagmann* dahingehend zuzustimmen, dass es für die Zuordnung von aus dem Gebrauch erzielter Vorteile an den Nießbrauchinhaber, Pächter oder

---

108 Ausführlich zur Entstehung der „Bestimmungslehre" in der Rechtswissenschaft im 19. Jahrhundert S. 56 ff.

109 Die Abgrenzung von Nutzungs- und Substanzertrag, die bzgl. der Ausbeute i. R. d. § 99 BGB vorzunehmen ist, ist von der Frage zu trennen, ob die Ziehung des Nutzungsertrags auf eine für die Substanz schädliche Art und Weise vorgenommen wird. Wenn z.B. Bestandteile eines Grundstücks unter Verwendung von schädlichen Stoffen, die den zurückbleibenden Boden verunreinigen, abgebaut werden, liegt keine Ziehung von Übermaßbestandteilen, aber dennoch ein Verstoß gegen die Pflicht zur Nutzungsziehung nach den Regeln der ordnungsgemäßen Wirtschaft (§§ 581 Abs. 1, 1036 Abs. 2 BGB) vor. Die Pflicht zur ordnungsgemäßen Wirtschaft hat auch im Hinblick auf Ausbeute i. S. d. § 99 Abs. 1, 2. Var. BGB noch die Funktion, die Interessen des Eigentümers zu schützen, aber nicht die spezielle (Teil-)Funktion der Abgrenzung von Substanz- und Nutzungsvorteil (wie bei den Erzeugnissen).

Besitzer i. S. v. § 993 Abs. 1 BGB keine Rolle spielt, ob ein mithilfe des überlassenen Gegenstands erzielter Ertrag wertungsmäßig eher dem Gegenstand oder einem sonstigen Produktionsfaktor zuzuordnen ist. Derjenige, der das Nutzungsrecht an der Sache hat, ist auch derjenige, der Arbeitsleistungen (selbst oder durch andere) erbringt oder sonstige Aufwendungen tätigt. Produktionsfaktor „Nutzungsgegenstand" und Produktionsfaktor „Arbeit und sonstige Mittel" fallen bei ihm zusammen. Der Nießbrauchinhaber, Pächter oder Besitzer i. S. v. § 993 Abs. 1 BGB muss daher alle Erträge erhalten, und zwar unabhängig davon, ob der jeweilige Ertrag wertungsmäßig eher dem einen oder anderen Produktionsfaktor zuzuordnen ist.

Diese Erkenntnis rechtfertigt aber noch nicht die Annahme, dass bei der Bestimmung des Fruchtbegriffs die Frage der Zuordnung zu dem einen oder anderen Produktionsfaktor für den Gesetzgeber keine Rolle spielen konnte.

(1) Zuweisung auf der Ebene der Berechtigung (endgültiges „Behaltendürfen" nach §§ 581, 1030 ff., 993 BGB)[110]

Zunächst ist zu bedenken, dass sich die Beschränkung des Fruchtbegriffs auf die Erträge, die dem Produktionsfaktor „Nutzungsgegenstand" wertungsmäßig zuzuordnen sind, nicht auf das Recht des Nießbrauchinhabers, Pächters oder Besitzers i. S. v. § 993 BGB auf alle Erträge auswirken. Diese sind nicht nur berechtigt, die Früchte zu ziehen, sondern den Gegenstand auch zu gebrauchen und die unter Gebrauch des Gegenstands entstehenden Erträge zu behalten. Wenn ein Ertrag nicht als Frucht i. S. v. §§ 1030 Abs. 1, 581 Abs. 1 S. 1, 993 Abs. 1 a. E., 99 BGB einzuordnen ist, ist er Folge des Gebrauchs (nicht: *Gebrauchsvorteil* i. S. v. § 100 2. Var. BGB, dieser erschöpft sich in dem Gebrauch an sich[111]), der dem Nutzer nach §§ 1030 Abs. 1, 581 Abs. 1 S. 1, 993, 100 BGB ohnehin zusteht. Die Notwendigkeit, dem Nießbrauchinhaber, Pächter oder Besitzer i. S. v. § 993 Abs. 1 BGB die Erträge unabhängig von den mitwirkenden Produktionsfaktoren zuzuordnen, steht daher nicht notwendig im Konflikt mit einer an der Bewertung von Produktionsfaktoren ausgerichteten Bestimmung der Früchte in § 99 BGB und zwingt daher nicht zu der Annahme, der Gesetzgeber habe, weil er den Fruchtbegriff auf die Gebrauchsüberlassungsverhältnisse erstreckte, keine Zuordnungsbewertung in § 99 BGB vorgenommen.

---

110 Die Berechtigung kann sowohl dinglicher (Nießbrauch) als auch schuldrechtlicher (Pacht) Natur sein.

111 Wie bereits in der Einleitung (§ 1) ausgeführt.

Der entscheidende Gesichtspunkt ist jedoch folgender: Die Tatsache, dass der Gesetzgeber in § 99 BGB eine Funktion verankerte, die im Konflikt mit der für die Restitutionsverhältnisse maßgeblichen Zuordnungsfunktion geraten *kann*, erlaubt nicht den Schluss, dass die Zuordnungsfunktion in der Norm nicht enthalten ist. § 99 BGB ist keine Norm, die abstrakte, an einer Funktion aufgestellte Voraussetzungen aufstellt, sondern ein kasuistischer, Fallgruppen beschreibender Tatbestand. Diese Fallgruppen können eine *Schnittmenge beider Funktionen darstellen*. Dass die zwei Funktionen in bestimmten Fällen abweichende Ergebnisse liefern können, schließt nicht aus, dass die Sachverhalte des § 99 BGB einen Bereich darstellen, in dem sie zum gleichen Ergebnis führen. Dies würde zwar eine für alle Anwendungsbereiche einheitliche Fortentwicklung der Norm schwierig machen, aber allein deshalb kann nicht verneint werden, dass eine solche Konstruktion durch den (fehlbaren) Gesetzgeber gewählt wurde. Die realen Erträge, die sich der Gesetzgeber in den Nutzungsverhältnissen wie Pacht und Nießbrauch als Früchte vorstellte, können allesamt zugleich Erträge sein, die aus seiner Sicht in einem Restitutionsverhältnis dem Restitutionsgegenstand zuzuordnen sind. Wenn er keine Erträge bei den Nutzungsverhältnissen bedachte, die nicht zugleich dem Gegenstand zuzuordnen wären, wäre eine gemeinsame Beschreibung der Früchte möglich.

(2) Zuweisung auf dinglicher Ebene (§§ 954 ff. BGB)

Auch wenn, wie oben dargestellt, der Fruchtbegriff nicht speziell für den dinglichen Eigentumserwerb geschaffen wurde, hat er hier dennoch mittelbare Wirkung auf den Erwerb in Nutzungsverhältnissen. Im Rahmen der §§ 953 ff. BGB erwirbt der Eigentümer Eigentum an allen Erzeugnissen und Bestandteilen mit deren Trennung, wenn §§ 954 ff. BGB nicht einschlägig sind (§ 953 BGB). Der Begriff der Erzeugnisse und Bestandteile ist einerseits enger, andererseits weiter als der Fruchtbegriff i. S. d. § 99 BGB. Enger als § 99 BGB ist der Begriff, weil (logischerweise) nur körperliche Vorteile erfasst werden; weiter, weil auch Bestandteile, die nicht als Erträge („nicht bestimmungsgemäße Ausbeute") zu betrachten sind, unter ihn fallen, z. B. wenn eine einheitliche Sache in ihre Einzelteile zerlegt wird.

Im Rahmen der §§ 954 ff. BGB ist der Fruchtbegriff relevant, weil die §§ 954, 956 BGB für den Nießbraucher und Pächter auf die im jeweiligen Spezialrecht geregelte Berechtigung verweisen. Nach § 581 BGB gebühren dem Pächter alle Nutzungen i. R. einer ordnungsgemäßen Wirtschaft; diese Norm verweist – unter Begrenzung durch das Kriterium der ordnungsgemäßen Wirtschaft – auf §§ 100, 99 BGB[112]. Nach §§ 1030 Abs. 1, 1036 Abs. 2 BGB hat der Nießbraucher ebenfalls ein Recht auf alle Nutzungen i. S. v. §§ 100, 99 BGB, deren Ziehung den Regeln der ordnungsgemäßen Wirtschaft entspricht. Dinglich erwirbt er daneben nach § 1039 Abs. 1 S. 1 BGB alle Übermaßfrüchte; bzgl. diesen Teils trifft ihn obligatorisch eine Wertersatzpflicht (§ 1039 Abs. 1 S. 2 BGB).

§ 955 BGB nutzt den Fruchtbegriff unmittelbar. Die Norm regelt den gutgläubigen Erwerb des Eigen- und (aufgrund eines vermeintlichen dinglichen Nutzungsrechts besitzenden[113]) Fremdbesitzers. Der gutgläubige Besitzer erwirbt alle Erzeugnisse sowie die Bestandteile, die Früchte darstellen. Hintergrund für die Schaffung der Norm war, dass man dem redlichen Besitzer eine (bereicherungsrechtliche) Pflicht zum Ersatz der verbrauchten oder veräußerten Früchte entsprechend dem römischen Recht nicht auferlegen wollte[114]. Zweck ist der Schutz des aufgrund seiner Sachherrschaft berechtigten guten Glaubens des Besitzers in Bezug auf sein Nutzungsrecht. Der dingliche Erwerb des Besitzers

---

112 Konstruktiv erfolgt der Erwerb durch dingliches Rechtsgeschäft (sog. Erwerbsgestattung, siehe hierzu MünchKommBGB/*Oechsler*, § 956 Rn. 2 f.), dessen Inhalt sich nach dem obligatorischen Geschäft richtet.

113 MünchKommBGB/*Oechsler*, § 955 Rn. 4. Der gutgläubige Fruchterwerb des Besitzers mit vermeintlichem obligatorischen Recht richtet sich nach § 957 BGB.

114 Motive III, S. 365.

sollte die Erreichung dieser Ziele sicherstellen („*Die Verzehrungsbefugnis und die Veräußerungsmacht des Besitzers stehen materiell dem Eigentum ziemlich nahe*“[115]). Die schuldrechtliche Ausgleichspflicht des Besitzers für die Übermaßfrüchte in § 993 BGB wurde während der Reichstagsberatungen eingeführt[116]. Im Ergebnis entspricht die Diskrepanz von dinglichem Erwerb und Berechtigung der beim Nießbrauch: Der Besitzer erwirbt Eigentum an allen Erzeugnissen und die bestimmungsgemäße Ausbeute, ist aber zur Herausgabe der Übermaßfrüchte verpflichtet. Der Unterschied liegt lediglich darin, dass hier statt der Wertersatzpflicht eine Herausgabepflicht (d.h. ein Ausgleich in Natur) in Betracht kommt. Der Verweis durch §§ 581, 1030, 955 BGB auf § 99 BGB beeinflusst den Eigentumserwerb des Nutzungsberechtigten an Erzeugnissen und Bestandteilen dahingehend, dass nicht alle Bestandteile, sondern nur die Bestandteile, die „bestimmungsgemäße Ausbeute“ darstellen, erworben werden können (Abgrenzung Nutzungs- und Vollrecht im Hinblick auf Bestandteile).

Körperliche Erträge im BGB

Wie bei der Berechtigung des Nutzungsinhabers gilt auch beim dinglichen Erwerb, dass dieser nicht davon abhängen kann, ob die obigen Vorteile wertungsmäßig der Sache oder einem sonstigen Produktionsfaktor zuzuordnen sind. Auch der dingliche Erwerb des Nutzungsinhabers hat sich nach der Abgrenzung von Nutzungs- und Vollrecht zu richten, allerdings unter zusätzlicher Heranziehung

115 Motive III, S. 365.
116 Vgl. Mugdan II, S. 1282.

der im Sachenrecht relevanten Gesichtspunkte des Verkehrsschutzes und der Rechtssicherheit und -klarheit. Ein Fruchtbegriff, der auf Vorteile begrenzt ist, die dem Gegenstand zuzuordnen sind, könnte hiermit in Konflikt geraten: Bei dem Eigentumserwerb des Pächters nach § 956 BGB und dem des Nießbrauchers nach §§ 954, 1030 BGB ist dies zwar entsprechend den obigen Ausführungen zur Berechtigung nicht zwingend. Nach den genannten Normen erwirbt der Nutzende alle Erzeugnisse und Bestandteile, auf die er ein Recht hat. Er hat nach §§ 581, 1030 BGB nicht nur ein Recht auf die Gegenstände, die Früchte darstellen, sondern darüber hinaus auf alle sonstigen Gegenstände, die in Ausübung des ihm zustehenden (§ 100 2. Var. BGB) Gebrauchs entstehen. Hinsichtlich des Eigentumserwerbs des Nießbrauchers nach §§ 954, 1039 und des gutgläubigen Besitzers nach § 955 BGB stellt sich die Situation aber anders dar. Diese Erwerbstatbestände erfassen nur Gegenstände, die Früchte darstellen. Es wäre daher denkbar, dass ein nach der Zuordnungsfunktion ausgerichteter Fruchtbegriff zu unsachgemäßen Ergebnissen beim Eigentumserwerb führt.

Dies ist indes, entsprechend den obigen Ausführungen zur (endgültigen) Berechtigung des Nutzungsinhabers, nur ein Scheinproblem. Es ist denkbar, dass der Gesetzgeber in § 99 BGB Vorteile erfasste, die sowohl Erträge (in Abgrenzung zur Substanz vor dem Hintergrund eines Nutzungsverhältnisses), als auch dem Gegenstand (in Abgrenzung zu einem sonstigen Faktor vor dem Hintergrund eines Restitutionsverhältnisses) zuzuordnen sind. Wenn aus Sicht des Gesetzgebers alle organischen Erzeugnisse und jegliche bestimmungsgemäße Ausbeute dem Restitutionsgegenstand zuzuordnen waren, sind die sachenrechtlichen Verweise im Kontext von Nutzungsrechten auf den Fruchtbegriff unproblematisch. Diese Annahme erscheint nicht abwegig. Auch *Hagmann* nimmt im Ergebnis an, dass die (beim dinglichen Erwerb relevanten) Sachfrüchte i. S. d. § 99 Abs. 1 BGB Erträge sind, die dem Restitutionsgegenstand zuzuordnen sind. Es ist unerheblich, dass die beiden Funktionen generell in Konflikt geraten könnten, wenn dies in ihrem Überschneidungsbereich, den § 99 BGB darstellt, und in den die körperlichen Erträge fallen, nicht der Fall ist.

bb. Funktion der Abgrenzung verschiedener Nutzungstypen

Die Unterscheidung von Früchten und Gebrauchsvorteilen ist weiterhin bei der Abgrenzung von verschiedenen Vertrags-/Rechtstypen relevant. Miete und Pacht unterscheiden sich beispielsweise danach, ob der Fruchtbezug neben dem Gebrauch gewährt wird. Der schuldrechtliche Vertrag, der nur zur Ziehung von Gebrauchsvorteilen berechtigt, wird als Mietvertrag eingeordnet. Es ist möglich, dass eine Beschränkung der Früchte auf die Erträge, die wertungsmäßig dem überlassenen Gegenstand zuzuordnen sind, nicht zu einer sachgerechten, d.h. zu den divergierenden Rechtsfolgen von Miete und Pacht passenden, Abgrenzung der Vertragstypen führt. Wieder könnte sich das Problem ergeben, dass eine Funktion des Fruchtbegriffs des § 99 BGB in den Nutzungsverhältnissen mit der Zuordnungsfunktion allgemein nicht kompatibel ist. Die Indizien sprechen aber dafür, dass eine Abgrenzung der Anwendbarkeit der Rechtsfolgen von Fruchtbezugs- und Gebrauchsrechten kein Problemkreis war, den der Gesetzgeber bei der Schaffung des § 99 BGB im Auge hatte. Die unterschiedlichen Rechtsfolgen in den §§ 1030 ff., 1090 ff. und §§ 535 ff., 581 ff. BGB i. d. F. vom 18.08.1896 knüpfen nämlich bei genauer Betrachtung nicht an die Abgrenzung Frucht/Gebrauchsvorteil an. Sowohl Nießbrauch und persönliche Dienstbarkeit können mit ihren unterschiedlichen Rechtsfolgen zur Fruchtziehung berechtigen[117]. Die Rechtsfolgen Miete und Pacht, die gemäß §§ 535, 581 BGB durch die Unterscheidung von Frucht und Gebrauchsvorteil abzugrenzen sind, unterschieden sich nicht wesentlich i. R. d. BGB i. d. F. vom 18.08.1896[118]. Wesentlich unterschiedliche Rechtsfolgen zeigten sich nicht im Vergleich von Miete zur Pacht, sondern im Vergleich von Grundstückspacht zu *den übrigen Fällen der Miete und Pacht*[119]. Wenn die Abgrenzung von Frucht und Gebrauchsvorteil nicht zu wesentlich unterschiedlichen Rechtsfolgen bei den Gebrauchsüberlassungsverhältnissen führte, kann nicht davon ausgegangen werden, dass der Gesetzgeber sich bei der Definition der Früchte an den unterschiedlichen Rechtsfolgen orientierte. Von einer Unterscheidung ohne praktische Bedeutung lässt man sich typischerweise nicht leiten. Weiterhin ist zu bedenken, dass einer strengen Übereinstimmung der Abgrenzung von Miete und Pacht und Gebrauchsvorteil und Frucht i. S. v. §§ 100, 99 BGB seit jeher die Möglichkeit des Mieters, mit Erlaubnis des Vermieters unter zu vermieten[120] und somit als Mieter Früchte i. S. d. § 99 Abs. 3 BGB zu ziehen, entgegenstand. Es kann demnach nicht davon ausgegangen werden, dass § 99 BGB aus Sicht des Gesetzgebers die Funktion der Abgrenzung verschiedener Vertrags-/Rechtstypen im Bereich der Gebrauchsüberlassungsverhältnisse hatte.

Der Nachweis, dass es aus Sicht des Gesetzgebers eine Funktion des § 99 BGB i.V.m. den Gebrauchsüberlassungsverhältnissen gab, die eine Zuordnungsfunktion

117 Vgl. zur schwierigen Abgrenzung: *Füller*, Eigenständiges Sachenrecht?, S. 455 ff.

118 Das römische Recht, an welches das BGB anknüpft, unterschied nicht zwischen Miete und Pacht (vgl. Motive II, S. 368).

119 Die besonderen Rechtsfolgen der Pacht in den §§ 582–595 BGB i. d. F. v. 18.08.1896 knüpfen an die Pacht eines (häufig landwirtschaftlichen) Grundstücks an.

120 Vgl. § 549 BGB i. d. F. v. 18.08.1896.

der Norm ausschließt, ist demnach gescheitert. Die durch die bewusste Erstreckung des Anwendungsbereichs des § 99 BGB auf die Restitutionsfälle begründete Vermutung, der Gesetzgeber habe mit der Regelung den in den Restitutionsfällen entstehenden Zuordnungskonflikt lösen wollen, ist somit nicht widerlegt. Es ist daher davon auszugehen, dass die Lösung dieses Problems eine Funktion des § 99 BGB ist. Unter dieser Prämisse kann aber bei der Bestimmung der Nutzungen i. S. d. Bereicherungsrechts nicht einfach über § 99 BGB hinweggesehen werden.

3. *Zusammenfassung*

Zusammenfassend ist festzustellen, dass aus dem Tatbestandsmerkmal des Hauptanspruchs „auf Kosten" keine Lösung der Nutzungsproblematik abgeleitet werden kann. Es bringt nur zum Ausdruck, dass der abzuschöpfende Vorteil dem Gläubiger gebühren muss. Die §§ 812 ff. BGB entscheiden aber nicht, ob ein Vorteil dem Gläubiger gebührt, genauso wenig wie sie die Frage beantworten, ob eine Leistung „ohne Rechtsgrund" erfolgt ist. Die §§ 812 ff. BGB sind abstrakte Regeln, die ausgefüllt werden müssen. Aus § 687 Abs. 2 BGB entnimmt die herrschende Meinung im Bereich der Eingriffskondiktion die Wertung, dem redlichen Bereicherungsschuldner müssten die Früchte seiner Leistung verbleiben. Wann aber sind Vorteile Früchte der Leistung? Eine eigenständige Bewertung, wie bei der Eingriffskondiktion vorgenommen, kann im Rahmen des § 818 Abs. 1, 1. Var. BGB erst nach Berücksichtigung des § 99 BGB getroffen werden.

Sicherlich würden an der einen oder anderen Zuweisungsbestimmung Zweifel aufkommen, wenn § 99 BGB und die herrschende Meinung zur Eingriffskondiktion zueinander in Widerspruch stehen sollten. Das lässt sich aber erst nach einer Analyse des § 99 BGB feststellen. Sollte ein Widerspruch bestehen, müsste aber vor der Übertragung der Bewertung der herrschenden Ansicht zur Eingriffskondiktion auf § 99 BGB begründet werden, warum eine Anpassung der gesetzlichen Regel an eine Bewertung durch den Rechtsanwender und nicht eine umgekehrte Angleichung zu erfolgen hat.

Hagmanns Ansatz zur Lösung des Gewinnherausgabeproblems kann daher nicht gefolgt werden. Nur am Rande ist zu bemerken, dass ihre Abgrenzung von „wesentlicher und unwesentlicher" persönlicher Leistung angreifbar erscheint (jede Vermietung einer Wohnung soll eine bedeutende persönliche Leistung darstellen), und dass die unterschiedliche Behandlung des Nutzungsbegriffs bei verschiedenen Restitutionsverhältnissen (Bereicherungsrecht und Eigentümer-Besitzer-Verhältnis gemäß § 987 BGB) Zweifel weckt[121].

---

121 Ähnlich MünchKommBGB/*Schwab*, § 818 Rn. 10.

II. Schlüsse aus dem Surrogatsanspruch nach § 818 Abs. 1, 2. Var. BGB?

Larenz/Canaris[122] und *Jagmann*[123] begründen ihre modifizierte Anwendung des § 99 BGB bei dem Nutzungsanspruch gesetzessystematisch mit der Regelung des § 818 Abs. 1, 2. Var. BGB. Nach herrschender Ansicht gehört zu den Positionen, die „der Empfänger auf Grund eines erlangten Rechts oder als Ersatz für die Zerstörung, Beschädigung oder Entziehung des erlangten Gegenstands erwirbt" nicht das rechtsgeschäftlich erlangte Surrogat (commodum ex negotiatione). Es sei widersprüchlich, dass sich der Nutzungsanspruch nach §§ 818 Abs. 1, 1. Var., 99 Abs. 3 BGB auf die Erträge erstrecke, die durch Vermietung etc. des Restitutionsgegenstandes erzielt wurden[124]. § 99 BGB sei deshalb einschränkend auszulegen. Nur die aufgrund eines bereits bei Erwerb des Restitutionsgegenstands geschlossenen Vertrags (vgl. § 566 BGB) erzielten Erträge seien unter § 99 Abs. 3 BGB zu fassen.

Der bereicherungsrechtliche Surrogatanspruch gemäß § 818 Abs. 1, 2. Var. BGB ist, wie auch der Wertersatzanspruch nach § 818 Abs. 2 BGB, ein Sekundäranspruch. Die Primäransprüche sind der Hauptanspruch aus § 812 BGB und der Nutzungsanspruch nach § 818 Abs. 1, 1. Var. BGB, der eine selbständige, neben den Hauptanspruch tretende Ausgleichspflicht für einen separaten Vorteil begründet. Im Rahmen des Hauptanspruchs wird auf der Primärebene nach herrschender Ansicht zunächst festgestellt, was dem Gläubiger „gegenständlich" gebührt. Dies ist in erster Linie herauszugeben. Ist eine Herausgabe nicht möglich, ist vorbehaltlich des § 818 Abs. 3 BGB Ersatz nach §§ 818 Abs. 1, 2. Var, Abs. 2 BGB zu leisten. Die Frage eines Ausgleichs durch Folgevorteile stellt sich beim bereicherungsrechtlichen Hauptanspruch wegen der gegenständlichen Bestimmung des Erlangten, die – unabhängig von der Gewinnherausgabeproblematik – eine Berechtigung darin findet, dass eine „Naturalrestitution" von körperlichen Vorteilen ermöglicht werden muss, auf der Ebene des Sekundäranspruchs. Über die Herausgabe eines bestimmten Folgevorteils, nämlich des Veräußerungserlöses, entscheidet bei einer Veräußerung durch den Berechtigten § 818 Abs. 1, 2. Var. BGB.

Ob § 818 Abs. 1, 2. Var. BGB den Veräußerungserlös erfasst, ist streitig. Die ganz herrschende Ansicht begründet den Ausschluss des commodum ex negotiatione überwiegend mit dem Wortlaut und den Gesetzesmaterialien. Der

---

122 *Larenz/Canaris*, Schuldrecht II/2, S. 270, 271.

123 *Jagmann*, Wertersatz, S. 203 ff.

124 *Larenz/Canaris*, Schuldrecht II/2, S. 271, 272.

Wortlaut erfasse im Gegensatz zu den Surrogationsnormen der §§ 1418 Abs. 2 Nr. 3, 1473 Abs. 1, 1638 Abs. 2, 2019 Abs. 1, 2111 Abs. 1 S. 1, 2374 BGB nicht explizit das rechtsgeschäftliche Surrogat. „Was der Empfänger auf Grund eines erlangten Rechts...erwirbt" sollte nach dem Gesetzgeber nicht den Erwerb „durch willkürliche Verfügung über den erlangten Gegenstand"[125] erfassen. Das rechtsgeschäftliche Surrogat könne daher nicht unter den einzig vom Wortlaut her noch passenden Tatbestand gefasst werden[126]. Teilweise wird der Ausschluss des commodum ex negotiatione aus dem Tatbestand des § 818 Abs. 1, 2. Var. BGB auch damit begründet, es fehle letztlich an der Wertung, der Schuldner müsse sich so behandeln lassen, als habe er sein Verhandlungsgeschick in den Dienst des Gläubigers gestellt[127]. Praktisch wird im Rahmen des Surrogatanspruchs über den „Veräußerungsgewinn" gestritten. Der Veräußerungsgewinn ist der Veräußerungserlös abzüglich des „objektiven" Wertes des veräußerten Gegenstandes und etwaiger sonstiger Aufwendungen des Schuldners. Hierdurch wird bereits deutlich, dass es sich bei den Konstellationen des „Veräußerungsgewinns" um pathologische Fälle handelt. Der „objektive" Wert eines Gegenstandes kann nach seinem Marktwert[128] bemessen werden. Eine Veräußerung ist der Tausch des Gegenstandes auf dem Markt gegen einen Geldbetrag. Der Veräußerungserlös dürfte häufig dem objektiven Wert entsprechen. In den diskutierten Gewinnhaftungsfällen hat der Schuldner individuelle Ressourcen, wie sein Renommee oder den Zugang zu einem besonderen Kundenkreis[129], mit der Folge eingesetzt, dass ein höherer Ertrag erzielt wurde, als ohne deren Einsatz erzielt worden wäre.

Wenn im Rahmen des bereicherungsrechtlichen Hauptanspruchs der Grundsatz gelten sollte, dass ein Ausgleich für das gegenständlich Geschuldete durch Herausgabe des commodum ex negotiatione nicht erfolgt (und damit auch, dass ein durch rechtsgeschäftliche Verwertung erzielter Gewinn dem Schuldner zuzuordnen ist), wäre eine Übertragung auf das Nutzungsrecht denkbar. Ein solches Prinzip gibt es nach herrschender Ansicht, der sich *Larenz/Canaris* anschließen,

---

125 Mudgan II, S. 1185.

126 *Larenz/Canaris*, Schuldrecht II/2, S. 266. Die Gegenauffassung beruft sich aber ebenfalls auf die Gesetzgebungsgeschichte: Der Gesetzgeber habe nur die Fälle des rechtsgeschäftlichen Erwerbs eines anderen Gegenstands durch Tausch vom Anwendungsbereich des Surrogatanspruchs ausschließen wollen (vgl. *Jakobs*, lucrum, S. 110 ff.).

127 MünchKommBGB/*Schwab*, § 818 Rn. 42.

128 Hierzu ausführlich unten S. 113 ff.

129 *Larenz/Canaris*, Schuldrecht II/2, S. 266.

aber jedenfalls nicht, denn von dieser wird angenommen, dass von § 816 Abs. 1 S. 1 BGB das rechtsgeschäftliche Surrogat erfasst wird[130].

Die Rechtsprechung und ein Großteil des Schrifttums berufen sich in erster Linie auf den Wortlaut des § 816 Abs. 1 S. 1 BGB. Das „durch die Verfügung Erlangte" sei der Anspruch des Verfügenden auf die Gegenleistung seines Vertragspartners bzw. die Gegenleistung selbst. Es gibt also nach herrschender Ansicht keine einheitliche Behandlung des Erlöses aus der rechtsgeschäftlichen Verwertung auf der Ebene des Hauptanspruchs. Die unterschiedlichen Rechtsfolgen der § 818 Abs. 1, 2. Var. BGB und § 816 Abs. 1 S. 1 BGB will die herrschende Ansicht damit begründen, dass im zweiten Fall eine Verwertung durch den Nichtberechtigten vorliegt.

In den Anwendungsbereich des § 818 Abs. 1, 1. Var. BGB fallen bei der Abwicklung von nichtigen Kaufverträgen Nutzungen im Wege der rechtsgeschäftlichen Verwertung durch dinglich berechtigte und nichtberechtigte Parteien. Zwar ist bei dem Nichtberechtigten in erster Linie das Eigentümer-Besitzer-Verhältnis anwendbar. Allerdings entspricht es der allgemeinen Auffassung, in den Fällen der Doppelnichtigkeit von Kausal- und Verfügungsgeschäft statt des Eigentümer-Besitzer-Verhältnisses § 818 Abs. 1, 1. Var. BGB anzuwenden (nach der herrschenden Lehre direkt über eine Besitzkondiktion[131], nach der Rechtsprechung gemäß § 988 BGB analog[132]). Kann der Nutzungsanspruch aber auch bei dinglich Nichtberechtigten Anwendung finden, ist die Übertragung des Grundsatzes aus § 818 Abs. 1, 2. Var. BGB ohne Berücksichtigung des § 816 Abs. 1 S. 1 BGB nicht nachvollziehbar.

Aus hiesiger Sicht ist allerdings die Literaturansicht, die annimmt, § 816 Abs. 1 S. 1 BGB erfasse nicht das rechtsgeschäftliche Surrogat, überzeugender. Es leuchtet nämlich nicht ein, dass die herrschende Ansicht die Rechtsfolge der Veräußerung bei § 818 Abs. 1, 2. Var. BGB und § 816 Abs. 1 S. 1 BGB unterschiedlich beurteilt[133]. Die dingliche oder schuldrechtliche Zuordnung des Rechtsguts zum Gläubiger kann keine Rolle spielen, weil das Abstraktions- und Trennungsprinzip eine eindeutige Zuordnung zu einem Rechtsträger und damit den Verkehrsschutz bezwecken[134]. Der Verkehrsschutz spielt aber nur im Verhältnis zu

---

130 BGHZ 29, 157, 159; BGHZ 75, 203, 206; BeckOK/*Wendehorst*, § 816 Rn. 15.

131 Vgl. z.B. *Larenz/Canaris*, Schuldrecht II/2, S. 339, 340.

132 BGHZ 120, 204, 215; BGHZ 71, 216, 225 f.; BGHZ 32, 76, 94 f.

133 So auch Staudinger/*Lorenz* § 818 Rn. 17; a. A. *Larenz/Canaris*, Schuldrecht II/2, S. 268.

134 MünchKommBGB/*Gaier*, Einleitung Sachenrecht, Rn. 16.

Dritten eine Rolle. *Larenz/Canaris*[135] wollen die Ungleichbehandlung dennoch mit einem Beispiel rechtfertigen: Sie führen den Fall des geschäftsunfähigen Verkäufers an, bei dem Verkauf und Verfügung der Sache nichtig sind: Es sei gerechtfertigt, dass hier der gesamte Veräußerungserlös herauszugeben sei, weil der geschäftsunfähige Verkäufer schutzwürdiger sei als etwa der Verkäufer, bei dem der Verkauf nur aufgrund eines Dissenses unwirksam ist. Wie das Ziel des Schutzes des Vermögens*bestands* des geschäftsunfähigen Verkäufers eine Vermögens*erhöhung* rechtfertigen soll, bleibt allerdings unklar. Signifikanter ist noch, dass der schutzwürdige Geschäftsunfähige auch *Erwerber* sein kann. Seine Geschäftsunfähigkeit führt auch in diesem Fall zur Doppelnichtigkeit. Die Doppelnichtigkeit führte bei einer anschließenden, (etwa wegen Vertretung oder sonstiger Gründe) wirksamen Veräußerung dazu, dass der besonders schutzwürdige Geschäftsunfähige den gesamten Erlös herausgeben muss. Seine Schutzwürdigkeit führte zu einer Benachteiligung. Unterschiedliche Rechtsfolgen *inter partes* in den Fällen der einfachen und doppelten Nichtigkeit lassen sich nicht rechtfertigen; sie führen stets zu befremdlichen Ergebnissen, wie beispielsweise bei der bereits angesprochenen Frage nach der Pflicht zur Nutzungsherausgabe im Fall der Doppelnichtigkeit. Hier kann auf den ersten Blick die Partei, die nur den Besitz an der veräußerten Sache erworben hat, im Gegensatz zur Partei, die auch das Eigentum erworben hat, die Nutzungen behalten (§ 993 Abs. 1, 2. Hs. BGB). Nach allgemeiner Ansicht[136] muss aber ein Gleichlauf zwischen den Fällen der einfachen und doppelten Nichtigkeit hergestellt werden. Es gibt keine Regel, dass der dinglich wirksam Erwerbende im Verhältnis zu seinem Vertragspartner stärker zu schützen ist als derjenige, dem das Recht nur schuldrechtlich zusteht.

Wenn man der insoweit überzeugenderen Literaturansicht[137] folgt, könnte von der Existenz eines allgemeinen Grundsatzes, rechtsgeschäftlich erlangte Surrogate seien im Rahmen des Hauptanspruchs bei dem Ausgleich des Vorteils nicht zu berücksichtigen, ausgegangen werden. Die Literaturansicht versteht „das durch die Verfügung Erlangte" im Sinne des § 816 Abs. 1 S. 1 BGB als die Befreiung von der Verbindlichkeit gegenüber dem Erwerber. Diese könne nicht in Natur herausgegeben werden, so dass der objektive Wert der Befreiung, der in dem objektiven Wert der zur Befreiung geleisteten Sache bestehe, zu ersetzen sei. Diese Rechtskonstruktion wird damit begründet, es fehle im Bereicherungsrecht an einer Wertung des Inhalts, der Gläubiger könne Gewinne des Schuldners

135 Schuldrecht II/2, S. 268.

136 So auch *Larenz/Canaris*, Schuldrecht II/2, S. 340.

137 *v. Caemmerer*, Bereicherung, S. 356; Staudinger/*Lorenz* § 816 Rn. 23 ff.; MünchKommBGB/*Schwab* § 816 Rn. 42 ff.; *Jagmann*, Wertersatz, S. 149 ff.

abschöpfen. Diese Wertung sei nur bei den §§ 667, 687 Abs. 2 BGB getroffen. Das Gesetz wolle nur dem vorsätzlich rechtwidrig eingreifenden Schuldner die Früchte seiner Leistung nehmen. Dem redlichen Bereicherungsschuldner müssten daher diese Früchte belassen werden. Die Argumentation entspricht der bei dem Problem der Gewinnhaftung im Rahmen der allgemeinen Eingriffskondiktion. Wieder liegt der Argumentation die Annahme zugrunde, der Erlös über den objektiven Wert sei der Leistung des Schuldners, hier z.B. in Gestalt seines Verhandlungsgeschicks, zuzuordnen. Wie oben bereits erörtert, ist die Zuordnung eines Vorteils, für dessen Entstehung sowohl eine Leistung des Schuldners, als auch der Restitutionsgegenstand kausal waren, eine Wertungsfrage. Die eine Herausgabe des Veräußerungsgewinns bei § 816 Abs. 1 S. 1 BGB ablehnende Meinung bewertet die Leistung des Schuldners (die nicht in dem Abschluss des Rechtsgeschäfts, sondern in dem Einsatz seines Renommees etc. liegt) als maßgeblichen Faktor.

Das Problem einer Übertragung der von der Literaturansicht im Rahmen der §§ 818 Abs. 1, 2. Var., 816 Abs. 1 S. 1 BGB vorgenommenen Bewertung ist dasselbe, wie das im Zusammenhang mit der allgemeinen Eingriffskondiktion: Ob der Gewinn dem für die Entstehung ursächlichen Rechtsgut oder stattdessen der ebenfalls kausalen Leistung zugeordnet ist, ist in erster Linie aus dem Gesetz zu ermitteln. Eine eigenständige Bewertung der Faktoren, wie von der dargestellten Literaturansicht bei § 816 Abs. 1 S. 1 BGB vorgenommen, ist erst nach Berücksichtigung des § 99 BGB zulässig. Sicherlich müsste auch hier ein Widerspruch der Bewertungen im Rahmen des Haupt- und Nutzungsanspruchs Zweifel an der einen oder anderen Bewertung wecken. Sofern ein Widerspruch bestehen sollte, wäre aber wieder zu begründen, dass der außergesetzlichen Wertung der Vorrang zu geben ist.

Das Fazit ist, dass die Gewinnherausgabeproblematik im Nutzungsbereich nicht durch Heranziehung von Grundsätzen des bereicherungsrechtlichen Hauptanspruchs ohne Berücksichtigung des § 99 BGB, d.h. durch eine „bereicherungsrechtliche Überlagerung“ des Fruchtbegriffs, gelöst werden kann. Der nächste Teil dieser Abhandlung widmet sich deshalb dem Fruchtbegriff des § 99 BGB.

C. Früchte im Sinne des § 99 BGB

I. Abstrakte Merkmale der Früchte i. S. d. § 99 BGB

1. Früchte sind Erträge, die fortlaufend erzielt werden können

Das erste Merkmal der im Gesetz aufgezählten Früchte ist ihre Eigenschaft als Einkommen, d.h. als wiederkehrende Einnahmen[138]. Früchte werden durch den Gebrauch und nicht durch den punktuellen Verbrauch eines Gegenstandes erzielt. Dies geht aus den Gesetzesmaterialien hervor. Früchte werden aus Sicht des Gesetzgebers unter „Schonung der Substanz"[139] erzielt. Es ist allerdings nicht zu fordern, dass die Substanz des Gegenstandes unangetastet bleibt. Früchte sind nicht Erträge, die ohne Verminderung der Substanz des Gegenstandes erzielt werden. Am deutlichsten kommt dies bei dem im Gesetz explizit genannten Fall der Bodenbestandteile zum Ausdruck („Ausbeute" i. S. v. § 99 Abs. 1 und 2 BGB). Hierzu führen die Motive aus:

> *„Allerdings gestaltet sich diese Ausbeute meist ... zu einem theilweisen Verbrauche der Substanz und damit zu einer Verschlechterung des Grundstücks; sie stellt, genau genommen, einen Gewinn dar, der auf Kosten des Kapitals gemacht wird. Allein ein Bedenken gegen die Ausdehnung des Fruchtbegriffes über das Gebiet der organischen Erzeugnisse kann hieraus gegenüber jener Erwägung um so weniger entnommen werden, als das Gesetz auch bei der Auffassung dieser Erzeugnisse als Früchte nicht den Sinn hat, die Wahrung der Substanz als strenge Grenze festzuhalten. Zur Schonung der Substanz ist nur erforderlich, daß die Behandlung der sonstigen Ausbeute als Frucht davon abhängig gemacht wird, daß sie zur bestimmungsmäßigen Nutzung der Sache gehört"*[140].

Der Fruchtbegriff soll eine Abgrenzung von Ge- und Verbrauch des Gegenstandes gewährleisten, nur soll diese nicht danach erfolgen, ob aus naturwissenschaftlicher Sicht eine Substanzbeeinträchtigung vorliegt. Die Abgrenzung erfolgt auch nicht danach, ob nur eine teilweise Substanzbeeinträchtigung durch die Ertragserzielung erfolgt. Es ging dem Gesetzgeber nämlich nicht darum, nur die Erträge als Früchte zu erfassen, die nicht zu einem vollständigen Verbrauch führen:

> *„In Betracht kommen hier nicht blos die Rechte, welche mit dem Eintritte eines Endtermines oder einer auflösenden Bedingung erlöschen, sondern auch diejenigen, die welche dadurch wegfallen, daß ihre Ausübung wegen Erschöpfung der Sache unmöglich wird. Die*

138 *Petrazycki*, Einkommen Band I, S. 36.

139 Motive III, S. 38.

140 Motive III, S. 38.

letztere Art von zeitlicher Begrenzung des Rechtes findet namentlich dann statt, wenn dasselbe auf Gewinnung von Bodenbestandteilen eines Grundstücks geht."[141]

Vielmehr ist danach zu unterscheiden, ob nach der Verkehrsanschauung die Ertragserzielung als Ge- und nicht als Verbrauch zu sehen ist. Der Abbau von Bodenschätzen führt offensichtlich zu einer Beeinträchtigung (häufig auch zu einer Erschöpfung) der Substanz. Die Ertragserzielung auf Kosten der Substanz kann aber über einen langen Zeitraum erfolgen. Sie erfolgt nicht einmalig, wie etwa bei der Veräußerung eines Gegenstandes. Nach der Vorstellung des Gesetzes ist Gebrauch daher nicht nur die Erzielung von Vorteilen ohne Beeinträchtigung der Substanz der Sache. Er kann auch unter einer Substanzbeeinträchtigung erfolgen. Der Gebrauch ist vom Verbrauch durch die zeitliche Streckung abzugrenzen; der zeitlich gestreckte Verbrauch ist ein Gebrauch. Früchte sind Erträge, die ein Gegenstand nicht einmalig, sondern fortwährend über einen Zeitraum gewährt.

Das Merkmal ist zwingend in den Gebrauchsüberlassungsverhältnissen. In diesen Fällen sind die dem Nutzungsrechtsinhaber zustehenden Gebrauchsvorteile von dem Vollrecht abzugrenzen. In den Restitutionsverhältnissen wäre eine Unterscheidung nicht zwingend erforderlich, weil alle Vorteile des Gegenstands dem Gläubiger zugeordnet sind. Die Unterscheidung hat nur eine rechtstechnische Bedeutung: Gebrauchsvorteile werden über die Nutzungsansprüche, während die sonstigen Vorteile über den Hauptanspruch ausgeglichen werden.

2. *Die Gemeinsamkeit der Früchte vor dem Hintergrund der Zuordnungsfunktion*

Überraschend ist, dass bei der Bestimmung der bereicherungsrechtlichen Früchte der Wortlaut des § 99 BGB entweder für bare Münze genommen oder vollständig verworfen wird. Die Mindermeinung spricht der Norm jegliche Bedeutung für den bereicherungsrechtlichen Ausgleich ab. Dass dies nicht überzeugen kann, wurde oben dargelegt. Die Rechtsprechung und die überwiegende Lehre hingegen akzeptieren unkritisch jeden unter den Wortlaut des § 99 BGB subsumierbaren Ertrag als „Frucht" und erweitern den Anwendungsbereich der Norm im Wege der Analogie, ohne dazu Stellung genommen zu haben, welche die maßgeblichen Merkmale einer „Frucht" sind, deren Vorliegen in nicht genannten Fällen die für die Analogie erforderliche Identität der Interessenlagen

141 Motive III, S. 38.

begründet[142]. Durch die Anwendung des § 99 BGB im Bereicherungsrecht unterstellt die herrschende Ansicht stillschweigend, dass die Norm die Funktion hat, zu regeln, wann ein Ertrag dem Restitutionsgegenstand (trotz Mitwirkung anderer Produktionsfaktoren) zuzuordnen ist. Diese Annahme wurde oben überprüft und für überzeugend befunden. Aus der Annahme, dass § 99 BGB diese Funktion hat, folgt aber nicht zwingend eine strikte Bindung an den Wortlaut der Norm bei der Lösung des Problems im Einzelfall. Eine Einschränkung oder Ausweitung der wortlautgetreuen Anwendung der Norm kann teleologisch begründet werden.

Über die Zulässigkeit der teleologischen Reduktion und der Analogie entscheidet die ratio legis der Norm[143]. Ratio legis und Funktion werden hier nicht synonym verwendet. Mit Funktion oder Zweck einer Norm ist die Absicht des Gesetzgebers, einen bestimmten Interessenkonflikt zu lösen, gemeint. Das Ergebnis der Entscheidung wird (weil die gewählte Lösung nicht als „richtig" oder „falsch" eingeordnet werden kann) als Wertung bezeichnet. Als Wertungsmaßstab oder ratio legis wird der Grund für die Entscheidung verstanden. Mit dem Ausdruck Bewertung ist der gesamte Prozess der Lösung des Interessenkonflikts gemeint, bei dem ein Wertungsmaßstab aufgestellt und ein Ergebnis ermittelt wird.

§ 99 BGB hat, wie oben ausgeführt, die Funktion, das Zuordnungsproblem bei verschiedenen Produktionsfaktoren zu lösen. Wir müssen deshalb davon ausgehen, dass der Gesetzgeber mit der Erfassung bestimmter Sachverhalte in § 99 BGB eine Entscheidung („Wertung") über die Zuordnung der Erträge in diesen Fällen getroffen hat. Die ratio legis ist der Grund, *warum* die bestimmten Sachverhalte vor dem Hintergrund der Funktion erfasst wurden. Im Hinblick auf die Funktion des § 99 BGB in Verbindung mit den Restitutionsverhältnissen beschreibt die ratio legis, warum die unter § 99 BGB gefassten Fälle als Erträge

---

142 Der BGH (BGHZ 138, 160, 166) führt beispielsweise bei der Erweiterung des Nutzungsanspruchs auf ersparte Zinsen lediglich aus: „Für die auf wirtschaftlicher Betrachtung aufbauende Herausgabepflicht des Bereicherungsschuldners kann jedoch kein entscheidender Unterschied darin liegen, ob er das erlangte Geld zinsbringend anlegt und damit sein Vermögen vermehrt oder ob er eine Verminderung seines Vermögens vermeidet, indem er eine eigene (hochverzinsliche) Schuld ablöst."

143 Eine Analogie setzt eine planwidrige Regelungslücke und die Vergleichbarkeit der Interessenlagen voraus. Beide Voraussetzungen hängen von der ratio legis ab. Eine Gesetzeslücke liegt vor, wenn eine nach dem Regelungsplan des Gesetzes zu erwartende Regelung fehlt (*Canaris*, Lückenfeststellung, S. 16 ff, S. 31 ff.).

des Restitutionsgegenstands gewertet werden. Sie ist das gemeinsame Merkmal der Sachverhalte, das ausschlaggebend für ihre Erfassung war.

Wenn der Gesetzgeber in einer Norm Sachverhalte mit bestimmten Gemeinsamkeiten erfassen will, kann er die gemeinsamen Merkmale abstrakt beschreiben. Sie lassen sich dann unmittelbar der Norm entnehmen. Bei § 99 BGB handelt es sich von der Regelungstechnik her um eine kasuistische Norm: Es werden nicht die gemeinsamen, maßgeblichen Merkmale einer Frucht definiert, sondern verschiedene (wenn auch abstrakt beschriebene) Fälle aufgezählt, die Früchte sind. Der erste Schritt bei der Feststellung, ob eine teleologische Reduktion oder eine Analogie bei § 99 BGB vorzunehmen ist, ist daher die Feststellung der gemeinsamen maßgeblichen Merkmale der Früchte. Erst anschließend kann überprüft werden, ob der Wortlaut gegenüber der festgestellten ratio legis überschießend ist (d.h., ob die Merkmale bei einer vom Wortlaut erfassten Gruppe nicht vorhanden sind) und ob die ratio legis weitere, vom Wortlaut nicht einbezogene und vom Gesetzgeber nicht bedachte Fälle erfasst.

Die Ermittlung der ratio legis hinter der Wahl der Fallgruppen, ihre maßgeblichen Gemeinsamkeiten, erfolgt im Wege einer Analyse der erfassten Sachverhalte. Es handelt sich um ein induktives Verfahren. Vor dem Hintergrund der Funktion der Norm werden mögliche Gründe für die Erfassung der Sachverhalte herausgearbeitet. Dabei muss die Betrachtung der Sachverhalte aus der Perspektive des historischen Entscheidungsträgers erfolgen. Die zur Zeit der Entscheidung für die Sachverhalte bedeutenden technischen, wirtschaftlichen und rechtlichen Verhältnisse müssen bei ihrer Analyse berücksichtigt werden. Die möglichen Gründe für die Erfassung der Sachverhalte werden dann auf ihre Plausibilität überprüft. Es wird also nicht das mit Sicherheit „richtige" gemeinsame Merkmal herausgearbeitet, sondern das relativ wahrscheinlichste[144].

Nun lässt sich die Frage stellen, wie es logisch möglich sein kann, mit der beschriebenen Methode zu einer teleologischen Reduktion der Norm zu kommen: Die ratio legis soll schließlich durch die Analyse der von der Norm erfassten Fälle ermittelt werden. Wenn die erfassten Fälle für die Bestimmung der ratio legis heranzuziehen sind, kann die ratio legis nicht zu einem Ausschluss eines der Fälle führen. Dieser Schluss wäre aber nur zutreffend, wenn wir bei der Ermittlung der ratio legis zum einen alle unter dem Wortlaut subsumierbaren Fälle berücksichtigen würden, zum anderen die Sachverhalte aus der heutigen Perspektive betrachteten. Durch die Analyse der Sachverhalte aus der historischen Perspektive ist es zum einen möglich, dass eine erfasste Gruppe wegen technischer oder

144 *Bydlinski*, Juristische Methode, S. 403.

wirtschaftlicher Veränderung nicht mehr von der ratio legis erfasst wird. Zum anderen – und dies ist noch wichtiger – erfolgt die Analyse nicht unter Heranziehung aller Fälle, deren Subsumtion unter den Wortlaut der Norm *möglich* ist. Es werden nur die Sachverhalte berücksichtigt, die zum „Begriffskern"[145] gehören. Diese *zweifelsfrei* erfassten Fälle sind von dem „Begriffshof"[146] abzugrenzen. Ob ein Sachverhalt zweifelsfrei erfasst wird, richtet sich nach der Auslegung der einzelnen Fruchtbeschreibungen in § 99 BGB, die unter Berücksichtigung der Spracherfahrung, der Gesetzessystematik und der Gesetzgebungsmaterialien erfolgt. Die klassische Auslegung auf der Ebene des einzelnen Fruchttyps ermöglicht die Bestimmung des Begriffskerns, der seinerseits zur Ermittlung der ratio legis verwendet wird. Wie stets beruht die teleologische Auslegung auf den übrigen Auslegungsmethoden.

a. Die vom Begriffskern des § 99 BGB erfassten Fälle

Der erste Fruchttypus in § 99 Abs. 1 BGB sind die Sachfrüchte. Sachfrüchte sind „Erzeugnisse" und die „sonstige bestimmungsgemäße Ausbeute". Unter Erzeugnisse sind organische Erzeugnisse zu verstehen[147], die im Laufe der Natur mit oder ohne hinzukommende Bearbeitung entstehen, insbesondere die „sich aus der Blüte sich bildenden Fortpflanzungskörper der Pflanzen" und die Jungen von Tieren[148]. Auf einem Grundstück wachsende Pflanzen, wie Getreide, oder auf Pflanzen des Grundstücks wachsende Früchte, wie Äpfel, die geerntet werden, sind Früchte des Grundstücks. Auch die Bäume selbst sind Erzeugnisse (Holzschlag). Tierjunge sind Früchte der Mutter. Die sonstige bestimmungsgemäße Ausbeute ist die „physische Ausbeute aus Grund und Boden, welche nicht in organischen Erzeugnissen derselben, sondern in solchen mineralischen und fossilen Bestandteilen besteht, welche sich nach der Hinwegnahme nicht wieder erzeugen", deren Ausbeute aber der Bestimmung des Grundstücks entspricht, wie z.B. die Ausbeute aus Sand-, Lehm- oder Torfgruben, Steinbrüchen, Mineralquellen und dergleichen[149].

---

145 *Bydlinski*, Juristische Methode, S. 403. Der Terminus „Begriffskern" wird heute kritisch, weil als zur Begriffsjurisprudenz gehörend betrachtet. Im Rahmen dieser Arbeit wird der Begriff dahingehend verwendet, dass hiermit der Kreis der realen Sachverhalte gemeint ist, die nach grammatischer, historischer und systematischer Betrachtung (nicht allein begrifflich) zweifelsfrei unter die Norm fallen.

146 *Bydlinski*, Juristische Methode, S. 403.

147 Motive III, S. 38.

148 Siehe *Schubert*, Redaktorenvorlagen, S. 205 (Begründung Vorentwurf *Johow*).

149 Siehe *Schubert*, Redaktorenvorlagen, S. 206 (Begründung Vorentwurf *Johow*).

Der zweite Fruchttypus sind die Rechtsfrüchte, § 99 Abs. 2 BGB. Rechtsfrüchte sind die „Erträge, welche das Recht seiner Bestimmung gemäß gewährt". Als der Anwendungsbereich der Legaldefinition der Früchte des Vorentwurfs im ersten Entwurf auf das Schuldrecht erweitert werden sollte, stellte *Johow* den Antrag, einen Begriff der Rechtsfrucht mit folgendem Wortlaut einzuführen: „Als Früchte eines Rechts sind anzusehen die auf Grund desselben zu beanspruchenden wiederkehrenden Leistungen, welche, wie Kapitalzinsen, Leistungen aus Reallasten und dergleichen das Hauptrecht nicht mindern." Von *Planck* wurde die Definition vorgeschlagen: „Früchte eines Rechts sind die Aufkünfte, welche dasselbe bei bestimmungsgemäßer Nutzung gewährt." Die Definition von *Planck* wurde (unter dem Vorbehalt, „Aufkünfte" mit „Erträge" oder „Erträgnissen" zu ersetzen) beschlossen, u.a. weil sie erschöpfender sei und auch den Fall erfasse, in dem natürliche Früchte kraft eines Rechts bezogen werden[150]. Die von *Johow* erfassten Fälle sollten von der beschlossenen Definition erfasst sein; daneben sollten Sachfrüchte unter die Definition fallen.

Zu den Rechtsfrüchten zählen nach dem Willen des Gesetzgebers daher zum einen die Leistungen aus Reallasten (die Leistung ist Frucht der Reallast als dingliches Recht) sowie Kapitalzinsen. Kapitalzinsen sind denkbar als Früchte eines Rechts in Form des Nießbrauchs an einer Forderung[151] oder des Rechts aus einer Darlehensabrede. Nicht durch § 99 Abs. 2 BGB wird hingegen geregelt, dass Kapitalzinsen Früchte eines Geldbetrags sind, denn ein Geldbetrag ist (jedenfalls aus Sicht des 19. Jahrhunderts) kein Recht. Zum anderen können auch die Sachfrüchte i. S. v. § 99 Abs. 1 BGB Rechtsfrüchte sein. Besteht z.B. ein Nießbrauch, sind die vom Nießbrauchsberechtigten gezogenen Bodenfrüchte Früchte des Nießbrauchs als Recht. Zu den Erträgen i. S. v. § 99 Abs. 2 BGB zählen explizit die gewonnenen Bestandteile bei einem Recht auf Gewinnung von Bodenbestandteilen. Die Einordnung von natürlichen Erzeugnissen als Sach- oder Rechtsfrucht hängt davon ab, ob die Fruchtberechtigung aus Eigentum oder aus einem beschränkten Recht folgt[152].

Der dritte Fruchttypus sind die Zivilfrüchte, § 99 Abs. 3 BGB (fructus civiles). Zivilfrüchte sind die Erträge, welche eine Sache oder ein Recht vermöge eines Rechtsverhältnisses gewährt. In den Motiven werden als Beispiele der Miet- und Pachtzins (letzterer bei Verpachtung von Sachen und Rechten) sowie die auf

---

150 Vgl. *Jakobs/Schubert*, Beratung, S. 461.

151 Vgl. § 1076 BGB sowie Motive III, S. 550: Die Forderung i. S. v. § 1076 BGB wird als „fruchttragendes Vermögensstück" bezeichnet.

152 So auch *Hagmann*, Gewinnherausgabe, S. 110.

gesetzlicher Anordnung beruhenden Erträge wie eine Enteignungsentschädigung (Enteignung der Nutzung)[153].

Kapitalzinsen werden in den Motiven nicht ausdrücklich als ein Beispiel für eine mittelbare Frucht eines Geldbetrags genannt. Zu prüfen ist daher, ob sie in den Begriffskern des § 99 Abs. 3 BGB fallen. Zinsen werden aus einem Geldbetrag gewonnen, indem er einem Anderen verzinslich i. R. e. Darlehens überlassen wird. Zu überlassendes Geld war aus Sicht des Gesetzgebers Ende des 19. Jahrhunderts als Sache einzuordnen[154]. Banknoten wurden als gesetzliches Zahlungsmittel erst im Jahre 1910 eingeführt[155], bargeldloser Zahlungsverkehr würde erst viele Jahrzehnte später gängig werden[156]. Der Wortlaut des § 99 Abs. 3 BGB, der auf Sachen und Rechte abstellt, verhindert daher nicht die Auffassung von Zinsen als Früchte eines Geldbetrags[157]. Zinsen werden auch durch den Geldbetrag in Verbindung mit einem (vertraglichen) Rechtsverhältnis (dem Darlehensvertrag) vermittelt. Teilweise wird aber darauf hingewiesen, dass bei einem Darlehen Geld nicht zum Gebrauch, sondern zum Verbrauch überlassen werde, so dass eine Anwendung ausscheide[158]. Richtig ist, dass der Gesetzgeber die Zivilfrüchte in die Fruchtdefinition aufnahm, weil sie den Ersatz für den Gebrauch der Sache darstellen[159]; es sollten nur die Vergütungen für die Überlassung des Gebrauchs erfasst werden. Gebrauch bedeutet im Gegensatz zum Verbrauch grundsätzlich, dass die Substanz der Sache (der „Stamm")

153 Motive III, S. 38, 39.

154 Vgl. § 607 S. 1 BGB i. d. F. vom 18.08.1896 („Wer Geld oder andere vertretbare Sachen als Darlehen empfangen hat, ist verpflichtet, dem Darleiher das Empfangene in Sachen von gleicher Art, Güte und Menge zurückzuerstatten.") In den Motiven zu § 92 BGB (Verbrauchbare Sachen) wird Geld als Paradebeispiel genannt (Motive III, S. 35).

155 Art. 3 des Gesetzes betreffend die Änderung des Bankgesetzes vom 1.6.1909 (RGBl. 1909, 515); zunächst galt § 2 BankG i. d. F. v. 14.3.1875. Die (Gold-)Mark war als Währung des Deutschen Reichs durch die Münzgesetze von 1871 und 1873 eingeführt worden. Vgl. auch Motive III, S. 35: „…dass dem Gelde in der fraglichen Beziehung solche Sachen jedenfalls gleichzustellen sind, welche zwar nicht zu den gesetzlichen Zahlungsmitteln gehören, aber doch thatsächlich die Funktion des Geldes zu versehen pflegen, wie Banknoten und vielleicht auch noch andere Arten von Inhaberpapieren."

156 Vgl. *Djazayeri*, Giroüberweisung, S. 30.

157 Unzutreffenderweise auf die heutige Sicht des Geldes abstellend: *Hagmann*, Gewinnherausgabe, S. 126, 127.

158 *Schauhoff*, Bereicherungshaftung, S. 94.

159 Motive III, S. 38, 39.

unangetastet bleibt. Die Substanz wird nach der Vertragsbeendigung zurückgewährt. Es kann auch nicht bestritten werden, dass bei einem Gelddarlehen aus Sicht des späten 19. Jahrhunderts genau die überlassenen Geldstücke nicht zurückgewährt werden sollen. Es gab keine Rückgewährpflicht, sondern lediglich eine Rückerstattungspflicht (§ 607 S. 1 BGB a. F.). Bei verbrauchbaren Sachen betrachtete der Gesetzgeber die Rückerstattungspflicht aber als gleichbedeutend mit der Rückgewährpflicht:

> *„Die Verbrauchbarkeit einer Sache ist wichtig für diejenigen Rechtsverhältnisse, welche den Inhalt haben, dass die Befugnis, die Sache zu nutzen, einem Anderen als dem Eigenthümer zusteht, also namentlich für die Pacht eines landwirthschaftlichen Grundstückes, wenn mit demselben bewegliche Sachen dem Pächter zur Wirtschaftsführung überlassen werden, für den Nießbrauch und die familienrechtliche Nutznießung. Soweit es sich hierbei um Sachen handelt, deren übliche Nutzung mit dem Verbrauch derselben zusammenfällt, kann das Gesetz an der sonst für diese Verhältnisse geltenden Regel, dass die Sache in Natur zurückzugeben ist, nicht festhalten; es muss, um dem Zwecke des Verhältnisses gerecht zu werden, an die Stelle der Rückgabepflicht eine Ersatzverbindlichkeit treten lassen.“*[160]

Man erkennt, dass auch eine zu verbrauchende Sache Gegenstand einer „Gebrauchsüberlassung“ sein kann[161]. Jedes andere Ergebnis könnte auch nicht überzeugen. Wenn der Rechtsverkehr den konkreten Geldstücken keine Bedeutung zumisst, sind andere Geldstücke von gleichem Wert rechtlich als identisch zu betrachten, so dass der „Stamm“[162] auch mit anderen Geldstücken gleichen Werts *zurückgeleistet* wird. Der Stamm, dessen Zurückerhalt entscheidend ist, ist keine konkrete Sache, sondern ein Wert[163]. Insoweit könnten auch Zinsen bei einem Darlehen im Grundsatz als Vergütung bei einem Gebrauchsüberlassungsvertrag betrachtet werden. Problematisch ist allerdings, dass die Zinsen, die vom Darlehensnehmer zu zahlen sind, nicht allein eine Vergütung für die Gebrauchsüberlassung darstellen. Dies ist nur der Fall, wenn ein Darlehen ohne Zahlungsausfallrisiko vorliegt. Besteht das Risiko, dass der Darlehensnehmer den geliehenen Betrag nicht wird zurückzahlen können, stellen die Zinsen auch (und oft zum großen Teil) eine auf die Substanz bezogene „Risikoprämie“ dar, einen Ausgleich für das Ausfallrisiko[164]. Diese Besonderheit von Geldzinsen steht

160 Motive III, S. 34.

161 Die Frage, ob es eine Gebrauchsüberlassung bei Geld angesichts des Verbrauchs der konkret übergebenen Geldstücke geben könne, hat bereits das römische Recht zutreffend bejaht (Inst. 2, 4, 2; vgl. *Behrends/Knütel/Kupisch/Seiler*, Institutionen, S. 63).

162 Begriff nach *Petrazycki*, Einkommen Bd. I, S. 36 („Stammvermögen“).

163 So auch MünchKommBGB/*Schwab*, § 818 Rn. 17.

164 Vgl. Derleder/Knops/Bamberger/*Knops*, § 10 I, Rn. 3.

im Zusammenhang mit dem oben erörterten Unterschied der Geld- zur Sachüberlassung, nämlich, dass beim Gelddarlehen eine Übereignung des Kapitals stattfindet, während das Eigentum bei der Sachüberlassung bei dem Vermieter/Verpächter verbleibt. Der Rückgabeanspruch desjenigen, der eine Sache überlässt, ist im Gegensatz zum Rückzahlungsanspruch des Darlehensgebers insolvenzfest. Natürlich besteht auch für den Vermieter/Verpächter das Risiko, dass sein Rückgabeanspruch (teilweise) vereitelt wird, z. B. durch Beschädigung oder Zerstörung[165]. Dieses Risiko wird aber nicht im Miet- oder Pachtzins reflektiert, sondern in der Kaution. Das Ausfallrisiko beim Gelddarlehen findet demgegenüber Eingang in die Zinshöhe. Der Zweck des § 99 Abs. 3 BGB, die Vergütung für die reine Gebrauchsüberlassung des Gegenstands als Frucht zu erfassen, spricht daher gegen die Erfassung der Zinsen als Früchte eines Geldbetrags. Ebenfalls spricht dagegen, dass Kapitalzinsen bei den Verhandlungen zum Redaktorenentwurf nur in Verbindung mit Rechten zur Sprache kamen[166]. Letztlich ist zu bedenken, dass es unklar war, ob die Darlehenszinsen im römischen Recht, an das der Fruchtbegriff des BGB angelehnt ist, zu den Früchten zählten[167]. Wegen der teleologisch und historisch begründeten Zweifel an der Erfassung der Zinsen als Früchte eines Geldbetrages durch § 99 Abs. 3 BGB können sie nicht zum Begriffskern der Früchte gezählt werden, auch wenn sie nach dem historisch verstandenen Wortlaut des § 99 Abs. 3 BGB erfasst sein könnten.

b. Plausible Gemeinsamkeiten der Fälle vor dem Hintergrund der Zuordnungsfunktion aus historischer Sicht

Zu prüfen ist, welche Gemeinsamkeiten die vom Begriffskern erfassten Sachverhalte mit Blick auf das Verhältnis von Hauptgegenstand und Frucht vor dem Hintergrund der Zuordnungsfunktion aufweisen.

Als Zuordnungsfunktion wurde oben die Funktion des § 99 BGB bezeichnet, eine Verteilung der vom Schuldner durch Einsatz des Restitutionsgegenstands erzielten Erträge zwischen dem Schuldner und dem Gläubiger vorzunehmen, deren „Produktionsfaktoren" jeweils zur Erlangung der Erträge beigetragen haben. Bei fast allen Fällen des Begriffskerns erscheint nämlich sowohl der

165 Bei dem weniger wichtigen Fall der Vermietung oder Verpachtung beweglicher Sachen kann der Anspruch auch durch Veräußerung an einen gutgläubigen Dritten vereitelt werden. Bei den bedeutenden Fällen der Vermietung oder Verpachtung von Immobilien hingegen nicht, da der Besitz nicht Gutglaubensträger ist (§ 892 BGB).

166 Siehe *Jakobs/Schubert*, Beratung, S. 461.

167 Siehe Fn. 169.

Restitutionsgegenstand als auch ein Verhalten des Schuldners für dessen Erlangung des Ertrags ursächlich zu sein.

aa. Die historische Sicht

Bei der Untersuchung der Zurechnungszusammenhänge ist auf die Sicht der Gesellschaft abzustellen, aus der die der Zuordnung zugrunde liegende Bewertung stammt. In Betracht kommt das Ende des 19. Jahrhunderts, d.h. die Zeit, in der das BGB geschaffen wurde. Es sprechen aber die besseren Gründe dafür, dass die Bewertung bzgl. der Früchte i. S. v. § 99 Abs. 1. und 3 BGB aus der Zeit des römischen Rechts stammt.

In den römischen Quellen erscheint der Begriff *fructus* im Zusammenhang mit Restitutions- und Gebrauchsüberlassungsverhältnissen (im Kontext von Berechtigung und Eigentumserwerb). Es werden in unterschiedlichen Zusammenhängen Boden- und Baumfrüchte, tierische Produkte wie Milch und Wolle sowie Miet- und Pachterträge als *fructus* oder den *fructus* gleichstehend bezeichnet[168]. Bei der Frage, ob Zinsen aus Geldbeträgen (*usurae*) den Früchten gleichgestellt werden können, divergieren die Quellenaussagen[169]. Die herrschende Lehre in der Pandektenwissenschaft des 19. Jahrhunderts beschränkte sich darauf, verschiedene abstrakt definierte Fruchttypen zu entwickeln, in denen die *fructus* des römischen Rechts untergebracht werden konnten. Diese waren die fructus naturales und civiles. Ziel war nicht die Veränderung dessen, was nach dem römischen Recht im Ergebnis als Frucht behandelt wurde, sondern die abstraktere Darstellung. Beispielhaft für die herrschende Lehre ist die Definition *Windscheids*:

---

168 Natürliche Früchte: D. 50, 16, 77 (*Paulus*, Fragment ohne Bezug zu einem bestimmten Rechtsverhältnis, *Scott*, Digest 5, S. 270); 22, 1, 28 (*Gaius*, im Zusammenhang mit Nießbrauch, *Behrends/Knütel/Kupisch/Seiler*, Digesten 3, S. 99); Miete und Pacht: D. 5, 3, 27, 1 (*Behrends/Knütel/Kupisch/Seiler*, Digesten 1, S. 534) und 29 (*Ulpian*, im Zusammenhang mit Restitution des Besitzers, *Behrends/Knütel/Kupisch/Seiler*, Digesten 1, S. 535); 22, 1, 36 (*Ulpian*, Fragment ohne Bezug zu einem bestimmten Rechtsverhältnis, *Behrends/Knütel/Kupisch/Seiler*, Digesten 3, S. 102); 22, 1, 38, 12 und 13 (*Paulus*, im Zusammenhang mit Restitution der *Dos*, *Behrends/Knütel/Kupisch/Seiler*, Digesten 3, S. 104). Ausführlich zum römischrechtlichen Fruchtbegriff: *Reichel*, Jherings Jahrbücher für die Dogmatik des bürgerlichen Rechts, Bd. 42 (1901), S. 211 ff.

169 Siehe D. 22, 1, 34 (*Ulpian*, bejahend im Zusammenhang mit Legaten und Fideikommissen, *Behrends/Knütel/Kupisch/Seiler*, Digesten 3, S. 101, 102) und D. 50, 16, 121 (*Pomponius*, verneinend, Fragment ohne Bezug zu einem bestimmten Rechtsverhältnis, *Scott*, Digest 5, S. 276).

„Früchte sind a) diejenigen organischen Erzeugnisse einer Sache, in denen der Ertrag derselben sich darstellt, d. h. der Nutzen, welchen die Sache ohne Verringerung ihrer Substanz gewährt und durch dessen Gewährung ihre wirthschaftliche Bedeutung bestimmt wird; b) die von einer Sache als Ertrag gewährten Sachen auch dann, wenn sie nicht zu den organischen Erzeugnissen gehören. c) Im weiteren Sinn wird auch derjenige Ertrag, welchen nicht die Sache selbst gewährt, sondern welcher von ihr durch Vermittelung eines Rechtsverhältnisses gewonnen wird, zu den Früchten gezählt. Man spricht in diesem Fall von juristischen Früchten, im Gegensatz zu den natürlichen.“[170]

Die herrschende Definition war entsprechend den römischen Quellen eine auf Erträge von Sachen beschränkte Definition, bei der die Früchte selbst Sachen oder Geldbeträge (Miete, Pacht) sein konnten.

Als Gegenpositionen zur herrschenden Lehre wurden die „Erzeugnistheorie“ und die „relative Fruchtlehre“ entwickelt[171]. Nach der Erzeugnistheorie, deren wichtigste Vertreter *Heimbach* und *Göppert* waren, sei der Fruchtbegriff allein im sachenrechtlichen Kontext relevant. Konsequent wird der Fruchtbegriff auf körperliche Erzeugnisse von Sachen beschränkt, weil nur bei körperlichen Früchten der dingliche Eigentumserwerb relevant sein könne. Früchte seien die beweglichen Sachen, die aus körperlichen Gegenständen kraft der ihnen innewohnenden organischen Kraft ihrer eigenen Substanz unbeschadet erzeugt werden[172] bzw. die durch die Lebenstätigkeit der organischen Dinge produzierten neuen Gegenstände[173].

Nach *v. Petrazyckis* relativer Fruchtlehre[174] sind Früchte Kapitaleinkommen. Früchte, die in Übereinstimmung mit der herrschenden Lehre körperlicher oder nicht körperlicher Natur sein können, könne es daher auch von nicht körperlichen Vermögensgegenständen und Sachgesamtheiten geben. Mit dem Begriff „Einkommen“ grenzt er den Ertrag von dem Kapitalstamm ähnlich der herrschenden Lehre nach wirtschaftlichen Kriterien ab. Seine Abgrenzung weicht insoweit theoretisch von der herrschenden Lehre ab, als sie nicht anhand des objektiven Verhältnisses von Vermögensgegenständen untereinander, sondern nach dem subjektiven Verhältnis von Rechtssubjekten zu Sachen und zu anderen Rechtssubjekten erfolgt[175]. Was hiermit gemeint ist, lässt sich an einem

170 *Windscheid*, Pandektenrecht, § 144 (S. 430 ff.).
171 Ausführlich hierzu *Fortunato*, Früchte, S. 50 ff., 70 ff.
172 *Heimbach*, Fruchtlehre, S. 20.
173 *Göppert*, Erzeugnisse, S. 11.
174 *Petrazycki*, Einkommen Bd. I und II.
175 *Petrazycki*, Einkommen Bd. I, S. 12 ff. Fortunato (S. 70 ff) bezeichnet die Ansicht *v. Petrazyckis* daher als „Lehre vom relativen Fruchtbegriff“.

Beispiel[176] verdeutlichen: Eine Partei erwirbt einen Nießbrauch an einem Landgut mit allem, was in den Speichern ist. Obwohl in den Speichern lauter organische Erzeugnisse sind, die Früchte des Landguts darstellen, sind sie für den Erwerber nicht Früchte, sondern Kapital, die bei Beendigung in gleicher Quantität erstattet werden müssen. Tatsächlich handelt es sich nicht um eine wesentliche Abweichung von der herrschenden Ansicht. Es wird nur verdeutlicht, dass die Bestimmung der *Muttersache* anhand des durch die Parteien vereinbarten Rechtsverhältnisses erfolgt. Was Ertrag der Muttersache ist, hängt logischerweise hiervon ab. Steht die Muttersache aber fest, gibt es auch nach *v. Petrazyckis* Lehre eine objektivierte Betrachtung: Der Inhalt des Speichers ist für jeden Nießbraucher Kapital. Bedeutender erscheint ein anderer Aspekt von *v. Petrazyckis* Lehre: Nach ihr sind zwei Bereiche des „Fruchtrechts" zu unterscheiden, nämlich der Einkommenserwerb und die Einkommensprästation[177]. Im ersten Bereich behandelt er im Wesentlichen den Erwerb von körperlichen Früchten (bedeutend vor allem bei den Nutzungsverhältnissen), im zweiten den Fruchtersatz in Restitutionsverhältnissen. Im ersten Bereich spiele das Bruttoeinkommen (Rohertrag), im zweiten das Nettoeinkommen (Rohertrag abzüglich Aufwendungen) eine Rolle. *V. Petrazycki* erkennt, dass der Begriff „Frucht" beim sachenrechtlichen Erwerb und bei der Restitution verschiedene Bedeutungen hat.

Demgegenüber war die Fruchtdefinition der herrschenden Pandektenwissenschaft eine für alle Bereiche des gemeinen „Fruchtrechts" geltende Definition. Zum Fruchtrecht i. d. S. gehörten die Fragen der (dinglichen und obligatorischen) Zuteilung in Nutzungsverhältnissen sowie der (obligatorischen) Zuteilung in Restitutionsverhältnissen[178]. Die herrschende Definition basierte auf der Prämisse, dass den verschiedenen Digestenstellen ein einheitlicher Fruchtbegriff zugrunde liegt, weil immer das Wort *fructus* verwendet wird.

Durch die Übernahme der Anwendung des Fruchtbegriffs in den Restitutionsverhältnissen und der Einordnung bestimmter Erträge als Früchte aus dem römischen Recht übernahm die Pandektistik zugleich die in den Restitutionsverhältnissen relevanten Entscheidungen des römischen Rechts, dass bestimmte konkrete Erträge bestimmten Sachen zuzuordnen sind. Mit der Frage der materiellen Rechtfertigung der Zuordnungsentscheidungen (der ratio legis) setzte sie sich nicht auseinander. Die Autorität des römischen Rechts reichte scheinbar aus.

---

176 *Petrazycki*, Einkommen Bd. I, S. 14.

177 *Petrazycki*, Einkommen Bd. II, S. 1 ff.

178 Vgl. exemplarisch *Windscheid*, Pandektenrecht, §186 (S. 591 ff.); zu den diversen Streitigkeiten im damaligen Fruchtrecht: *Fortunato*, Früchte, S. 37 ff.

Mit der Entwicklung einer abstrakten Definition zur Erfassung einer Vielzahl von Fällen ist im Idealfall die Herausarbeitung der ratio legis ihrer Erfassung und – bei zeitlich weit zurückliegenden Entscheidungen – die Überprüfung der Zeitgemäßheit verbunden. Bei der Erarbeitung der Fruchtdefinition in der Pandektistik konzentrierte man sich indes auf die zweite Funktion des einheitlichen Fruchtbegriffs, der Abgrenzung von Voll- und Nutzungsrecht, mit der Folge, dass nur die der Abgrenzungsentscheidung zugrundeliegende ratio legis herausgeschält wurde und in die Definition Eingang fand. Auf den relevanten Abgrenzungsmaßstab war man durch die Digestenstelle *Paulus* D. 7, 1, 1[179] gestoßen worden. Aus dem Fragment kann entnommen werden, dass Früchte nur Vorteile sind, die unter Erhaltung der Substanz der Sache erzielt werden[180]. Hiermit beschäftigte man sich im 19. Jahrhundert in der Literatur ausführlich, weil die in den Quellen als fructus genannten Erträge nicht hierzu zu passen schienen. Das Merkmal „unter Erhaltung der Substanz" wurde als Wiederkehrfähigkeit im naturwissenschaftlichen Sinn (wächst der Ertrag nach?) verstanden, so dass mit ihm nicht erklärt werden konnte, warum „Übermaßerzeugnisse", wie der übermäßige Holzschlag, d.h. organische Erträge, die entgegen den Regeln der ordnungsgemäßen Wirtschaft gezogen werden, im römischen Recht keine Fruchtqualität haben, obwohl die Substanz des Grundstücks nicht angegriffen wird, und warum Bodenbestandteile in den Pandekten trotz des Substanzverbrauchs[181] Früchte sind[182]. Aufgrund dieser Schwierigkeit nahm man das Kriterium der „Bestimmungsgemäßheit" in die herrschende Definition auf[183]. Es erlaubte eine Abgrenzung von Substanz und Ertrag nach der wirtschaftlichen Betrachtung im Rechtsverkehr. Auch ein zeitlich gestreckter Verbrauch konnte einen Gebrauch, eine Nutzung, darstellen.

---

179 Das Fragment betrifft Früchte beim Nießbrauch, i. R. dessen die Abgrenzung von Voll- und Nutzungsrecht, wie oben ausgeführt, entscheidend ist.

180 Behrends/Knütel/Kupisch/Seiler, Digesten 1, S. 591.

181 Im römischen Recht (D. 24, 3, 7, 13) pflegte man eine differenzierte Betrachtung, die auf einem naturwissenschaftlichen Fehlverständnis beruhte: Abgebauter Marmor sei nur insoweit Nutzung, als es sich um ein „nachwachsendes" Marmorvorkommen handele, wie es sie „in Gallien und Asia gebe" (vgl. Behrends/Knütel/Kupisch/Seiler, Digesten 3, S. 227).

182 Man suchte mit dem Kriterium auch zu erklären, warum im römischen Recht das Sklavenkind (*partus ancillae*) nicht als Frucht der Sklavin (und daher dem Eigentümer der Sklavin und nicht dem Nutzungsberechtigten zustand) betrachtet wurde.

183 *Fortunato* (Früchte, S. 28 ff.) bezeichnet die in der späten Pandektistik herrschende Ansicht deshalb als „Bestimmungslehre".

Im Laufe der Auseinandersetzung der Rechtswissenschaft des 19. Jahrhunderts mit dem Fruchtbegriff wurde hingegen die Rechtfertigung der Zuordnungsentscheidungen des römischen Rechts hinsichtlich einzelner Erträge zu bestimmten Sachen nicht ermittelt und überprüft. Hieraus lässt sich nicht schließen, dass die Fruchtdefinition die in den Restitutionsverhältnissen maßgebliche Zuordnungsfunktion nicht beherbergen sollte. Es wurde nämlich durchaus angenommen, dass mit dem römischen Fruchtbegriff nur das *lucrum ex re* (in Abgrenzung zum *lucrum ex persona* und zum *quaestus*) erfasst werde[184]. Man überprüfte diese Qualität der Früchte nur nicht.

Beispielhaft ist die Diskussion[185] um eine Differenzierung zwischen *fructus naturales* und *fructus industriales* beim gutgläubigen Erwerb. Die Differenzierung wurde von *Unterholzner*[186] vorgeschlagen und beruhte darauf, dass der gutgläubige Eigenbesitzer gemäß Inst. 2, 1, 35 „als Ausgleich für die Bearbeitung und Pflege des Bodens" die verbrauchten Früchte nicht an den Eigentümer herausgeben muss[187] und dass im Fall der verbotenen Ehegattenschenkung der Beschenkte gemäß *Pomponius* D. 22, 1, 45 Eigentum an den Früchten, die er durch eigene Arbeit gezogen hat, erwirbt[188]. Gegen eine Differenzierung zwischen *fructus naturales* und *fructus industriales* sprach das Fragment Paulus D. 41, 1, 48 angeführt, nach dem der redliche Käufer alle Früchte, „und zwar nicht bloß diejenigen, die auf seine Mühe und Arbeit zurückzuführen sind", erwirbt[189]. Die herrschende Ansicht betrachtete die Abgrenzung als hinfällig, weil wesentliche Ursache der Früchte die Sache und nicht eine etwa erforderliche Arbeitsleistung sei, so dass es auf das Vorliegen einer Arbeitsleistung nicht ankommen könne. Zur Begründung, dass die Sache wesentliche Ursache ist, wird anstelle von materiellen Erwägungen die Digestenstelle *Julian*, D. 22, 1, 25, 1 angeführt, aus der (ebenfalls ohne Begründung) hervorgeht, dass die entscheidende Ursache von Bodenfrüchten der Boden (und nicht der Samen) ist[190].

---

184 Vgl. *Reichel*, Jherings Jahrbücher für die Dogmatik des bürgerlichen Rechts, Bd. 42 (1901), S. 247 m. w. N.

185 Siehe *Fortunato*, Früchte, S. 47 ff.

186 AcP 8 (1825), 311 ff.

187 *Behrend/Knütel/Kupisch/Seiler*, Institutionen, S. 57. Ähnlich der Gedanke des heutigen § 988 BGB: Der gute Glaube ist nur schutzwürdig, wenn der Besitzer investiert hat.

188 *Behrends/Knütel/Kupisch/Seiler*, Digesten 3, S. 106.

189 *Scott*, Digest 5, S. 172.

190 *Behrends/Knütel/Kupisch/Seiler*, Digesten 3, S. 98.

Allein bei *v. Savigny*[191] und *Loenartz*[192] ist zu erkennen, dass die Zuordnung gedanklich überprüft wird: *V. Savigny* empfindet es als schwierig, die Zinsen von Geld als Früchte zu verstehen, weil die Möglichkeit, Geld zinsbar zu machen, im Gegensatz zu der „gewöhnlichen" Nutzung eines Grundstücks durch eigenen Gebrauch oder durch Vermietung, ganz „willkürlich" sei. Was die Zinsen betrifft, waren die Aussagen der römischen Quellen allerdings ohnehin nicht eindeutig. *Loenartz* spricht die Zuordnungsfunktion deutlicher an: Früchte seien nur solche Erträge, die eine Sache „regelmäßig und in jeder Hand abwirft"; die Voraussetzung sei bei Miet-, Pacht- und Geldzinsen erfüllt, bei durch Handel- und Börsenspekulation erzielten Gewinnen und Erträgen aus der Investition in einen Geschäftsbetrieb hingegen nicht.

Das BGB gilt als stark an das späte Pandektenrecht angelehnt – es ist auch von einem „in Paragraphen gegossenes Windscheid´sches Lehrbuch"[193] die Rede. Auch *Johow* übernahm in seinem Vorentwurf zum Sachenrecht im Wesentlichen die Definition der herrschenden Lehre. Die Ähnlichkeit mit der gängigen Auffassung im Gemeinen Recht fällt am stärksten auf, obwohl bei der Schaffung der Definition auch die Partikularrechte berücksichtigt wurden. Den Anwendungsbereich beschränkte *Johow* aber in Abweichung von ihren Vertretern auf die Gebrauchsüberlassungsverhältnisse. Diese Vorlage wurde, wie bereits dargestellt, bei der Schaffung des ersten Entwurfs zum BGB in verschiedener Hinsicht modifiziert: Der Anwendungsbereich wurde auf die Restitutionsverhältnisse erweitert, es wurden die Früchte von (unkörperlichen) Rechten in die Definition aufgenommen und die allgemeine Begrenzung der Sachfrüchte auf die „im Rahmen einer ordnungsgemäßen Wirtschaft" wurde aufgegeben. Im Ergebnis wurde in § 99 BGB die Definition der herrschenden Lehre, erweitert um nicht körperliche Erträge und nicht „bestimmungsgemäße" Erzeugnisse, übernommen. Die Geltung der Definition sowohl im Rahmen der Gebrauchsüberlassungsverhältnisse als auch bei der Restitution ging in Übereinstimmung mit der Lehre in das Gesetz ein. Entsprechend der zuvor in der Lehre geführten Diskussion beschäftigt sich der Gesetzgeber nur mit Einzelfragen zur Abgrenzung von Substanz und Ertrag[194]. Auch er bewertet die Zuordnung der als Früchte aufgenommenen Erträge zu den erfassten Muttersachen nicht selbst, sondern übernimmt ungeprüft die Zuordnungsentscheidung der herrschenden Lehre und somit die des

191 System Bd. IV, S. 39, 40.
192 Restitutionspflicht, S. 159.
193 *Ebel/Thielmann*, Rechtsgeschichte, Rn. 577.
194 Motive III, S. 69.

römischen Rechts[195]. Hinter der Definition steckt, wie bei der herrschenden Lehre in der Pandektistik, eine bewusste Funktions- und Zuordnungsentscheidung, aber keine eigene Begründung der Entscheidung.

bb. Wertverteilung: Zurechnungszusammenhang zwischen Restitutionsgegenstand und vom Schuldner erzieltem konkreten Wert

Auf der Ebene der Wertverteilung bewirkt die Zuordnungsentscheidung, dass der Wertausgleich der Nutzung durch Umverteilung des vom Schuldner erzielten Nettoertrags erfolgt, statt durch Umverteilung des objektiven Gebrauchswerts (§ 100 2. Var. BGB). Wie das BGB kannte auch das römische Recht die beiden Möglichkeiten des Wertausgleichs einer Nutzung, und zwar auch, wenn der Restitutionsgegenstand zur Ertragserzielung eingesetzt wurde[196]. Wenn ein Geschäftsraum oder ein Sklave zur Ertragserzielung eingesetzt wurde, war die Nutzung durch Zahlung des Mietwerts auszugleichen[197]. Wenn ein eigenes Grundstück mit fremdem Gerät bewirtschaftet wurde, war nach dem römischen Recht nur der Mietwert herauszugeben, denn der Wert des Bruttoertrags war dem Grundstücksinhaber zugewiesen, da die körperlichen Sachfrüchte dem Grundstück zugeordnet waren. Bei einer Ertragserzielung mit dem Gegenstand war nicht stets der erzielte Ertrag vom Schuldner zu restituieren. *Nicht jeder Ertrag, für dessen Erzielung die Nutzung des Gegenstands kausal war, war herauszugebende Frucht.* Umgekehrt musste der Gegenstand nicht alleinige Ursache des Ertrags sein[198]. Zu untersuchen ist daher, warum in bestimmten Fällen der Wertausgleich durch Herausgabe des Nettoertrags erfolgte. Es sind die Besonderheiten des *Zurechnungszusammenhangs* zwischen Restitutionsgegenstand und diesen Erträgen zu ermitteln.

(1) Maßgeblichkeit des Bruttowerts

Da untersucht werden soll, ob sich der Wertausgleich nach dem konkreten Erfolg des Schuldners oder nach dem objektiven Nutzungswert richtet, ist zu berücksichtigen, dass der Ausgleich nach §§ 99, 102 BGB zwar durch Umverteilung

---

195 Zur ausführlichen Aufarbeitung der Anlehnung des § 99 BGB an das römische Recht: *Reichel*, Jherings Jahrbücher für die Dogmatik des bürgerlichen Rechts, Bd. 42 (1901), S. 205 ff. Zur Bedeutung der Geschichte vor der Zeit der Schaffung des BGB für die heutige Auslegung: *Honsell*, Rechtshistorisches Argument, S. 299 ff.

196 Ausführlich *Petrazycki*, Einkommen Bd. II, S. 78 ff., 393, 401 ff. Vgl. zur Nutzung ohne Ertragserzielung: Gaius, D. 22, 1, 19 (*Behrends/Knütel/Kupisch/Seiler*, Digesten 1, S. 95, 96), Papinian, D. 6, 1, 64 (*Behrends/Knütel/Kupisch/Seiler*, Digesten 1, S. 577).

197 Vgl. *Petrazycki*, Einkommen Bd. II, S. 84, 85.

198 Siehe oben S. 55.

eines Nettoertrags erfolgt, dass es aber auf die konkreten Erfolg des Schuldners nur bzgl. des Bruttoertrags ankommt. Die abzuziehenden Aufwendungen sind nicht stets die tatsächlich vom Schuldner getätigten. Nach § 102 BGB kann der Schuldner Ersatz der auf die Gewinnung der Früchte verwendeten Kosten insoweit verlangen, als sie einer ordnungsmäßigen Wirtschaft entsprechen und den Wert der Früchte nicht übersteigen[199]. Nicht der konkret erzielte Nettoertrag wird im Ergebnis ausgeglichen, denn maßgeblich sind nicht die tatsächlichen Aufwendungen, sondern die nach dem verobjektivierten Maßstab festzustellenden Aufwendungen, die im Rahmen einer „ordnungsgemäßen Wirtschaft" anfallen. Auf den konkreten Ertrag stellt nur § 99 BGB ab. Die in § 99 BGB genannten Erträge sind Bruttoerträge. Bei den Sachfrüchten i. S. d. § 99 Abs. 1, Abs. 2 BGB ist dies evident; der Kostenaufwand des Schuldners wird erst i. R. d. § 102 BGB relevant. Die unkörperlichen Vorteile, die von § 99 BGB erfasst werden, können zugleich Brutto- und Nettoertrag sein: In der Regel fallen beispielsweise bei der Vermietung oder Verpachtung eines Gegenstands keine Kosten an[200]. Für den Fall, dass Kosten doch anfallen sollten, ist es in der Literatur umstritten, ob § 102 BGB anzuwenden ist, oder ob eine Verrechnung „de jure" bereits i. R. d. § 99 BGB vorzunehmen ist, d.h., ob die unkörperlichen Vorteile des § 99 BGB Nettoerträge sind. Sollten bei der Erzielung eines unkörperlichen Ertrags Kosten anfallen, macht es keinen Sinn, einen Gegenanspruch i. S. d. § 102 BGB zu konstruieren[201], da die Kosten direkt verrechnet werden können. Gegen die Anwendbarkeit des § 102 BGB auf nicht körperliche Früchte spricht auch zum einen der Wortlaut („Wer zur *Herausgabe* von Früchten verpflichtet ist …"), zum anderen die Tatsache, dass die Norm zunächst im Eigentümer-Besitzer-Verhältnis entstand; sie wurde erst bei der Revision des zweiten Gesetzesentwurfs in den Allgemeinen Teil verschoben[202]. Wenn Kosten anfallen sollten, wären jedoch entsprechend der Wertung des § 102 BGB nur solche zu verrechnen, die einer ordnungsgemäßen

---

199 Dies entspricht dem römischen Recht, vgl. *Petrazycki*, Einkommen Bd. I, S. 168; *Ulpian* D. 24, 3, 7, 16 (*Behrends/Knütel/Kupisch/Seiler*, Digesten 3, S. 277, 278), D. 42, 9, 10, 20 (*Scott*, Digest 5, S. 277); ohne explizite Differenzierung hingegen: *Ulpian* D. 22, 1, 46 (*Behrends/Knütel/Kupisch/Seiler*, Digesten 3, S. 106), D. 17, 1, 10, 9 (*Behrends/Knütel/Kupisch/Seiler*, Digesten 2, S. 365) und *Paulus* D. 5, 3, 36, 5 (*Behrends/Knütel/Kupisch/Seiler*, Digesten 1, S. 539).

200 Maklerkosten zahlt (jedenfalls bislang) typischerweise der Mieter.

201 Ähnlich *Fortunato,* Früchte, S. 242, 243; a. A. *Hagmann,* Gewinnherausgabe, S. 106 m. w. N.

202 Mugdan III, S. 499.

Wirtschaft entsprechen[203]. Unabhängig von der rechtstechnischen Vorgehensweise (Gegenanspruch oder Verrechnung) gilt auch bei den unkörperlichen Vorteilen: Auf den konkreten Vorteil des Schuldners kommt es im Rahmen des Fruchtbegriffs nur im Hinblick auf den Bruttoertrag an. Der Zurechnungszusammenhang, der im Rahmen des Fruchtbegriffs stets relevant und zu untersuchen ist, ist daher der zwischen Restitutionsgegenstand und konkret erzieltem *Brutto*ertrag, wenn Brutto- und Nettoertrag sich aufgrund von getätigten Aufwendungen unterscheiden.

Für die Feststellung des maßgeblichen Zurechnungszusammenhangs ist das Verhältnis von Restitutionsgegenstand und *Brutto*ertrag entscheidend, sofern Brutto- und Nettoertrag nicht identisch sind.

(2) Mögliche Zurechnungszusammenhänge

Wenn der Schuldner nicht zur Erlangung des Bruttovorteils, d.h. zu dessen Eingang in sein Vermögen beiträgt, wäre die Berechtigung der Zuordnung zum Gegenstand evident. Ohne kausales Schuldnerverhalten wäre der Vorteil dem Restitutionsgegenstand zuzuordnen. In einem solchen Fall ist eine Bewertung von Produktionsfaktoren, d.h. eine wertende Entscheidung über die Zuweisung des Vorteils nicht notwendig. In fast allen der zum Begriffskern der Früchte gehörenden Sachverhalte ist jedoch ein Verhalten des Schuldners für die Erzielung des Ertrags kausal. Nur wenn der Schuldner eine Reallast erlangt und deshalb Leistungen durch den Reallastschuldner an ihn erbracht werden, fehlt ein kausaler Beitrag des Schuldners. Um Sachfrüchte in Form von Feldfrüchten zu erlangen ist Anbau und Ernte durch den Schuldner erforderlich. Zur Erlangung der Zivilfrüchte in Form von Miete und Pacht ist, sofern § 566 BGB nicht einschlägig ist, der Abschluss eines Vertrags durch den Schuldner erforderlich. Selbst für die Erlangung der sog. *fructus meres naturales*, z.B. der auf dem Baum ohne Zutun des Schuldners wachsenden Äpfel, und der Bodenbestandteile ist für die Erlangung des Bruttovorteils ein Tätigwerden des Schuldners erforderlich. Zwar ist kein Verhalten des Schuldners für die Entstehung des Bruttoertrags erforderlich, wohl aber ist zur Erlangung eine Abschöpfungshandlung notwendig.

Aus Sicht des römischen Rechts mag sich die Lage in einigen Fällen freilich etwas anders dargestellt haben. Der größte Teil des Landes im Römischen Reich

203 Der Schuldner trägt nach wie vor die Darlegungs- und Beweislast für Tatsachen, die bei der Feststellung, ob die Aufwendungen einer ordnungsmäßigen Wirtschaft entsprachen, relevant sind.

wurde über *Latifundien* (größere Landgüter) bewirtschaftet[204]. Auf einem Landgut wurde typischerweise ein Teil der Fläche unter Einsatz von Sklaven selbst bewirtschaftet, der Rest wurde an Kleinpächter, sog. *coloni*, verpachtet. Die Kleinbauern waren frühzeitig durch Großgrundbesitzer weitgehend verdrängt worden[205]. In der Spätantike wurde in der Landwirtschaft die Selbstwirtschaft mit Sklavenarbeit wegen der abnehmenden Zahl von Sklaven durch die Kolonenwirtschaft (Parzellenbewirtschaftung durch Pächter[206]) zurückgedrängt[207]. Für die Erzielung von Sachfrüchten in der Landwirtschaft waren Arbeitsleistungen zwar erforderlich. Die Eigentümer (Schuldner) waren aber nicht selbst mit der Bewirtschaftung befasst. Die Feldarbeit erledigten Sklaven, die Aufsicht über die Feldarbeiter und die allgemeine Leitung der Bewirtschaftung war Aufgabe des *vicilus*, der ebenfalls Sklave war. Ein Landgut wurde typischerweise (wie auch heute noch) mit Zubehör verkauft (*fundus cum instrumento*). Im römischen Recht waren die Sklaven[208], inklusive des *vicilus*[209], Zubehör des Grundstücks. Ein Landgut als Veräußerungsgegenstand war somit eine aus sich heraus produzierende Einheit. Die Eigentümer nahmen keinen Einfluss auf die Bewirtschaftung durch eigene Arbeitsleistung oder durch die Auswahl und Einsetzung der bewirtschaftenden Personen; sie waren reine „Rentenbezieher"[210].

Auch bzgl. der Früchte in Form der Pachtzinsen dürfte die römischrechtliche Sicht anders als die heutige gewesen sein. Ungefähr zu der Zeit, als die Selbstwirtschaft mit Sklaven von der Pachtwirtschaft überholt wurde, entstand eine Bodenbindung der *coloni* (Pächter)[211]. Der zunächst freie Pächter wurde zum *servus terrae*, er durfte nicht mehr das von ihm gepachtete und bewirtschaftete Land verlassen[212]. Die Bodenbindung der *coloni* wurde durch eine Veräußerung des Landes nicht gelöst; sie wurden in diesem Sinne „mitveräußert"[213]. Als Kehrseite zur Bodenbindung des Pächters bestand im Hinblick auf die Höhe der Pacht, die

---

204 *Charwath*, Römisches Recht, S. 66.

205 Ca. 2. Jh. v. Chr., siehe *Flach*, Römische Agrargeschichte, S. 123 ff.

206 Auch Sklaven konnten *quasi coloni* sein.

207 Vgl. Wirbelauer/ *Schäfer*, S. 216.

208 D. 33, 7, 8 (*Behrends/Knütel/Kupisch/Seiler*, Digesten 4, S. 550, 551); siehe hierzu auch *Rodbertus*, Jahrbücher für Nationalökonomie und Statistik, 1864, Bd. 2, S. 229.

209 *Kehoe*, Roman Agrarian Economy, S. 167.

210 *Krause*, Spätantike Patronatsformen, S. 155.

211 Ausführlich zur Entstehung der Bodenbindung und zu den wirtschaftlichen Hintergründen: *Schipp*, Kolonats, S. 181 ff. Später wandelte sich die Bodenbindung, die „Herrschaft des Bodens", in eine Herrschaft des Eigentümers über die coloni.

212 Siehe Codex Iustinianus 11, 50, 1; 11, 51, 1 (*Otto/Schilling/Sintenis*, CIC 6, S. 589, 590).

213 *Brockmeyer*, Arbeitsorganisation, S. 284.

in einem Anteil der Ernte, in einem Geldbetrag oder auch einer Kombination aus beiden bestehen konnte, keine Vertragsfreiheit mehr, denn dem Eigentümer war die Pachterhöhung verboten[214]. Die Höhe einer festgelegten Pacht konnte der jeweilige Eigentümer daher nicht beeinflussen; die Höhe einer variablen Pacht, die vom durch die Pächter erzielten Ertrag bestimmt wird, konnte er ebenfalls nicht beeinflussen, da er sich seine Pächter nicht aussuchen konnte. Auch wenn im römischen Recht kein Vertragsübergang i. S. d. heutigen § 566 BGB existierte[215], wurde ein Landgut doch mit den bisherigen Pächtern und der bisherigen Pacht übernommen. Die Bodenbindung der Kolonen diente im Gegensatz zu den heutigen §§ 566, 593b BGB zwar nicht dem Schutz der Pächter, sondern der Sicherung der Steuereinnahmen[216], führte zu ihrer Entrechtung und zur Annäherung ihrer Rechtsposition an die der Sklaven[217] und gilt als Vorläufer des mittelalterlichen Feudalismus. Mit Blick auf das hier allein interessierende Verhältnis von Gegenstand und Ertrag ähneln die Rechtswirkungen der obigen römischrechtlichen Regeln allerdings denen des § 566 BGB, bei deren Anwendung kein kausales Verhalten des Schuldners für die Entstehung des Ertrags vorliegt.

In einigen wichtigen Fruchtfällen dürfte aus römischer Sicht also kein Schuldnerverhalten für die Erzielung des Bruttoertrags kausal gewesen sein. Es wird aber auch Selbstbewirtschaftung von Agrarflächen (i. S. einer Bewirtschaftung durch eigene Arbeitsleistung oder durch eigens ausgewählte Arbeitskräfte) gegeben haben. Jedenfalls bei der Erzielung von Mieterträgen wird der Schuldner (oder sein Verwalter) durch den Abschluss neuer Verträge nach Erwerb in vielen Fällen kausal gewesen sein. Insofern lässt sich auch aus römischer Sicht sagen, dass die alleinige Ursächlichkeit des Restitutionsgegenstands nur hinreichende, nicht notwendige Bedingung für die Zuordnung des Ertrags zu diesem als Frucht ist.

Wodurch könnte sich die einseitige Zurechnung des Bruttoertrags zum Produktionsfaktor „Restitutionsgegenstand" trotz der Mitwirkung des Schuldners rechtfertigen? Umgekehrt formuliert: Wann stellt die Mitwirkung des Schuldners keine Unterbrechung der Zurechnung zum Produktionsfaktor „Restitutionsgegenstand" dar?

---

214 Codex Iustinianus 11, 49, 1 (*Otto/Schilling/Sintenis*, CIC 6, S. 588, 589).

215 Bei der Miete (bedeutend war die Vermietung von Wohnungsraum in städtischen Mietskasernen (*insulae*)) galt der Grundsatz „Kauf bricht Miete", vgl. *Ebel/Thielmann*, Rechtsgeschichte, S. 81, 82.

216 So die heute wohl h. A., vgl. *Mirkovic*, Later Roman Colonate, S. 3.

217 *Mirkovic*, Later Roman Colonate, S. 2.

(a) Wert der Beiträge

Denkbar wäre zunächst, nach dem Wert der jeweiligen Faktoren zu unterscheiden. Hier sind zwei Varianten möglich. Zum einen könnte eine Zurechnungsunterbrechung durch den Beitrag des Schuldners abgelehnt werden, wenn diese einen geringeren Wert als den Wert des Gebrauchs des Restitutionsgegenstandes aufweist. Eine Zurechnung des Ertrags zum Gegenstand könnte aber auch nur in den Fällen angenommen werden, in denen der Beitrag des Schuldners zur Ertragserzielung keinen Wert aufweist. Die Zurechnungsmaßstäbe sind darauf zu untersuchen, ob sie zu den relevanten Sachverhalten des Begriffskerns passen. Ersichtlich ist, dass diese zu einer Zurechnung zum Restitutionsgegenstand nur bei schuldnerischen Beiträgen ohne Vermögenswert nicht passen. Zwar ist die Bejahung des Zurechnungszusammenhangs bei der Fallgruppe Vermietung/Verpachtung des Gegenstandes nicht abwegig; bei den Sachfrüchten ist das aber nicht der Fall. Hier kann zur Ertragserzielung ein erheblicher Arbeitsaufwand mit entsprechendem Wert erforderlich sein. Aber auch eine Zurechnung zum Gegenstand, sofern der Wert des schuldnerischen Beitrags geringer ist als der Gebrauchswert des Gegenstands, passt nicht zu den von § 99 BGB sicher erfassten Sachverhalten. Dies kann am Beispiel der Ertragserzielung durch landwirtschaftlichen Anbau deutlich gemacht werden. Es lässt sich nicht der Satz aufstellen, dass der Gebrauchswert stets höher ist als die Kosten der Bewirtschaftung. Der Gebrauchswert (Pacht) richtet sich nach dem zu erwartenden Ertrag abzüglich der erwarteten Kosten der Bewirtschaftung. Die Differenz kann je nach erwartetem Ertrag klein oder groß sein, unabhängig von der Höhe der Bewirtschaftungskosten.

(b) Einfluss der Beiträge

Es könnte aber auch auf den Einfluss der Faktoren auf den erzielten Bruttoertrag abgestellt werden. Wieder könnte eine Zurechnungsunterbrechung durch den Beitrag des Schuldners abgelehnt werden, wenn diese geringeren Einfluss als der Restitutionsgegenstand oder aber auch nur, wenn sie keinen Einfluss auf den Ertrag hat. Beide Zurechnungszusammenhänge passen in dieser Form aber nicht ohne weitere Einschränkung: Der Schuldner hat stets den entscheidenden Einfluss, weil er den Gegenstand zur Ertragserzielung einsetzen kann oder auch nicht. Er kann die Ertragserzielung vornehmen oder unterlassen.

Es ist daher nur denkbar, darauf abzustellen, dass der Schuldner keinen oder einen geringeren Einfluss auf den erzielten Bruttowert hat, wenn er den Restitutionsgegenstand zur Ertragserzielung einsetzt. Dieser Zurechnungszusammenhang besteht bei den sogenannten fructus mere naturales[218]. Hierunter fällt der Lehrbuchfall der auf dem Apfelbaum wachsenden Äpfel. Auch die Bodenschätze, die aus dem Grundstück gewonnen werden, weisen diesen Zurechnungszusammenhang auf. In diesen Fällen hat das Verhalten des Schuldners, wenn er denn den Gegenstand zur Ertragserzielung einsetzt, auf den Bruttoertrag keinen Einfluss, weil dieser bereits vorliegt und nur abgeschöpft wird. Die Kosten der Abschöpfung, und somit auch der Nettoertrag durch die Nutzung, können hingegen von ihm beeinflusst werden. Auch diesen Zusammenhang weisen indes einige der von § 99 BGB sicher erfassten Sachverhalte nicht auf. In diesen Fällen ist sowohl der Gegenstand als auch ein Verhalten des Schuldners bereits für die Entstehung des noch abzuschöpfenden Vorteils kausal. Hierher gehören z.B. die Miet- und Pachtzinsen, für deren Entstehung der Abschluss eines Vertrages erforderlich ist. Das trifft auch auf die Erzeugnisse in Gestalt der auf einem Grundstück angebauten Bodenfrüchte zu – hier ist Anbau und Pflege zur Entstehung des Ertrags erforderlich. In diesen Fällen kann das Verhalten des Schuldners nicht nur Einfluss wegen seiner Möglichkeit, mit dem Restitutionsgegenstand eine Ertragserzielung vorzunehmen oder zu unterlassen, haben. Wenn z.B. Boden durch Aussaat zur Ertragserzielung eingesetzt wird, kann anschließende Pflege vorgenommen oder unterlassen werden. Wenn Wohnraum vermietet wird, ist es möglich, dass eine höhere oder niedrigere Miete mit dem Mieter vereinbart wird.

Denkbar ist aber, dass in diesen Fällen der Schuldner keinen Einfluss auf den Bruttoertrag hat, sofern er bei der Ertragserzielung die Regeln der ordnungsgemäßen Wirtschaft beachtet. Es handelt sich um einen objektiven Sorgfaltsmaßstab der vernünftigen Wirtschaftsführung[219]. Der Begriff der ordnungsgemäßen Wirtschaft, der an verschiedenen Stellen im BGB verwendet wird, bezeichnet einen Bereich des möglichen Verhaltens bei der Ertragserzielung, der einen Mindeststandard erfüllt[220]. Das Verhalten muss sich zum einen innerhalb des rechtlich Zulässigen befinden, zum andern müssen die außerrechtlichen Regeln

---

218 Vgl. hierzu *Loenartz*, Restitutionspflicht, S. 158.

219 *Kaiser*, Rückabwicklung, S. 368 (zur ordnungsgemäßen Wirtschaft i. S. d. § 987 Abs. 2 BGB).

220 Vgl. OLG Brandenburg, NJW 2008, 2127, 2128 (zu § 586 Abs. 1 S. 3 BGB): „Eine Bewirtschaftung ist dann ordnungsgemäß, wenn sie nach den einschlägigen technischen und wirtschaftlichen Regeln substanzschonend und erhaltend ausgeführt wird. Darunter sind solche Maßnahmen zu verstehen, die nach allgemeiner Auffassung unter Landwirten geeignet sind, einen ordentlichen, durchschnittlichen Anforderungen genügenden Bewirtschaftungszustand zu erreichen oder zu erhalten."

des Verkehrs[221] beachtet werden. Mit dem Begriff wird ein unzulässiges oder aus wirtschaftlicher Sicht unüblich schlechtes Verhalten ausgegrenzt. Unübliches Verhalten wird ausgegrenzt, aber nur „nach unten". Zu untersuchen ist, ob bei einer ordnungsgemäßen Wirtschaft i. d. S. kein (oder nur ein nach der Verkehrsanschauung vernachlässigbarer) Einfluss des Schuldners in den zum Begriffskern des § 99 BGB gehörenden Fällen aus Sicht des römischen Rechts besteht.

In der antiken römischen Gesellschaft war die Landwirtschaft im Allgemeinen viel stärker okkupatorisch[222] als heute, die Feldwirtschaft im hohen Maße extensiv[223]. Welche Produkte in der Feldwirtschaft, dem damals wichtigsten Teil der Agrarwirtschaft, angebaut und welche Erträge erzielt wurden, war durch die Region des Grundstücks und die damit einhergehenden Klima- und Bodenbedingungen bestimmt[224]; der Bewirtschaftende nahm wesentlich weniger Einfluss als heute[225]. Die wenigen Einflussmöglichkeiten nicht zu nutzen, dürfte als schlechte, d.h. nicht ordnungsgemäße Wirtschaft gegolten haben[226]. Trotz der – im Vergleich zu heute geringeren – Variationsbreite des möglichen Verhaltens dürfte es keinen Einfluss des Schuldners, der die Regeln der ordnungsgemäßen Wirtschaft beachtete, auf den Ertrag gegeben haben oder jedenfalls nur einen als vernachlässigbar zu bewertenden Einfluss.

Mit Blick auf die Vermietung oder Verpachtung eines Restitutionsgegenstands verlangt der Maßstab der ordnungsgemäßen Wirtschaft, dass der Gegenstand vermietet/verpachtet wird, wenn kein Eigengebrauch vorgenommen wird und eine Nutzungsveräußerung möglich ist (d.h. Nachfrage besteht).

Im liberalistischen römischen Recht (wie auch wieder im 19. Jahrhundert zur Zeit der Schaffung des BGB) herrschte das Prinzip der Preisgestaltungsfreiheit,

221 Zur Verweisungsfunktion: *Röthel*, Normkonkretisierung, S. 38. Siehe auch Staudinger/*Jickeli/Stieper* § 102 Rn. 5.

222 Vgl. *Petrazycki*, Einkommen Bd. II, S. 427.

223 Vgl. *Petrazycki*, Die Lehre vom Einkommen, Band II, S. 428.

224 Vgl. *Charwath*, S. 67. Vor der Entdeckung der Möglichkeiten der Kunstdüngung, des Pflanzenschutzes und der Pflanzenzuchtforschung war auch der mit einem Grundstück erzielbare Bruttoertrag in erster Linie von der Qualität des Bodens und den örtlichen klimatischen Verhältnissen abhängig.

225 Vgl. Marci Catonis, De Re Rustica, 61, 1: „Quid est agrum bene colere? bene arare. Quid secundum? arare. Quid tertium? stercorare". („Was heißt den Acker gut zu bebauen? Gut pflügen. Zweitens? Pflügen. Drittens? Düngen".) Der Ertrag konnte im Wesentlichen nur durch Pflügen und Düngen des Bodens beeinflusst werden. Die Sicht *Hagmanns* auf die heutige Landwirtschaft (Gewinnherausgabe, S. 144) scheint dem antiken Entwicklungsstand zu entsprechen.

226 Siehe obige Fn.

wie in der Digestenstelle *Paulus* D. 19, 2, 22, 3 zum Ausdruck kommt: „*Ebenso wie es bei Kauf und Verkauf natürlicherweise gestattet ist, etwas, das mehr wert ist, zu einem geringeren Preis zu verkaufen, und etwas, das weniger wert ist, zu einem höheren Preis zu verkaufen und sich gegenseitig so zu übervorteilen, so ist es auch rechtens bei Miete und Pacht*“[227]. Eine zivilrechtliche[228] Begrenzung der Freiheit der privatautonomen Preisgestaltung ist dagegen in C. 4, 44, 2 zu erkennen. Hier ist die Rechtsfigur der *laesio enormis*[229] geregelt, nach der ein Grundstückverkäufer, dem weniger als die Hälfte des „wahren“ bzw. „gerechten“ Werts (*verum/iustum pretium*) als Preis gezahlt wurde, den Kaufvertrag aufheben oder die Differenz zum gerechten Preis verlangen konnte. Es handelte sich um keine allgemeine, sondern eine für eine spezielle Situation geschaffene Regelung[230], die erst durch die mittelalterliche Rechtswissenschaft eine erheblich erweiterte Auslegung erfuhr[231]. Im römischen Recht war die privatautonome Preisgestaltung daher weitestgehend frei, so dass nicht aus Rechtsgründen auszuschließen ist, dass der Schuldner auf die Höhe der erzielten Nutzungsvergütung Einfluss hatte. Gleichwohl dürfte es in der römischen Wirtschaft in der Regel keinen relevanten Einfluss des Schuldners auf den für die Überlassung des Restitutionsgegenstands erzielten Betrag gegeben haben.

Der Preis, der im Einzelfall zwischen zwei Parteien bei der Veräußerung eines Guts vereinbart wird, reflektiert den Wert, den diese dem Gut subjektiv zuschreiben. Für die Parteien hat das Gut einen subjektiven Nutzen[232]. Der Preis, den der Käufer maximal zu zahlen bereit ist, drückt seinen Nutzen aus. Umgekehrt drückt der geringste Preis, zu dem der Verkäufer bereit ist, das Gut zu veräußern, seinen Nutzen aus. Auf einem Markt findet eine (freiwillige) Transaktion nur

---

227 *Behrends/Knütel/Kupisch/Seiler*, Digesten 2, S. 570.

228 Einschränkend auf die Preisfreiheit wirkte noch vorübergehend das öffentlichrechtliche Höchtspreisedikt Diocletians (Edictum De Pretiis Rerum Venalium) aus dem Jahr 301, das einer Inflationskrise entgegenwirken sollte. Verstöße konnten mit der Todesstrafe geahndet werden, aber die Unwirksamkeit des zivilrechtlichen Vertrags war (überraschenderweise) nicht vorgesehen (*Zimmermann*, Obligations, S. 260, 261).

229 Die Bezeichnung hat ihren Ursprung im Mittelalter.

230 Nach *Zimmermann* wurde die Regelung zur Verhinderung der Ausbeutung von Kleinbauern durch Großgrundbesitzer eingeführt, da Erstere wegen der Justinianischen Besteuerung häufig gezwungen waren, ihr Land zu jedem Preis zu verkaufen (Obligations, S. 261). Es wird aber darüber gestritten, ob die scheinbar von Diocletian stammende Regel tatsächlich eine Justinianische Interpolation ist (Obligations, S. 259, 260).

231 *Zimmermann*, Obligations, S. 261, 262.

232 Ausführlich hierzu: § 3 B II.

statt, wenn die maximale Zahlungsbereitschaft des Käufers mindestens dem Betrag entspricht, zu dem der Verkäufer zu verkaufen bereit ist. Liegt eine positive Differenz zwischen den beiden Werten vor, spricht man von einem Einigungsbereich[233].

Der im Einzelfall vereinbarte Preis ist also von der maximalen Zahlungsbereitschaft des Nachfragers abhängig. Der erzielbare Preis wird hierdurch begrenzt. Der Anbieter eines Guts kann zwar auf die Zahlungsbereitschaft Einfluss nehmen, beispielsweise durch Werbung oder durch Gestaltung der Erwerbsbedingungen[234]. Die maximale Zahlungsbereitschaft seines Vertragspartners kann der Schuldner auch beeinflussen, indem er sich Zugang zu einem nicht ohne weiteres zugänglichen Nachfrager (bzw. einer Nachfragergruppe) mit erhöhter Zahlungsbereitschaft verschafft. In den im römischen Recht relevanten Fällen der Nutzungsüberlassung dürfte es jedoch solche Einflussnahmen des Schuldners (jedenfalls in der Regel) nicht gegeben haben: Vermarktung spielte in der antiken römischen Wirtschaft keine bedeutende Rolle, und der Kreis der Nachfrager, dem sich der Vermieter gegenübersah, war i. d. R. räumlich bestimmt[235].

Dass der erzielbare Erlös durch die Zahlungsbereitschaft des potenziellen Nachfragers begrenzt wird, heißt allerdings nicht, dass der tatsächlich vereinbarte Erlös der maximalen Zahlungsbereitschaft entsprechen muss. Der oben erörterte Einigungsbereich muss nicht einen einzelnen Wert darstellen, sondern kann auch eine Spanne sein. Wohl vor diesem Hintergrund wird in der Literatur vertreten, die Höhe der Gegenleistung bei einer Vermietung oder Verpachtung hänge maßgeblich vom „Verhandlungsgeschick“ des Schuldners ab[236]. Das Verhandlungsgeschick ist die Fähigkeit des Anbieters einen Preis, der der maximalen Zahlungsbereitschaft des Erwerbers entspricht, auszuhandeln.

Ob der potenzielle Käufer bei der Preisverhandlung einem Preis in Höhe seiner maximalen Zahlungsbereitschaft zustimmt, hängt allerdings nicht, jedenfalls

---

233 *Matschke/Brösel*, Unternehmensbewertung, S. 136.

234 Vgl. *Mohr*, VWL, S. 14.

235 Bei der Vermietung städtischer Wohnungen in insulae (großen Wohnblocks) an plebs urbana, war es üblich, eine Annonce an die Fassade der Immobilie zu schlagen (vgl. *Kolb*, Rom, S. 441). Die Vermietung der Wohnungen in den insulae an die arme Bevölkerungsschicht durch wohlhabende, gewerbliche Vermieter (die nicht selbst tätig wurden, sondern Verwalter einschalteten, vgl. *Kolb*, Rom, S. 441) war von der Transaktionszahl her der wichtigste Fall der Vermietung. Bei der ebenfalls bedeutenden Verpachtung von Sklaven (Arbeitskraftüberlassung) bot man den Sklaven auf dem lokalen Sklavenmarkt an (vgl. *Hattenhauer*, GS Sonnenschein, S. 154).

236 *Hagmann*, Gewinnherausgabe, S. 147.

nicht allein von einer Fähigkeit des Anbieters ab. Entscheidend ist zum einen auch, ob und zu welchen Preisen (aus Sicht des potenziellen Käufers) austauschbare Gegenstände angeboten werden. Zum anderen spielt eine Rolle, inwieweit der potenzielle Käufer über den Markt informiert ist und inwieweit er bestrebt ist, den günstigsten Preis zu erzielen[237]. Diese Faktoren sind durch die Person des Nachfragers und nicht durch eine Fähigkeit des Anbieters bestimmt – jedenfalls wenn die dem Anbieter zur Verfügung stehenden Nachfrager nicht vom Anbieter beeinflusst werden, wie es in den hier interessierenden Konstellationen der Fall ist. Neben diesen Faktoren hat der Einfluss des „Verhandlungsgeschicks" des Schuldners eine untergeordnete Bedeutung. Um den Einfluss des „Verhandlungsgeschicks" festzustellen, müssten theoretisch die durch verschiedene Anbieter bei feststehender Konkurrenzsituation sowie feststehender Nutzungspräferenz der Nachfrager, Informiertheit und Willen zur Erzielung eines möglichst günstigen Preises seitens der Nachfrager ausgehandelten Preise verglichen werden. Diese, und nur diese, Variation spiegelte den Einfluss des Verhandlungsgeschicks wider. Selbst bei den kleinen Preisvariationen, die hier auftreten, ist die Frage nicht unberechtigt, ob diese tatsächlich auf das vorhandene oder fehlende Verhandlungsgeschick des Anbieters zurückzuführen sind: Es wäre auch denkbar, die Variation auf ein Verhandlungs*un*geschick des Nachfragers zurückzuführen. Schließlich ist eine Verhandlung eine Interaktion zweier Parteien. Der Einfluss des Verhandlungsgeschicks des individuellen Anbieters kann daher nur genau bemessen werden, indem der preisliche Ausgang bei einer Vereinbarung zwischen verschiedenen Anbietern mit ein und demselben Nachfrager verglichen wird. Die hier auftretenden Unterschiede dürften nur gering sein. Es ist daher plausibel, dass sie bei der Entwicklung des Fruchtbegriffs als vernachlässigbar bewertet wurden.

Es gibt also Möglichkeiten für einen konkreten Anbieter, den Preis (positiv) zu beeinflussen. Diese Möglichkeiten dürften aber in den Fällen, die vom römischen Recht zu entscheiden waren, in der Regel nicht utilisiert worden sein.

Mit Blick auf die Fälle des Begriffskerns aus römischrechtlicher Sicht ließe sich nach alldem der Satz aufstellen, dass Früchte mit dem Restitutionsgegenstand erzielte Bruttowerte sind, auf deren Höhe das Verhalten des Schuldners keinen oder einen nur vernachlässigbaren Einfluss hat, wenn er im Rahmen

237 Denkbar ist nämlich auch, dass der Nachfrager trotz des Wissens, dass es ein günstigeres Angebot gibt, das „erstbeste" Angebot (etwa aus Bequemlichkeit) in Anspruch nimmt.

der ordnungsgemäßen Wirtschaft handelt[238]. Einen relevanten (negativen) Einfluss übt nur der Schuldner aus, der eine Ertragserzielung unterlässt oder den Mindeststandard einer ordnungsgemäßen Wirtschaftsführung missachtet. Dieser Zurechnungszusammenhang von Restitutionsgegenstand und Frucht ist dadurch gekennzeichnet, dass der Wert des erzielten Bruttoertrags bei einer ordnungsgemäßen Wirtschaft im obigen Sinne allein durch den Restitutionsgegenstand bestimmt wird. Ist bei den Fällen des Begriffskerns aus römischrechtlicher Sicht dieser Zusammenhang gegeben, ist natürlich zugleich ein anderer Zurechnungszusammenhang nach argumentum a maiore ad minus erfüllt: Die durch den Restitutionsgegenstand bestimmten Faktoren haben einen größeren Einfluss auf den erzielten Wert als das Verhalten des im Rahmen der ordnungsgemäßen Wirtschaft handelnden Schuldners. Im Gegensatz zum zuletzt dargestellten Zurechnungsmaßstab ist hier nicht entscheidend, dass der Wert allein durch gegenstandsbestimmte Faktoren beeinflusst wird, sondern, ob die gegenstandsbestimmten Faktoren relativ zu dem Einfluss des Schuldners größeren Einfluss haben.

(c) Üblichkeit des Schuldnerverhaltens

Denkbar wäre weiterhin, für die Begründung der Zurechnung eines Ertrags zum Restitutionsgegenstand darauf abzustellen, ob das (auch) kausale Schuldnerverhalten ein bei der Ertragserzielung mit dem Gegenstand übliches Verhalten darstellt. Es erscheint gut vertretbar, dass ein übliches Verhalten eine Zurechnungsunterbrechung nicht begründen kann. Früchte wären als Erträge zu definieren, die aufgrund üblichen Verhaltens erzielt wurden. Zu bedenken ist aber Folgendes: In den von § 99 BGB sicher erfassten realen Fällen existiert

---

238 *Petrazycki* (Einkommen Bd. II, S. 427, 428) sieht in ähnlicher Weise den Zurechnungszusammenhang von Gegenstand und Frucht nach dem römischen Recht darin, dass Art und Höhe des Ertrags *wesentlich* durch den Gegenstand individualisiert werden. „*Das Princip, welchem das römische Recht folgt, lässt sich u. E. am besten auf folgende Weise formulieren: Es wird darauf gesehen, ob der Gewinn, welchen der Besitzer erzielt hat, durch den fremden Produktionsfaktor individualisiert, in seiner Art und Höhe vorwiegend bestimmt wird. (…) Die Art und Höhe des Jagd- und Fischereigewinnes bestimmt sich durch den thatsächlichen Wild- und Fischbestand des Grundstückes. Der Gewinn von einem Bergwerk individualisiert sich durch den Naturalreichthum des Grundstückes an Mineralstoffen; das gleiche Verhältnis besteht zwischen dem Besitz eines Obstgartens und dem Obstgewinn, zwischen dem Besitz einer Kuh und dem Gewinn an Milch. Dass die Römer den Gewinn an Naturalstoffen auf einem Grundstück auf den Besitz des Grundstücks zurückgeführt haben, ist desto natürlicher, als die römische Wirthschaft in hohem Masse extensiv war (…).*“

bei der Ertragserzielung aus römischrechtlicher Sicht zwar ein übliches Verhalten. Per definitionem liegt ein übliches Verhalten auch regelmäßig vor. § 99 BGB erfasst aber auch die Sachverhalte, in denen ein unübliches Verhalten vorliegt. Auch wenn das Verhalten des Schuldners unüblich ist, weil er beispielsweise einen viel zu günstigen Mietpreis für die Nutzung des erlangten Gegenstands mit einem Dritten vereinbart, fällt der (niedrige) Ertrag unter § 99 BGB. Die Fälle, die von § 99 BGB mit Sicherheit erfasst werden, lassen sich daher nicht vollständig unter die Definition der Früchte als Erträge, die durch übliches Verhalten erzielt wurden, fassen. Möglich ist nur die Definition der Früchte als Gegenstände, bei denen es ein übliches Verhalten bei der Ertragserzielung gibt.

(d) Plausibilität der möglichen Zurechnungszusammenhänge

Gibt es mehrere mögliche Zurechnungszusammenhänge, müssen diese auf ihre Plausibilität geprüft werden. Zu bedenken ist, dass es im römischen Recht zwei verschiedene Ausgleichsmöglichkeiten einer Nutzung gab. Der Ausgleich konnte auch durch Zahlung der ortsüblichen Miete des Gegenstands erfolgen[239].

Die Zahlung der ortsüblichen Miete stellt eine Zahlung in Höhe eines objektiven Werts der Nutzung dar. Der (auch heute bei einem bereicherungsrechtlichen Nutzungsausgleich über §§ 818 Abs. 1, 1. Var., 100 2. Var., 818 Abs. 2 BGB durch Wertersatz für den Gebrauchsvorteil zu leistende) objektive Wert ist ein Wert für „Jedermann“. Er ist der Preis, den „Jedermann“ bei einer Transaktion für den Vorteil zahlte[240]. Diesen Preis kann man auf zwei Wegen ermitteln: Zum einen kann auf den Markt als Ort, an dem Transaktionen stattfinden, zurückgegriffen werden. Es wird beobachtet, was auf dem Markt für das Gut gezahlt wird („Vergleichsmethode“). Der durch Anwendung der Vergleichsmethode ermittelte objektive Wert ist der „objektive Marktwert“. Man kann den objektiven Wert aber unter Umständen auch durch Anwendung des Ertragswertverfahrens ermitteln. Da bestimmte Güter (ausschließlich) der Ertragserzielung dienen, wird der Preis, der für sie gezahlt wird, durch den erzielbaren Ertrag bestimmt. Der durch Anwendung des Ertragswertverfahrens ermittelte objektive Wert kann als „objektiver Ertragswert“ bezeichnet werden. Der Nutzungsausgleich, der neben der Herausgabe oder dem Ersatz der Früchte vom römischen Recht angewendet wird, gewährt einen objektiven Marktwert.

239 Siehe oben (S. 61).

240 Ausführlich wird hierauf noch unter § 3 II B einzugehen sein.

Kohärent wären dieser Ausgleich und der Ausgleich über die Früchte (Herausgabe der Bruttoerträge des Schuldners abzüglich der erforderlichen Aufwendungen) nur, wenn Letzterer ebenfalls einen objektiven Wertausgleich darstellte. Plausibel ist daher eine Definition des Zurechnungszusammenhangs, die dahingehend interpretiert werden kann, dass mit der Fruchtherausgabe oder dem Fruchtersatz wertmäßig der objektive Ertragswert der Nutzung geleistet wird. Die abstrakte Fruchtdefinition, die gewährleistet, dass der objektive Ertrag zu leisten ist, ist plausibel. Plausibel erschiene daher eine Definition, die nur Gegenstände erfasst, bei denen die Feststellung eines objektiven Ertrags möglich ist und der von einem beliebigen Nutzer erzielte Bruttoertrag abzüglich der Aufwendungen i. S. v. § 102 BGB diesen wiedergibt.

Objektivität bedeutet Unabhängigkeit von einem Bezug zu einer individuellen Person. Der objektive Ertrag ist jedenfalls der Ertrag, den jeder Nutzer mit dem Gegenstand erzielt. Werden die Früchte als Bruttoerträge verstanden, auf deren Höhe der Schuldner, der die Regeln der ordnungsgemäßen Wirtschaft beachtet, keinen oder einen nur vernachlässigbaren Einfluss hat, gibt der von ihm erzielte Ertrag den *durch den tatsächlichen Erfolg begrenzten* objektiven Ertragswert der Nutzung in diesem Sinn wieder. Der Ausgleich über die fructus percepti (gezogene Früchte) und percipiendi (nicht gezogene Früchte) stellte einen objektiven Wertausgleich dar, der Ausgleich über die fructus percepti einen durch den tatsächlich erlangten Vorteil begrenzten objektiven Wertausgleich, d.h. einen objektiven Wertausgleich unter Berücksichtigung des in § 818 Abs. 3 BGB zum Ausdruck kommenden Schädigungsverbots.

Der Begriff des objektiven Ertrags könnte aber auch anders definiert werden. Denkbar wäre eine Definition des objektiven Werts als des durch eine rechnerische Aggregation (Durchschnitts- oder Medianbildung) der verschiedenen beobachteten Erträge ermittelten Werts. Ob dies möglich ist, hängt davon ab, ob die Spanne der Werte als klein genug empfunden wird, dass der durch Aggregation gebildete Wert die anderen angemessen repräsentiert[241]. Ein objektiver Ertrag könnte schließlich als der Ertrag definiert werden, der bei einem typischen Verhalten erzielt wird. Hierfür ist erforderlich, dass ein „typisches Verhalten“ existiert. Von den variierenden Verhaltensweisen, die bei der Ertragserzielung mit dem Gegenstand in der Realität beobachtet werden, müsste sich eine Verhaltensweise von den anderen durch ihre Bobachtungshäufigkeit abgrenzen.

---

241 Siehe hierzu auch § 3 B II.

Die Definition der Früchte als Erträge von Gegenständen, bei denen es ein übliches Verhalten bei der Ertragserzielung gibt, führt nicht dazu, dass als Nutzungsausgleich über §§ 818 Abs. 1, 1. Var. BGB, 99 BGB stets der (auf den tatsächlichen Vorteil beschränkte) objektive Ertragswert geleistet wird. Auch wenn man nämlich den objektiven Ertragswert als Ertrag definiert, der bei einem typischen Verhalten erzielt wird, ist hiermit nicht sichergestellt, dass auch ein typisches Verhalten bei dem Schuldner vorliegt. Auch die mögliche Interpretation der Früchte als Erträge, auf deren Wert schuldnerspezifische Faktoren relativ zu den gegenstandsspezifischen Faktoren weniger Einfluss haben, gewährleistet nicht, dass ein objektiver Ertragswert geleistet wird. Hierdurch wird zunächst nicht sichergestellt, dass ein typisches Verhalten bei der Ertragserzielung mit dem Gegenstand existiert und im Einzelfall vorliegt. Mit Blick auf die weitere mögliche Definition des objektiven Ertragswerts wäre zu beanstanden, dass durch das Erfordernis, dass schuldnerspezifische Faktoren relativ zu den gegenstandsspezifischen Faktoren weniger Einfluss haben, nicht sichergestellt ist, dass nur Gegenstände erfasst werden, bei denen eine als ausreichend klein empfundene Spanne von Erträgen erzielbar ist. Selbst wenn dies der Fall wäre, stellte ein sich innerhalb der Spanne befindender Ertrag nicht den durch Aggregation aller Erträge gebildeten objektiven Wert dar.

(e) Ergebnis

Zusammenfassend ist festzustellen: Die plausibelste Gemeinsamkeit der vom Begriffskern des § 99 BGB erfassten Sachverhalte ist vor dem Hintergrund der Zuordnungsfunktion der Norm mit Blick auf die Wertverteilung wie folgt zu beschreiben: Früchte eines Gegenstandes sind die bei seinem Einsatz erzielten Bruttoerträge, auf deren Wert der Schuldner, der i. R. d. ordnungsgemäßen Wirtschaft handelt, keinen oder nur einen nach der Verkehrsanschauung vernachlässigbaren Einfluss hat. Es hat sich gezeigt, dass die Sachverhalte des Begriffskerns aus historischer Sicht so interpretiert werden können. Diese Interpretation ist am plausibelsten, weil der so verstandene Nutzungsausgleich über die Früchte einen objektiven Wertausgleich gewährt, der mit der zweiten im römischen Recht existierenden Variante des Nutzungsausgleichs kohärent ist.

Die Annahme der Rechtsprechung, dass Früchte Erträge sind, für deren Erzielung keine besondere persönliche Leistung des Schuldners ursächlich war, ist aus hiesiger Sicht nachvollziehbar. Die hier vertretene Definition kann nämlich auch wie folgt beschrieben werden: Früchte sind Erträge, bei denen das individuelle Schuldnerverhalten nur einen negativen Einfluss auf den Ertrag haben kann. Kann es keinen positiven Einfluss geben, ist eine persönliche Leistung ausgeschlossen.

cc. Realverteilung

Mit der Einordnung bestimmter Bruttoerträge als Früchte im Rahmen der Restitutionsverhältnisse ist nicht nur eine spezifische Art der Wertverteilung gewählt. Handelt es sich um gegenständliche Erträge, ist zugleich über die Zuordnung des gegenständlichen Ertrags zum Gläubiger entschieden. Von Bedeutung sind vor allem die gegenständlichen Erträge in Gestalt von körperlichen Erträgen[242].

Obwohl der Fruchtbegriff im Bereich der körperlichen Erträge zunächst entstanden sein dürfte[243], ist allerdings nicht klar, ob die Entscheidungen der römischen Juristen in Restitutionsfällen zu Früchten faktisch auch die Zuordnung der körperlichen Vorteile betraf. Eine Verurteilung lautete im römischen Recht stets auf einen Wert, nicht auf einen körperlichen Gegenstand: *omnis condemnatio pecuniaria est*[244]. Dafür, dass die Fruchtentscheidungen in den Restitutionsverhältnissen im römischen Recht nur Entscheidungen über Werte waren, spricht ebenfalls, dass in den Fragmenten davon die Rede ist, dass die Aufwendungen von den Früchten *abzuziehen* sind. Dass die Einordnung von Erträgen als *fructus* zugleich über ihre Realverteilung entscheiden sollte, lässt sich aber dennoch nicht mit Sicherheit ausschließen.

Im Gegensatz zum Wert muss der gegenständliche Ertrag einseitig zugewiesen werden. Bei der Realverteilung gilt im Grundsatz das „Alles-oder-Nichts-Prinzip"[245], weil bei gegenständlichen Vorteilen eine Teilbarkeit nicht zwingend möglich ist[246].

Bei der Realverteilung i. S. d. Zuteilung eines bestimmten körperlichen Bruttoertrags wird einer Partei nicht nur ein Wert, sondern auch ein Gegenstand zugeordnet. Bewirkt die Zuordnung des Bruttoertrags (auch) die Zuweisung eines Vorteils in Natur, erscheint es plausibel, dass (zusätzlich) auf den

---

242 Denkbar wäre als im Rahmen des Nutzungsanspruchs relevanter gegenständlicher, aber nicht körperlicher Ertrag beispielsweise eine (noch nicht eingezogene) Forderung.

243 Vgl. *Reichel*, Jherings Jahrbücher für die Dogmatik des bürgerlichen Rechts, Bd. 42 (1901), 205, 210. Insoweit lässt sich sagen, dass der Fruchtbegriff ursprünglich „sachenbezogen" war (BeckOK/*Wendehorst* § 818 Rn. 18).

244 Siehe z. B. *Ebel/Thielmann*, Rechtsgeschichte, S. 47.

245 *Wendehorst*, Anspruch und Ausgleich, S. 24.

246 Theoretisch ist auch eine doppelte Zuordnung durch Bildung von Miteigentum (vgl. Verbindung, Vermischung: §§ 1008, 741 ff. BGB) denkbar; allerdings wird bei Untrennbarkeit des Gegenstands dieser im Ergebnis keiner Partei zugeordnet (Verkauf und Aufteilung des Erlöses).

Zurechnungszusammenhang von Restitutionsgegenstand und gegenständlicher Beschaffenheit des Ertrags geschaut wird. Die organischen Früchte und die Bodenbestandteile können aus Sicht des römischen Rechts als Erträge interpretiert werden, auf deren Art der Schuldner keinen relevanten Einfluss hat, weil diese natürlich vorgegeben ist[247]. Dieser Maßstab fügte sich in das System des objektiven Ausgleichs ein. Die Herausgabe der gezogenen Früchte stellt einen (nach durch den tatsächlichen Erfolg begrenzten) objektiven Ausgleich der Nutzung mit der Möglichkeit der „Naturalrestitution" dar.

Für die Zuordnung von organischen Erzeugnissen an den Sachberechtigten durch das römische Recht wird jedoch häufig eine andere Begründung vorgetragen. Die natürlichen Früchte entstehen im körperlichen Zusammenhang mit dem Restitutionsgegenstand. Eine Pflanze wächst im Boden eines Grundstücks. Sie wurde (und wird (sachen-)) rechtlich vor der Trennung als Teil des Grundstücks betrachtet (rechtliche Unselbständigkeit, § 94 BGB). Nach dem römischrechtlichen *Substantialprinzip* gehören die durch die Zerlegung einer Sache entstandenen Teile dem Eigentümer der zerteilten Sache. Kombiniert man diese Prinzipien, kann man die Zuordnung der Sachfrüchte an den Rechtsinhaber der Sache erklären. In der heutigen Literatur wird häufig angenommen, dass dem römischrechtlichen Fruchterwerb das Substantialprinzip in dieser Weise zugrunde lag[248]. Aus hier vertretener Sicht erscheint es aber nicht am plausibelsten, dass dies den tragenden Grund für die Zuordnung der körperlichen Erträge zum Sachinhaber darstellte[249]. Es handelt sich zunächst um eine rein formale, begriffsjuristische Begründung. Die Gründe für die rechtliche Unselbständigkeit der organischen Erzeugnisse vor deren Trennung haben nichts mit der Zuordnung eines Zuwachses zu tun. Als Vorteil (und damit als materiellen Grund) einer derartigen Zuordnung wird zwar die Eindeutigkeit der Rechtszuordnung angeführt; es sei leichter festzustellen, wer Rechtsinhaber ist, als wer bei der Produktion tätig wurde[250]. Gegen die Annahme, dass für das römische Recht die Eindeutigkeit der Zuordnung (umgekehrt: die Schwierigkeit der Rechtsanwendung im Einzelfall) das maßgebliche Kriterium war, spricht aber die römischrechtliche Entscheidung zur Zuordnung bei Verarbeitung (Spezifikation).

247 Siehe S. 70, 71.

248 Vgl. MünchKommBGB/*Oechsler*, § 953 Rn. 1, im Anschluss an *Heck*, SachenR, § 63, 1 (S. 263, 264). So auch schon *Göppert*, Erzeugnisse, S. 176–226.

249 Selbst wenn eine solche formale Begründung für eine Entscheidung gegeben wird, muss diese nicht die ihr zugrundeliegenden materiellen Gründe preisgeben, vgl. *Thielmann*, FS Lübtow, 187, 230.

250 MünchKommBGB/*Oechsler*, § 953 Rn. 1.

Die zwischen der sabinianischen und der prokulianischen Sicht vermittelnde Meinung in den Digesten stellt darauf ab, ob eine Rückführung des Produkts in den ehemaligen Zustand möglich war[251].

Bei der einseitigen Zuordnung eines neuen Gegenstands (samt Nettowerts), zu dessen Entstehung zwei Produktionsfaktoren beigetragen haben, ist zu entscheiden, welcher Faktor der relativ wichtigere ist. Man erwartet eine Abwägung der Faktoren Material und Arbeit[252]. Man kann den Zuordnungsentscheidungen des römischen Rechts entnehmen, dass der Faktor wichtiger ist, der Art und Wert des neuen Gegenstands bestimmt. Art und Wert der organischen Erzeugnisse und der Bodenbestandteile, die dem Produktionsfaktor „Sache" zugeordnet wurden, werden durch diese bestimmt. Bei der durch Verarbeitung entstehenden neuen (nicht „rückführungsfähigen") Sache wird diese dem Hersteller zugeordnet („Produktionsprinzip"). Der Hersteller bestimmt die Art (und damit zugleich den Wert) der neuen Sache.

Sachfrüchte i. S. d. § 99 Abs. 1, 2 BGB sind somit als Erträge zu verstehen, auf deren Art *und* Wert der Schuldner, der im Rahmen der ordnungsgemäßen Wirtschaft handelt, keinen oder nur einen nach der Verkehrsanschauung vernachlässigbaren Einfluss hat.

c. *Zusammenfassung: Gemeinsamkeiten der Früchte vor dem Hintergrund der Zuordnungsfunktion*

In diesem Abschnitt wurde untersucht, was das abstrakte gemeinsame Merkmal der Früchte vor dem Hintergrund der Zuordnungsfunktion ist, d.h. das gemeinsame Merkmal der Sachverhalte, das für ihre Erfassung in den Restitutionsfällen ausschlaggebend war. Die Zuordnungsfunktion hat zwei Bestandteile, nämlich die Wert- und Realverteilung. Die induktive Interpretation der zum „Begriffskern" des § 99 BGB gehörenden Sachverhalte aus historischer Sicht vor dem Hintergrund der Wertverteilung führt zu dem Ergebnis, dass Früchte die mit dem Restitutionsgegenstand erzielten Bruttoerträge sind, auf deren Höhe der Schuldner, der im Rahmen einer ordnungsgemäßen Wirtschaft handelt, keinen oder einen nur vernachlässigbaren Einfluss hat. Bei der Realverteilung, der Zuteilung von körperlichen Bruttoerträgen dem Wert *und* der Natur nach, spielt zusätzlich die Beschaffenheit des Ertrags eine Rolle. Vor dem Hintergrund der Realverteilung sind Früchte die mit dem Restitutionsgegenstand erzielten Erträge,

---

251 Vgl. hierzu *Thielmann*, FS Lübtow, 187 ff.

252 Vgl. *Thielmann*, FS Lübtow, 187, 230.

auf deren Art und Wert der Schuldner, der im Rahmen der ordnungsgemäßen Wirtschaft handelt, keinen oder einen nur vernachlässigbaren Einfluss hat.

Die am Anfang dieser Arbeit aufgeworfene Frage der „Gewinnherausgabe" ist ein Problem der Wertverteilung. Der hier interessierende Gewinn ist die Differenz von erzieltem Nettoertrag (Bruttoertrag abzüglich Aufwendungen) und objektivem Wert. Eine echte Gewinnherausgabe im Sinne einer Haftung, die dem Schuldner (auch) die „Früchte seiner Leistung" nehmen soll, wird durch §§ 818 Abs. 1, 1. Var., 99 BGB nicht begründet. Aber auch eine Gewinnherausgabe im weiten Sinn begründet die Norm nicht. Hierunter ist die Herausgabe des Gewinns aufgrund seiner Zuordnung zum Gläubiger zu verstehen. Die herrschende Lehre zum bereicherungsrechtlichen Hauptanspruch ordnet einen Gewinn dem Schuldner zu. Es war zu untersuchen, ob § 99 BGB eine abweichende (gesetzliche) Zuordnungsentscheidung enthält, die im Rahmen des § 818 Abs. 1, 1. Var. BGB Anwendung findet. Im Ergebnis zeigt sich, dass keine solche Entscheidung vorliegt. Früchte sind die Bruttoerträge, auf deren Höhe der Schuldner, der im Rahmen einer ordnungsgemäßen Wirtschaft handelt, keinen oder einen nur vernachlässigbaren Einfluss hat. §§ 818 Abs. 1, 1. Var., 99 BGB gewährleisten einen Ausgleich des objektiven Werts des Gebrauchs. Es wird der (durch den tatsächlichen Erfolg des Schuldners begrenzte) objektive Ertragswert des Gebrauchs geleistet. Ein Wertungswiderspruch zwischen der herrschenden Ansicht zum bereicherungsrechtlichen Hauptanspruch und dem Nutzungsausgleich nach §§ 818 Abs. 1, 1. Var., 99 BGB mit Blick auf die Zuordnung von Vorteilen besteht nicht, da § 99 BGB keine Zuordnung eines Gewinns zum Gläubiger regelt.

3. *Ergebnis: Abstrakte Merkmale der Früchte i. S. v. § 99 BGB*

Der Offenlegung der im Rahmen der Restitutionsverhältnisse maßgeblichen gemeinsamen Merkmale der Früchte ging im ersten Teil der Arbeit die Untersuchung voraus, ob § 99 BGB überhaupt in Restitutionsverhältnissen Anwendung findet. In der Literatur wird das zum Teil bestritten, weil die Norm in den Nutzungsverhältnissen anwendbar ist. Hier stellt sich das Problem der Abgrenzung des Vollrechts vom Nutzungsrecht, von Substanz und Ertrag. § 99 BGB hat hier eine andere Funktion als im Rahmen der Restitutionsverhältnisse. Hier wurde vertreten, dass § 99 BGB dennoch im Rahmen des bereicherungsrechtlichen Nutzungsanspruchs (und der sonstigen Restitutionsverhältnisse) anwendbar ist. Der Grund ist, dass eine kasuistische Norm wie § 99 BGB einzelne Sachverhalte beschreiben kann, in denen mehrere Funktionen zur Geltung kommen, auch wenn die Funktionen allgemein in Konflikt geraten können. Die dem Entscheidungsträger vorschwebenden Fruchtsachverhalte in den Nutzungsfällen waren zugleich auch Erträge, die aus seiner Sicht bei einer Restitution dem Restitutionsgegenstand zuzuordnen waren.

§ 99 BGB hat nach der hier vertretenen Ansicht verschiedene Funktionen. Im Bereich der Restitutionsverhältnisse hat § 99 BGB die Funktionen der Real- und Wertverteilung. Im Bereich der Nutzungsverhältnisse hat die Norm die Funktion der Abgrenzung von Substanz und Ertrag. Die Norm hat demgegenüber nicht die Funktion der Abgrenzung verschiedener Nutzungsverhältnisse (z. B. Miete und Pacht). Bei der Abgrenzung von Miete und Pacht hat sich in den problematischen Fällen der Geschäftsraumüberlassung im Anschluss an die Rechtsprechung des BGH[253] die Ansicht durchgesetzt, dass (schon) ein Pachtvertrag vorliegt, wenn neben den Räumlichkeiten noch Inventar überlassen oder ein sonstiger Beitrag zur Inventarverschaffung durch den Überlasser geleistet wird[254]. Auch wenn die Abgrenzung laut Gericht im Ausgangspunkt danach zu erfolgen hat, ob Früchte (i. S. d. § 99 BGB) gewährt werden, sei eine „enge Betrachtungsweise" nicht angebracht. Die Abgrenzung hat sich vom Fruchtbegriff entfernt – was aus Sicht dieser Arbeit auch überzeugt. Die Abgrenzung von Miete und Pacht sollte aber vollständig vom Fruchtbegriff gelöst werden – überzeugen kann sie nur, wenn sie vor dem Hintergrund der Teleologie der unterschiedlichen Rechtsfolgen erfolgt[255]. Große praktische Bedeutung hat die Abgrenzungsfrage jedoch nicht: Es gibt kaum Fälle, in denen Unterschiede zwischen gewerblicher Miete und Pacht existieren[256] – die „Leitentscheidung" des BGH erging zu einer zivilprozessualen Fristregelung[257], die nicht mehr existiert.

253 BGH NJW-RR 1991, 906, 907.

254 A. A. aber *Voelskow*, NJW 1983, 911 (jede Überlassung von Geschäftsräumen ist Pacht) und MünchKommBGB/*Harke*, § 581 Rn. 11 (jede Überlassung von Geschäftsräumen ist Miete).

255 Es ist deshalb bedenklich, dass in der Entscheidung des BGH an keiner Stelle der Hintergrund und Zweck der unterschiedlichen Fristregelungen bei Feriensachen und sonstigen Streitigkeiten diskutiert wird.

256 So auch MünchKommBGB/*Harke*, § 581 Rn. 11.

257 Für die Einhaltung der Begründungsfrist im Berufungsverfahren war entscheidend, ob es sich um eine „Feriensache" handelte. Nach § 200 Abs. 1 Nr. 4 GVG a. F. waren mietrechtliche aber nicht pachtrechtliche Streitigkeiten Feriensachen.

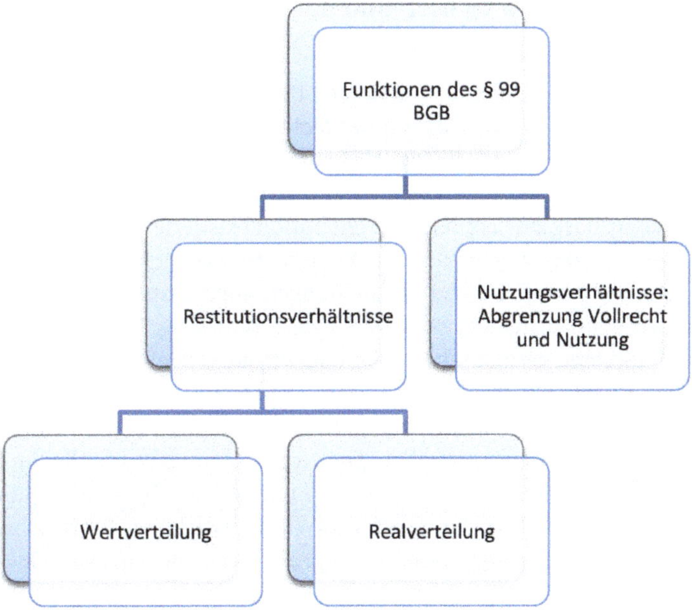

Das gemeinsame abstrakte Merkmal der Fruchtsachverhalte wurde im Rahmen dieser Arbeit für jede Funktion einzeln ermittelt. Die induktive Analyse erfolgt nur vor dem Hintergrund der einzelnen Funktion. Im Ergebnis wurden daher verschiedene abstrakte Merkmale herausgearbeitet, welche die maßgebliche Gemeinsamkeit der Fruchtsachverhalte vor dem Hintergrund der jeweiligen Funktion beschreiben.

Die Fälle des Begriffskerns des § 99 BGB stellen eine Gruppe von realen Sachverhalten dar, in denen die für jede Funktion herausgearbeiteten Merkmale erfüllt sind. Früchte i. S. d. § 99 BGB sind daher Erträge

1. die nicht auf Kosten der Substanz gehen (Abgrenzung Nutzungs- und Vollrecht),
2. auf deren Wert der Schuldner, der im Rahmen der ordnungsgemäßen Wirtschaft handelt, keinen oder einen nur vernachlässigbaren Einfluss hat (Aufteilung Wert zwischen Schuldner und Gläubiger) und
3. sofern es sich um einen körperlichen (gegenständlichen) Vorteil handelt, auf deren Art der Schuldner keinen oder nur einen vernachlässigbaren Einfluss hat (Verteilung körperlicher Vorteile zwischen Schuldner und Gläubiger).

II. Das Problem des § 99 BGB und die Entwicklung eines dualen Fruchtbegriffs

Dass die Fruchtdefinition eine einheitliche Legaldefinition ist, die verschiedene Funktionen erfüllen muss, ist ihr großes Defizit. Dieses Defizit dürfte seine Ursprünge in der Pandektistik haben. Das römische Recht benutzte zwar in sehr unterschiedlichen Zusammenhängen den Begriff fructus, daraus lässt sich aber nicht schließen, dass eine einheitliche Definition existierte[258]. Das Problem einer solchen Norm ist, dass Rechtssätze der Weiterentwicklung fähig sein müssen. Sie müssen an neue wirtschaftliche Erscheinungen angepasst werden können. Das gestaltet sich beim Fruchtbegriff in § 99 BGB schwierig. Der Grund ist nicht, dass es sich um eine kasuistische Norm handelt; auch dem Wortlaut nach unbewegliche, beschreibende Regelungen können teleologisch fortentwickelt werden. Genau diese teleologische Weiterentwicklung ist aber bei § 99 BGB aufgrund seiner Funktionenvielfalt nicht möglich. Die Norm kann nicht für alle Funktionen gemeinsam fortentwickelt werden, sondern nur für die einzelne Funktion. Der gemeinsame Fruchtbegriff ist starr. Eine Weiterentwicklung führt daher zwingend zu einer Zersplitterung des Fruchtbegriffs. Es entwickeln sich verschiedene Fruchtbegriffe.

Wenn man dies jedoch erkennt und akzeptiert, kann die Norm an die heutige wirtschaftliche Lage angepasst werden. Bei der Anwendung ist zu unterscheiden, welche Funktion relevant ist. § 99 BGB kann dann anhand des für diese Funktion relevanten abstrakten Maßstabs fortentwickelt werden.

Für die Nutzungsverhältnisse bedeutet das, dass die obigen abstrakten Merkmale 2. und 3., die der Verteilung von Vorteilen zwischen verschiedenen Parteien, die zur Produktion beitragen, nicht bei der Fortentwicklung des Fruchtbegriffs berücksichtigt werden müssen. Die in den Nutzungsverhältnissen relevanten Erträge, die sich die Juristen bei der Entstehung des Fruchtbegriffs vorstellten, waren auch Früchte i. S. d. Restitutionsverhältnisse. Heute existieren aber andere Arten von Nutzungsverhältnissen, in denen die erzielten Erträge nicht zugleich dem Nutzungsgegenstand bei einer Restitution zugeordnet werden können.

Das erste abstrakte Merkmal („Ertrag i. S. v. Abgrenzung von Nutzung und Substanz") kann hingegen weiter bei den Früchten im Rahmen der Restitutionsverhältnisse berücksichtigt werden. Es ist für die Restitution unerheblich, über welche Norm (Haupt- oder Nebenanspruch) der Ausgleich erfolgt.

258 So auch *Petrazycki*, Einkommen Bd. I, 145.

D. Einengende oder ausweitende Auslegung der §§ 99, 102 BGB in Restitutionsverhältnissen?

I. Unkörperliche Erträge

Heute sind die unkörperlichen Erträge wirtschaftlich bedeutender als die körperlichen. Bei unkörperlichen Erträgen ist nur über die Wertverteilung zu entscheiden. Die gezogenen Erträge sind nur von solchen Restitutionsgegenständen herauszugeben, bei denen der Nutzende, der im Rahmen der ordnungsgemäßen Wirtschaft handelt, keinen oder nur einen nach der Verkehrsanschauung vernachlässigbaren Einfluss auf den Wert des Bruttoertrags hat.

1. Teleologische Reduktion des § 99 Abs. 3 BGB?

Zur Zeit des römischen Rechts dürfte der ordnungsgemäß handelnde Schuldner auf den erzielten **Miet- oder Pachtzins** keinen relevanten Einfluss gehabt haben. Nach der heutigen Verkehrsanschauung beeinflusst der Schuldner den Ertrag *regelmäßig* nicht in relevanter Weise.

Die Verkehrsanschauung kann ermittelt werden, indem die gängige Bewertungspraxis untersucht wird. Der Einfluss von individuellen Personen bei der Vermietung oder Verpachtung von Immobilien ist für die Bewertungspraxis v. a. bei der Anwendung des § 194 BauGB[259] i. V. m. der ImmoWertV[260] relevant. § 194 BauGB i. V. m. der ImmoWertV regeln die Ermittlung des Verkehrswerts von Grundstücken; nach § 194 BauGB i. V. m. §§ 17 ff. ImmoWertV wird der Verkehrswert unter Anwendung des Ertragswertverfahrens ermittelt. Der durch die ImmoWertV konkretisierte § 194 BauGB ist gesetzlich bei der Grundstücksbewertung durch Gutachterausschüsse im Rahmen der in § 193 Abs. 1 BauGB genannten Aufgaben anwendbar; der BGH[261] hat allerdings festgestellt, dass die Regeln nicht nur bei Wertermittlungen in Durchführung des Baugesetzbuches

---

259 § 194 BauGB: „Der Verkehrswert (Marktwert) wird durch den Preis bestimmt, der in dem Zeitpunkt, auf den sich die Ermittlung bezieht, im gewöhnlichen Geschäftsverkehr nach den rechtlichen Gegebenheiten und tatsächlichen Eigenschaften, der sonstigen Beschaffenheit und der Lage des Grundstücks oder des sonstigen Gegenstands der Wertermittlung ohne Rücksicht auf ungewöhnliche oder persönliche Verhältnisse zu erzielen wäre."

260 Immobilienwertermittlungsverordnung vom 19. Mai 2010 (BGBl. I S. 639), erlassen aufgrund des § 199 Abs. 1 BauGB.

261 BGH NJW-RR 2001, 732, 733. Siehe zum Anwendungsbereich der ImmoWertV und zur allgemeinen Anerkennung in der Praxis als Regeln der Bewertungslehre auch Sprengnetter/Kierig, ImmoWertV, § 1, S. 27 ff.

anwendbar seien. Sie enthielten „für nahezu alle Bereiche anerkannte Grundsätze für die Ermittlung des Verkehrswerts von Grundstücken." Ob sie für alle Sachverständigen verbindlich sind, ließ das Gericht offen.

Nach heutiger Bewertungspraxis zur Bestimmung des objektiven Werts nach der Ertragswertmethode gemäß § 194 BauGB i. V. m. §§ 17 ff. ImmoWertV sind die tatsächlich erzielten Miet- oder Pachtzinsen nicht stets, wohl aber regelmäßig eine geeignete Grundlage zur Ermittlung des objektiven Werts des vermieteten oder verpachteten Gegenstands. Nach dem Richtlinienentwurf zur Ermittlung des Ertragswerts (Ertragswertrichtlinie – EW-RL) vom 5.5.2014, der der Konkretisierung der §§ 17 ff. ImmoWertV dienen soll, ist für die Ermittlung der Höhe des Rohertrags der tatsächlich erzielte Ertrag zunächst heranzuziehen – nur wenn eine erhebliche Abweichung von dem Marktüblichen positiv festgestellt wird, wird er nicht bei der Wertbestimmung verwendet (5 Abs. 5 des Entwurfs). Zu betonen ist, dass dem in der Literatur immer wieder thematisierten Verhandlungsgeschick des Schuldners von der Bewertungspraxis keine Bedeutung beigemessen wird. In der Realität vorgefundene Veräußerungswerte (auch Nutzungsentgelte als „Veräußerung einer Nutzung" bei einer Wertbestimmung nach dem Ertragswertverfahren[262]) werden zwar bei der Bewertung nur (unkorrigiert) herangezogen, wenn sie nicht durch „ungewöhnliche oder persönliche Verhältnisse" beeinflusst sind. Aus Sicht der Bewertungspraxis geht es bei den herauszufilternden Werten aber nicht um solche, deren Abweichung von den übrigen Daten auf ein besonderes Verhandlungs*geschick* zurückzuführen ist. Bei den zu korrigierenden Ausreißerfällen handelt es sich aus Sicht der Bewertungspraxis vielmehr um Veräußerungswerte, die durch besondere Verhältnisse hinsichtlich der Verhandlungs*macht* oder des Verhandlungs*willens* der Parteien geprägt sind. Ungewöhnliche Verhältnisse liegen insbesondere vor, wenn ein Preis in einer Zwangs- oder Drucksituation für eine Partei zustande kommt[263] (Verhandlungsmacht) oder zwischen den Parteien besondere Bindungen verwandtschaftlicher, wirtschaftlicher oder sonstiger Art bestehen[264] (Verhandlungswille). Unter Verhandlungsmacht (bzw. –ohnmacht) ist die aufgrund der Veräußerungsumstände (nicht: aufgrund der persönlichen Fähigkeiten) vorhandene oder fehlende Fähigkeit einer Partei, ihr Interesse (an der Vereinbarung eines möglichst hohen oder niedrigen Preises) gegenüber ihrem Verhandlungspartner durchzusetzen zu verstehen. Mit dem vorhandenen oder fehlenden Verhandlungswillen wird

262 Vgl. §§ 17 ff. ImmoWertV.

263 Ernst/Zinkhahn/*Kleiber*, § 7 ImmoWertV, Rn. 2. Vgl. auch § 6 Abs. 2 Nr. 2 und 3 WertV 88/98 (Vorgängernorm zu § 7 ImmoWertV 2010).

264 Siehe obige Fn.

hier der Umstand bezeichnet, ob eine Partei überhaupt dieses Interesse verfolgt, d.h. einen möglichst hohen (bzw. niedrigen) Preis durchsetzen möchte. Bereits aus normativen Gründen können manche Fälle ungewöhnlicher Verhandlungsmacht nicht einbezogen werden. Wird eine besondere Zwangslage einer Partei von der anderen ausgebeutet, ist die rechtliche Grenze des § 138 Abs. 2 BGB (speziell für Mieten bei Ausnutzen eines geringen Angebots: § 5 WiStG i. V. m. § 134 BGB) überschritten; das missbräuchliche Ausnutzen einer marktbeherrschenden Stellung kann die Nichtigkeit nach §§ 134 BGB i. V. m. § 19 GWB nach sich ziehen.

Demnach erscheint die tatsächliche Vermutung, das Verhalten des Schuldners habe im Einzelfall keinen oder nur einen vernachlässigbaren Einfluss auf den Wert des Bruttoertrags gerechtfertigt. Es kann tatsächlich vermutet werden, dass die erzielte Miete oder Pacht Frucht i. S. d. § 99 Abs. 3 BGB ist. Die Vermutung kann erschüttert werden, indem dargelegt und nachgewiesen wird, dass im Einzelfall ungewöhnliche oder persönliche Verhältnisse vorlagen, oder dass die erzielte Miete oder Pacht bei dem üblichen Nutzungsentgelt bei vergleichbaren Gegenständen abweicht. Nur in solchen Ausnahmefällen ist somit bei Miet- und Pachtzinsen eine teleologische Reduktion des § 99 Abs. 3 BGB vorzunehmen.

Auch die herrschende Ansicht in der bereicherungsrechtlichen Literatur unterstellt, dass regelmäßig kein nach der Verkehrsanschauung relevanter Einfluss des Schuldners auf den erzielten Erlös bei der Veräußerung von Gütern gegeben ist. Im Zusammenhang mit den Streitigkeiten um § 818 Abs. 1, 2. Var. BGB (Umfasst der Surrogatanspruch auch das rechtsgeschäftlich erlangte Surrogat in Form des bei der Veräußerung konkret erzielten Kaufpreises?) und § 816 Abs. 1 S. 1 BGB (Ist der konkret erzielte Kaufpreis das durch die Verfügung Erlangte?) wird angenommen, dass der Schuldner nur den objektiven Wert (§ 818 Abs. 2 BGB) herauszugeben habe. Es sei jedoch zu vermuten, dass der konkret erzielte Erlös den objektiven Wert aus Ex-post-Sicht darstellt[265]. Dass der Schuldner einen relevanten Einfluss ausübt, stelle einen „Ausreißer“ dar. Die Beispiele, die für solche Ausreißer angeführt werden, sind im Übrigen nicht solche, in denen der „schuldnerspezifische“ Faktor[266] das Verhandlungsgeschick ist. Durch das „Geschäftsrenommee“ und die „Kenntnis besonders günstiger Verkaufsmöglichkeiten“[267], die angeführt werden, nimmt der Schuldner Einfluss

265 Staudinger/*Lorenz*, § 818 Rn. 27; MünchKommBGB/*Schwab*, § 818 Rn. 42; *Larenz/Canaris*, Schuldrecht II/2, 277, 278.

266 *Larenz/Canaris*, Schuldrecht II/2, 278.

267 *Larenz/Canaris*, Schuldrecht II/2, 278.

auf den Preis durch Einwirkung auf die subjektive Nutzenpräferenz der Nachfrager bzw. durch Erreichen eines besonderen Nachfragerkreises.

Anders ist die Lage bei gezogenen **Darlehenszinsen**. Darlehenszinsen können zwar unter den Wortlaut des § 99 Abs. 3 BGB gefasst werden[268]; der ratio der Norm entspricht das aber nicht. § 99 Abs. 3 BGB ist daher teleologisch zu reduzieren. Die wirtschaftliche Stellung, aus der der konkrete Schuldner agiert und die von ihm gewählte Anlageform (insbesondere Anlagedauer und Verzinsungsart) haben nämlich erheblichen Einfluss auf den erzielten Zins[269]. Der Schuldner beeinflusst den im Einzelfall erzielten Zins.

2. Analoge Anwendung des § 99 BGB?

Die analoge Anwendung setzt eine Gesetzeslücke für einen Fall voraus, der der ratio legis unterfällt. Eine Gesetzeslücke kann ohne Bedenken mit Blick auf die Fälle der ersparten Zinsen und der Unternehmenserträge bejaht werden. Es gibt keine nachweisbare, bewusste gesetzgeberische Entscheidung gegen ihre Erfassung. Der Gesetzgeber hat sich auch wenig mit dem Unternehmen als Gegenstand von Transaktionen beschäftigt[270]. Die ratio legis des § 99 BGB müsste jedoch auch einschlägig sein. Bei den ersparten Zinsen und den Unternehmenserträgen müsste es sich um Erträge handeln, auf deren Wert der ordnungsgemäß handelnde Schuldner keinen oder nur einen nach der Verkehrsanschauung vernachlässigbaren Einfluss hat.

Bei den ersparten Zinsen ist das nicht der Fall. Der Schuldner bestimmt durch sein Ausfallrisiko und durch seine Wahl der Kreditart den Zins[271].

Bei den Unternehmenserträgen ist zu differenzieren[272]. Die unter den Begriff des „Unternehmens" zu fassenden Gegenstände sind äußerst vielfältig. Der

---

268 Siehe oben S. 55. zur Lage bei Entstehung der Norm.

269 So auch MünchKommBGB/*Schwab*, § 818 Rn. 13: Es gebe keinen üblichen Anlagezins. Das wird aber als Argument dafür gebraucht, dass der gezogene Ertrag herauszugeben ist, weil ein objektiver Gebrauchswert nicht feststellbar sei.

270 MünchKommBGB/*Schwab*, § 818 Rn. 33.

271 Da bereits die gezogenen Zinsen aus dem Anwendungsbereich des § 99 Abs. 3 BGB ausgeschlossen wurden, ist das Argument der Rechtsprechung, die ersparten Zinsen entsprächen wirtschaftlich den gezogenen Zinsen, hinfällig.

272 Vgl. *Petrazycki*, Einkommen Bd. II, S. 412, zum römischen Recht: „Das römische Recht warnt: „Das Wesen des Unternehmergewinnes besteht nicht darin, dass er ein lucrum ex re ist. Wenn es so wäre, müsste man dem Künstler, welcher ein fremdes Atelier mit anderen Werkzeugen der Kunst besitzt (instructam et ornatam medicinae exercendae causa tabernam dedit. Cicero pro Cluentio 63, 178), den durch

Einfluss des Rechtsinhabers auf den Unternehmensertrag kann nicht vorhanden bis erheblich sein. Er hängt davon ab, ob und wie der Rechtsinhaber sich im Unternehmen persönlich betätigt. Größe und Leistungsangebot des Unternehmens sind in diesem Zusammenhang relevant. In kleinen und mittelständischen Unternehmen ist typischerweise ein erheblicher Einfluss des Eigentümers gegeben, weil Inhaberschaft, Kapitalgeberschaft und Leitung in einer Partei verschmelzen[273]. Laut den von dem Institut der Wirtschaftsprüfer in Deutschland herausgegebenen und für die Wirtschaftsprüfer-Praxis relevanten[274] Grundsätzen zur Durchführung von Unternehmensbewertungen (IDW S1 i. d. F. 2008) ist „bei kleinen und mittelgroßen Unternehmen die Höhe der (...) finanziellen Überschüsse maßgeblich vom persönlichen Engagement und den persönlichen Kenntnissen, Fähigkeiten und Beziehungen der Eigentümer abhängig"[275]. Auch die Rechtsprechung geht im Übrigen davon aus, dass bei „inhaberbezogenen" Unternehmen, zu denen die kleineren freiberuflichen Kanzleien und Praxen zählen, „die unternehmerischen Fähigkeiten des Eigentümers Wohl und Wehe des Unternehmens bestimmen" und „der Erfolg in erheblichem Maße auch von der Person des Inhabers" abhängt[276]. Bei der Bewertung solcher Unternehmen können konkreter Unternehmenserfolg und Unternehmer nicht getrennt

die Ausübung der Kunst gezogenen Gewinn dem dominus tabernae restituieren lassen. Das Wesen des Unternehmergewinnes kann auch nicht als lucrum ex persona charakterisiert werden; sonst könnte man den Besitzer eines fremden fundus nicht die fructus percepti restituieren lassen. Ausser Arbeit und Kapital (wohin wir auch den fundus rechnen) giebt es keine anderen Produktionsfaktoren. Dann bleibt also nichts übrig, als den Unternehmergewinn bald auf das Kapital, bald auf die Arbeit zurückzuführen." So spricht das römische Recht und wir glauben, dass es das Richtige trifft."

273 Vgl. *Zinsch*, Bewertung mittelständischer Unternehmen, S. 68.

274 Der IDW S1 soll die Berufsauffassung der Wirtschaftsprüfer zur Evaluation von Unternehmen angeben: „Dieser *IDW Standard* legt (...) die Grundsätze dar, nach denen Wirtschaftsprüfer Unternehmen bewerten" (IDW S1 2008, Rn. 1). Gemäß § 4 Abs. 9 der Satzung des IDW (i. d. F. v. 19.9.2005) haben Wirtschaftsprüfer, die Mitglieder des IDW sind, grundsätzlich zu beachten.

275 IDW S1 i. d. F. 2008, 8.3.2. (S. 36/37); vgl. auch 8.3 (S. 35): „Besonderheiten bei der Bewertung von kleinen und mittelgroßen Unternehmen können sich (...) insbesondere aus der Tatsache ergeben, dass sie im Gegensatz zu großen Unternehmen oftmals nicht über ein von den Unternehmenseignern weitgehend unabhängiges Management verfügen, sodass der unternehmerischen Fähigkeit der Eigentümer erhebliche Bedeutung zukommt."

276 BGHZ 188, 282, 290 (zum Zugewinnausgleich nach §§ 1373 ff BGB).

voneinander betrachtet[277] werden. Bei Unternehmen ist daher eine Betrachtung des individuellen Unternehmens erforderlich.

II. Körperliche Erträge

Bei den körperlichen Erträgen kann der Fruchtbegriff über die Wert- und Realverteilung entscheiden. Praktisch dürfte in den (ohnehin seltenen) Fällen, in denen körperliche Erträge mit dem Restitutionsgegenstand gezogen wurden, aber nur über die Wertverteilung zu entscheiden sein. Die körperlichen Erträge werden in der Regel zügig veräußert (oder (heute seltener) verbraucht). Wenn nur über die Wertverteilung zu entscheiden ist, ist wie in den Fällen unkörperlicher Erträge zu verfahren: Die gezogenen Erträge sind nur von solchen Restitutionsgegenständen herauszugeben, bei denen der Nutzende, der im Rahmen der ordnungsgemäßen Wirtschaft handelt, keinen oder nur einen vernachlässigbaren Einfluss auf den Bruttoertragswert hat. Ist ausnahmsweise auch über die Zuordnung der körperlichen Erträge zu entscheiden, wäre für die Einordnung als Frucht auf der Ebene der Realverteilung zu fordern, dass ein im Rahmen der ordnungsgemäßen Wirtschaft handelnder Nutzer keinen relevanten Einfluss auf die Art des Ertrags ausübt. Ob zwei Erträge gleicher Art sind, entschiede sich nicht nach physischer oder chemischer Identität, sondern nach der Verkehrsauffassung.

Angesichts der seit der römischrechtlichen Entscheidung über die Einordnung der natürlichen Erzeugnisse als Früchte vergangenen Zeit und der in dieser erreichten technologischen Entwicklungen stellt sich die Frage, ob § 99 BGB teleologisch zu reduzieren ist. Aufgrund der technischen Fortschritte in der Landwirtschaft sind neue Handlungs- und Entscheidungsspielräume des Bewirtschaftenden entstanden, die ihm größeren Einfluss auf den erzielbaren Bruttoertrag geben[278]. Es ist dennoch zu verzeichnen, dass bei der Bestimmung des objektiven Ertragswerts eines Landguts in der (die Verkehrsanschauung reflektierenden) Bewertungspraxis in der Regel bei der Aufstellung der Ertragsprognose auf den bisher konkret erzielten Ertrag abgestellt wird. Der konkret erzielte

277 *Herrle*, Bewertung KMU, S. 4. Vgl. auch *Hackspiel*, M&A Review 3/2010, S. 131 ff., S. 133: „Bei KMU ist das Schicksal des Unternehmens von den Fähigkeiten des Managements, weniger der Kunden und Lieferanten sowie der Marktmacht der Wettbewerber abhängig".

278 Zum Einfluss des Bewirtschaftenden vgl. (bereits zu Anfang des 20. Jahrhunderts) *Aereboe*, S. 196; zum theoretischen Ansatz, dass der faktisch erzielte Ertrag nicht angesetzt werden kann: *Aereboe*, S. 227.

Bruttoertrag wird als Anhaltspunkt genommen, und es erfolgt nur im Einzelfall eine Korrektur wegen des Verhaltens des Bewirtschaftenden, etwa wenn dieser gegen die Regeln der ordnungsgemäßen Wirtschaft verstieß: Im Anwendungsbereich des § 2049 BGB ist beispielsweise der Ertragswert des Landguts für die Bestimmung der Pflichtteilsansprüche (§ 2312 BGB) maßgeblich (der Landguterbe wird durch die auf den im Verhältnis zum Verkehrswert geringeren Ertragswert abstellende Norm privilegiert, weil nach der Ansicht des Gesetzgebers die Fortführung landwirtschaftlicher Betriebe im öffentlichen Interesse liegt). Für die Berechnung des Ertragswerts ist eine Ertragsprognose erforderlich. Die Grundlagen der Ermittlung sind der bisherigen Bewirtschaftung zu entnehmen, nur „ggf. unter Einbeziehung von deren Ordnungsmäßigkeit als Korrektiv"[279]. Hintergrund dieser Praxis ist es, dass es bei der Bewirtschaftung eines bestimmten landwirtschaftlichen Grundstücks ein durch seine Eigenschaften (Ort und klimatische Verhältnisse, Bodenqualität, Hangverhältnisse) bestimmtes übliches, die heute verfügbaren Technologien einsetzendes Verhalten gibt, bei dem die Ertragsvariation gering ist. Demgemäß wird nach § 163 des (im Bereich der Bundesabgaben relevanten) Bewertungsgesetzes[280] bei der Bewertung der Ertragsfähigkeit eines landwirtschaftlichen Grundstücks nicht der individuelle Rohertrag, sondern ein (nach Betriebsort, -typ, und -größe bestimmter) pauschalierter Reinertrag verwendet[281]. Die Abweichungen der Erträge, die bei einer ordnungsgemäßen Bewirtschaftung auftreten können, werden als so gering angesehen, dass ein pauschaler Wert als repräsentativ gewertet werden kann.

Es kann zwar nicht der Satz aufgestellt werden, dass der im Rahmen der ordnungsgemäßen Wirtschaft handelnde Schuldner auf den Bruttoertrag stets keinen oder einen nur vernachlässigbaren Einfluss hat[282] und damit, dass der Bruttoertrag ausnahmslos als Frucht zu qualifizieren ist. Eine entsprechende tatsächliche Vermutung ist allerdings gerechtfertigt. Die Vermutung kann erschüttert werden, indem dargelegt und nachgewiesen wird, dass das Verhalten des Schuldners im Einzelfall in sich in positiv auswirkender Weise außerhalb des Üblichen lag. Der Beweis des Gegenteils (vgl. § 292 ZPO), nämlich dass das Verhalten des Schuldners einen bei einer Ertragsprognose korrekturbedürftigen Einfluss hatte, muss nicht erbracht werden. Ist die tatsächliche Vermutung

279 MünchKommBGB/*Ann*, § 2049 Rn. 11.

280 Bewertungsgesetz in der Fassung der Bekanntmachung vom 1. Februar 1991 (BGBl. I S. 230), das zuletzt durch Artikel 20 des Gesetzes vom 26. Juni 2013 (BGBl. I S. 1809) geändert worden ist.

281 Zur Bewertung im Einzelnen: Rössler/Troll/*Eisele*, § 163 Rn. 2 ff.

282 Siehe bereits *Aereboe*, Taxation, S. 196.

erschüttert, müsste die andere Partei nachweisen, dass der im Einzelfall erzielte Bruttoertrag nicht oder nur in vernachlässigbarer Weise vom Verhalten des Schuldners beeinflusst wurde; d.h., dass zur Bestimmung des objektiven Nutzungswerts des Gegenstandes dennoch der konkrete Bruttoertrag anzusetzen ist, weil das unübliche Verhalten des Schuldners keinen Einfluss auf den Ertrag hatte. Gelingt der Beweis nicht, ist der Bruttoertrag nicht als Frucht i. S. d. § 99 BGB zu bewerten.

Somit ist § 99 Abs. 1, Abs. 2 BGB bezüglich der natürlichen Früchte nur in Ausnahmefällen teleologisch zu reduzieren. Es besteht eine Vermutung dafür, dass es sich bei dem konkreten Bruttoertrag um eine Frucht handelt.

E. Zusammenfassung zum Problem der „Gewinnherausgabe" nach §§ 818 Abs. 1, 1. Var., 99 BGB

Die im ersten Hauptteil dieser Arbeit zu untersuchende Frage war, wann der Nutzungsausgleich gemäß § 818 Abs. 1, 1. Var. BGB durch Herausgabe des konkret vom Schuldner unter Einsatz des Restitutionsgegenstands erzielten Bruttoertrags (abzüglich der Aufwendungen i. S. v. § 102 BGB) erfolgt. Hierüber entscheidet auf den ersten Blick § 99 BGB, auf den § 818 Abs. 1, 1. Var. BGB durch die Verwendung des Fruchtbegriffs verweist. Ist § 99 BGB nicht anwendbar, findet der Nutzungsausgleich gemäß §§ 818 Abs. 1, 1. Var, Abs. 2, 100 2. Var. BGB durch objektiven Wertersatz für den Gebrauchsvorteil statt, d.h. durch Zahlung des objektiven Nutzungsentgelts.

Die Frage wird in der Literatur als Problem der „Gewinnherausgabe" diskutiert. Unter einer „echten" Gewinnherausgabe ist eine Haftung zu verstehen, bei der alle vom Schuldner erzielten Vorteile, inklusive des Gewinns, der Frucht seiner Leistung ist, herauszugeben sind (Abschöpfungsgedanke). Bei einer „unechten" Gewinnherausgabe ist der Schuldner hingegen nur zur Herausgabe eines Gewinns verpflichtet, weil dieser dem Gläubiger gebührt (Zuweisungsgedanke). Eine vorteilsorientierte Haftung wie die bereicherungsrechtliche Haftung kann auf den Abschöpfungs- oder Zuweisungsgedanken beruhen. Nach herrschender Ansicht stellt der bereicherungsrechtliche Hauptanspruch eine Haftung im letzteren Sinn dar. Der bereicherungsrechtliche Hauptanspruch verpflichtet den Schuldner zur Herausgabe oder zum Ersatz der Vorteile, die dem Gläubiger gebühren. Nicht herauszugeben sind die Früchte seiner Leistung.

Stellte der Anspruch gemäß §§ 818 Abs. 1, 1. Var., 99 BGB einen echten Gewinnherausgabeanspruch dar, bestünde ein Wertungswiderspruch zwischen bereicherungsrechtlichem Haupt- und Nebenanspruch. Es spricht indes nichts dafür, dass der Anspruch auf diese Weise zu verstehen ist. § 99 BGB erfasst nicht alle mit dem Restitutionsgegenstand erzielten Bruttoerträge. Die Norm soll nur Vorteile erfassen, deren „Quelle" der Gegenstand ist. Vor allem ist aber Folgendes zu bedenken: *Wenn § 99 BGB in den Restitutionsverhältnissen anwendbar ist, denen der Zuweisungsgedanke zugrundeliegt, besitzt die Norm im Zweifel eine Zuordnungsfunktion im Sinne der Verteilung der Vorteile unter Bewertung der zu ihrer Entstehung beitragenden „Produktionsfaktoren"*.

Dass § 99 BGB eine derartige Funktion hat, wird in der Literatur bestritten, weil die Norm auch im Rahmen der Nutzungsverhältnisse Anwendung findet. In diesen Verhältnissen erfolgt eine (zeitweise) Abspaltung der Nutzungsbefugnis vom Vollrecht. Es müssen die Vorteile des Gebrauchs von den übrigen, durch das Vollrecht vermittelten Vorteilen abgegrenzt werden. Für die Zuordnung von durch den Gebrauch erzielten Vorteilen an den Pächter spielt es keine Rolle, ob ein mithilfe des überlassenen Gegenstands erzielter Ertrag dem Gegenstand oder einem sonstigen Produktionsfaktor zuzuordnen ist, weil der Pächter, der das Nutzungsrecht hat, auch die Arbeitsleistungen (selbst oder durch andere) erbringt oder sonstige Aufwendungen tätigt. Die in den Nutzungsverhältnissen relevante Funktion der Abgrenzung von Nutzungs- und Vollrecht hat mit der Zuordnungsfunktion nichts zu tun.

Hieraus lässt sich jedoch nicht zwingend schließen, dass § 99 BGB keine Zuordnungsfunktion hat. Weil die Norm ein kasuistischer, Fallgruppen beschreibender Tatbestand ist, kann er mehrere *abstrakte Fruchtbegriffe* beinhalten. § 99 BGB muss nicht allein an den Nutzungs- *oder* Restitutionsgegenständen ausgerichtet sein – und ist es auch nicht, wie die Entstehungsgeschichte zeigt. Der einheitliche Fruchtbegriff lässt sich dadurch erklären, dass zunächst verschiedene abstrakte Fruchtbegriffe im Kontext der Nutzungs- und Restitutionsverhältnisse existierten, aber bestimmte reale Erträge unter beide subsumiert werden konnten, so dass eine gemeinsame Beschreibung der Früchte und die Entstehung eines einheitlichen Fruchtbegriffs möglich waren. § 99 BGB hat seine Ursprünge im römischen Recht, wo bestimmte, durch die Nutzung einer Sache erzielten Vorteile in Restitutionsverhältnissen, aber genauso in Nutzungsverhältnissen als *fructus* bezeichnet wurden. Die Einordnung eines Vorteils als *fructus* bei einer einzelnen Sachentscheidung zur Restitution oder zum Umfang des Fruchtziehungsrechts wird nach dem im jeweiligen Verhältnis relevanten Interessenkonflikt entschieden worden sein. Das römische Recht war auch nicht von begrifflicher Präzision geprägt. Nur weil es zweimal den gleichen Begriff verwendete, kann nicht angenommen werden, dass hiermit in beiden Fällen das gleiche gemeint war. *Fructus* wurde beispielsweise sowohl als Bezeichnung für den körperlichen Ertrag (beim Eigentumserwerb), als auch für dessen Nettowert gebraucht. Erst recht kann nicht angenommen werden, dass die gleichen materiellrechtlichen Erwägungen hinter der Einordnung von bestimmten Vorteilen als *fructus* in verschiedenen Kontexten standen. In der Pandektistik hat man aber aufgrund der Übereinstimmung der Bezeichnung bestimmter Sacherträge als *fructus* in Restitutions- und Nutzungsverhältnissen einen einheitlichen Fruchtbegriff entwickelt. Dieser wurde vom BGB-Gesetzgeber übernommen. Es existierte nicht zuerst ein nutzungsrechtlicher Fruchtbegriff, der später (fehlerhaft) auf die Restitutionsverhältnisse übertragen wurde, sondern es bestanden zunächst zwei verschiedene Fruchtbegriffe, die später zu einem zusammengefasst wurden.

Wenn auch §§ 818 Abs. 1, 1. Var., 99 BGB der Zuweisungsgedanke zugrundeliegt und dementsprechend angenommen werden kann, dass § 99 BGB in den Restitutionsverhältnissen eine Zuordnungsfunktion hat, ist kein Wertungswiderspruch von bereicherungsrechtlichem Haupt- und Nebenanspruch bezüglich der (Nicht-)Anordnung einer echten Gewinnherausgabe gegeben. Ein Konflikt kann nur mit Blick auf die Konkretisierung des Zuweisungsgedankens durch die herrschende Ansicht im Rahmen des Hauptanspruchs bestehen. Die herrschende Ansicht füllt den Zuweisungsgedanken dahingehend aus, dass nur der gegenständliche Vorteil (z.B. die Nutzung an sich) und dessen objektiver Wert dem Gläubiger zugeordnet ist, nicht hingegen ein durch den Schuldner erlangter, wertmäßiger Vorteil, der über den objektiven Wert hinausgeht (Gewinn). Zu prüfen war, ob § 99 BGB eine andere Konkretisierung des Zuweisungsgedanken beinhaltet.

Um festzustellen, ob ein Widerspruch besteht, musste die Gemeinsamkeit der von § 99 BGB sicher erfassten Fällen vor dem Hintergrund des abstrakten Zuweisungsgedanken herausgearbeitet werden. Die Sachverhalte wurden induktiv aus historischer Sicht analysiert. Die Vorteile *können* als Bruttoerträge interpretiert werden, auf deren Art und Höhe der Schuldner, der im Rahmen der ordnungsgemäßen Wirtschaft handelt, keinen oder nur einen nach der Verkehrsanschauung vernachlässigbaren Einfluss hat. Diese Interpretation erscheint plausibel, weil das römische Recht zwei Möglichkeiten des Nutzungsausgleichs kannte – neben der Fruchtherausgabe gab es den Ersatz des Gebrauchsvorteils durch Zahlung eines objektiven Nutzungsentgelts. Werden die Früchte im obigen Sinn interpretiert, stellt der Ausgleich über die Früchte die Leistung des objektiven Ertragswerts der Nutzung (mit gleichzeitiger Möglichkeit eines Naturalausgleichs) dar, so dass die beiden Nutzungsausgleichsmechanismen kohärent sind.

Nach dieser Interpretation besteht kein Widerspruch zwischen dem in § 99 BGB konkretisierten Zuweisungsgehalt und der herrschenden Ansicht im Rahmen des bereicherungsrechtlichen Hauptanspruchs. § 99 BGB ordnet Gewinne nicht dem Gläubiger zu, weil es in den Sachverhalten des § 99 BGB keinen Gewinn i. S. einer positiven Differenz zwischen Ertrag und objektivem Wert gibt. §§ 818 Abs. 1, 1. Var., 99 BGB begründen auch keinen „unechten" Gewinnherausgabeanspruch.

Im Ergebnis ist festzuhalten, dass der in § 99 BGB verankerte restitutionsrechtliche Fruchtbegriff nur Erträge erfasst, auf deren Art und Wert der individuelle Schuldner, der den Gegenstand ordnungsgemäß zur Ertragserzielung einsetzt, keinen oder einen nach der Verkehrsanschauung als vernachlässigbar bewerteten Einfluss hat. Der Ausgleich der Nutzung über §§ 99, 102 BGB gewährt einen objektiven Ertragswert der Nutzung mit gleichzeitiger Möglichkeit eines Naturalausgleichs. Über §§ 818 Abs. 1, 1. Var., 99 BGB erhält der Gläubiger den durch den tatsächlichen Erfolg des Schuldners begrenzten objektiven Wert der Nutzung. § 99 BGB ist in den Restitutionsverhältnissen nach diesem Kriterium teleologisch durch Reduktion und Analogie weiterzuentwickeln. In Abweichung von der herrschenden Ansicht sind konkret gezogene oder ersparte Zinsen keine Früchte; die konkreten Unternehmenserträge können, aber müssen keine Früchte sein. Miet- und Pachtzinsen sowie Sacherzeugnisse sind (nur) in der Regel Früchte. Es kann „Ausreißerfälle" geben. Das gefundene Ergebnis weicht von der in der Literatur vertretenen Mindermeinung ab, weil nach dieser Miet- und Pachtzinsen nie Früchte und Sacherzeugnisse stets Früchte sind.

Methodologisch unterscheidet sich die hiesige Arbeit von der herrschenden Ansicht dadurch, dass hier eine teleologische Auslegung des § 99 BGB befürwortet wird, die auf einer Induktion der *nach Heranziehung des Gesetzeswortlauts und der Motive sicher von § 99 BGB erfassten* Sachverhalte vor dem Hintergrund des Zuweisungsgedankens *aus historischer Sicht* beruht. Die Rechtsprechung und herrschende Literaturansicht halten sich strikt an den Wortlaut des § 99 BGB und begreifen dann (eher instinktiv) die Gemeinsamkeit der Fälle dahingehend, dass für die Erträge „keine besondere persönliche Leistung" des Schuldners ursächlich ist. Von der in der Literatur vertretenen Mindermeinung unterscheidet sich die hiesige Ansicht methodologisch, weil § 99 BGB nicht nur eine Funktion i. R. d. Nutzungsverhältnisse zugesprochen wird, um ihm dann jegliche Bedeutung für die Restitutionsverhältnisse abzusprechen. Stattdessen wird eine Bedeutung des § 99 BGB für beide Bereiche angenommen. Im jeweiligen Bereich werden die Sachverhalte des § 99 BGB (nur) vor dem Hintergrund der jeweils relevanten Funktion interpretiert. Dies führt entsprechend der Mindermeinung zu zwei verschiedenen Fruchtbegriffen. Nach hier vertretener Ansicht sind aber beide aus § 99 BGB herauszuarbeiten; der restitutionsrechtliche Fruchtbegriff wird nicht selbstständig, d.h. unabhängig vom Gesetz entwickelt. Der Fruchtbegriff ist (in Abweichung zum Verständnis *Hagmanns*) im Rahmen aller Restitutionsverhältnisse der gleiche.

Die doppelte Funktion des § 99 BGB führt zur Entwicklung eines dualen Fruchtbegriffs. Der einheitliche Fruchtbegriff für Nutzungs- und Restitutionsverhältnisse in § 99 BGB war von Anfang an zum Scheitern verurteilt, weil eine einheitliche teleologische Weiterentwicklung aufgrund der doppelten Funktion nicht möglich ist. Die Weiterentwicklung führt zur Zersplitterung. Insoweit hat der Sachenrechtsredaktor *Johow* mit seiner unbeachtet gebliebenen Warnung, dass, wenn der Unterschied der Früchte im Sinne des Bezugsrechts und der Erstattungspflicht übersehen wird, der Fruchtbegriff „an bedenklicher Prinziplosigkeit und darum Grenzunsicherheit"[283] leiden werde, Recht behalten. Bei der teleologischen Fortentwicklung, der Anpassung der Norm an veränderte wirtschaftliche Verhältnisse ist zu unterscheiden, welche Funktion relevant ist. Für die Nutzungsverhältnisse bedeutet das, dass Früchte Erträge sind, die nicht auf Kosten der Substanz des Gegenstands gezogen werden, wobei nicht nach naturwissenschaftlichen Grundsätzen, sondern nach der Verkehrsanschauung abzugrenzen ist.

283 Siehe S. 31.

§ 3 Der Ausgleich über §§ 818 Abs. 1 S. 1, 1. Var., 100 2. Var. BGB und die Bestimmung der Gebrauchsvorteile

Wie in der Einleitung bereits erörtert, ist unter „Gebrauchsvorteil" i. S. v. § 100 2. Var. BGB nach allgemeiner und zutreffender Ansicht der Gebrauch „an sich", d.h. die gegenständliche Nutzung des Restitutionsgegenstands und nicht ein separater Folgevorteil, etwa in Gestalt eines Vermögenserfolgs oder einer ersparten Aufwendung, zu verstehen. Der unkörperliche, zwingend transitorische Vorteil des in Anspruch genommenen Gebrauchs kann nicht in Natur herausgegeben werden, so dass gemäß § 818 Abs. 2 BGB objektiver Wertersatz zu leisten ist.

A. Die Ziehung des Gebrauchsvorteils

Die erste Frage, die sich im Zusammenhang mit dem Gebrauchsvorteil stellt, ist, wann dieser „gezogen" wurde. Wann wurde, mit anderen Worten, der Gebrauch überhaupt erlangt? Denkbar wäre, auf die Nutzungsmöglichkeit oder auf die tatsächliche Nutzung abzustellen.

I. Meinungsstand bei primären und sekundären Nutzungen und die Notwendigkeit der Gleichbehandlung beider Fälle

Nach der Rechtsprechung[284] und der herrschenden Ansicht in der Literatur[285] gilt, dass nur die tatsächliche Nutzung den Ausgleichsanspruch auslöst. Verlangt wird der „tatsächliche Einsatz", also z. B. „das Wohnen in einem Haus, das Fahren mit einem Kraftfahrzeug, die Benutzung von Möbeln"[286].

Die zitierten Entscheidungen der Rechtsprechung enthalten keine Begründung – vermutlich wird die gewählte Lösung wegen des Wortlauts des § 818 Abs. 1, 1. Var. BGB („gezogen") für evident zutreffend gehalten. In einer Entscheidung zur gleichen Frage im Rahmen des bereicherungsrechtlichen Hauptanspruchs (primärer

284 BGH NJOZ 2007, 1189, 1193; BGH NJW 1998, 2529, 2530; BGHZ 115, 268, 270; BGHZ 102, 41, 47.

285 MünchKommBGB/*Schwab*, § 818 Rn. 8; Palandt/*Sprau*, § 818 Rn. 10; Prütting/Wegen/Weinreich/*Prütting*, § 818 Rn. 5, 7; *Würthwein*, Schadensersatz, S. 104; *Kaiser*, Rückabwicklung, S. 402.

286 *Würthwein*, Schadensersatz, S. 104.

Nutzungsanspruch) im Jahr 2013[287] sah sich der BGH jedoch veranlasst, ausführlicher Stellung zu nehmen. In der Literatur wird nämlich von vielen Autoren vertreten, dass das Erlangte bei dem *primären* Nutzungsanspruch die objektive Nutzungsmöglichkeit sei[288]. In dem vom Gericht zu entscheidenden Fall ging es um den Ausgleich für die Bereitstellung eines Telefonfestnetz- und Internetanschlusses (Flatrate) in einem Zeitraum, in dem der DSL-Anschlussvertrag bereits wirksam gekündigt worden war. Das Berufungsgericht hatte festgestellt, dass der Beklagte seinen Telefonfestnetz- und Internetanschluss in dem relevanten Zeitraum nur in geringem Umfang genutzt hatte. Die Zahlungspflicht sah es in einem aufgrund der Feststellungen zum Umfang der tatsächlichen Inanspruchnahme des Anschlusses bestimmten prozentualen Anteil des vereinbarten Flatrate-Tarifs. Diese Vorgehensweise war aus Sicht des BGH nicht zu beanstanden. Sei das primär Erlangte i. S. v. § 812 BGB eine Nutzung, komme ein Bereicherungsausgleich nur in Betracht, wenn diese tatsächlich gezogen worden sei. Maßgeblich sei deshalb die tatsächliche Inanspruchnahme des Internet- bzw. Telefonanschlusses. Begründet wurde dies mit dem bereicherungsrechtlichen Grundsatz, dass das Vermögen des Schuldners durch den Anspruch nicht vermindert werden darf (Schädigungsverbot). Da der Bereicherungsanspruch lediglich darauf gerichtet sei, eine tatsächlich erlangte rechtsgrundlose Bereicherung abzuschöpfen und sie demjenigen zuzuführen, dem sie nach der Rechtsordnung gebührt, könne von einer Bereicherung nur gesprochen werden, wenn und soweit der Bereicherte eine echte Vermögensvermehrung erfahren hat[289].

Wie die Rechtsprechung sehen sich auch die Literaturstimmen, die i. R. d. §§ 818 Abs. 1, 1. Var., 100 2. Var. BGB die tatsächliche Nutzung des Restitutionsgegenstands für maßgeblich halten, nicht veranlasst, die Ansicht zu begründen. Zur Begründung des Abstellens auf die tatsächliche Nutzung bei dem primären Nutzungsanspruch wird mit Blick auf die nichtigen Gebrauchsüberlassungsverträge (z. B. nichtiger Sachüberlassungsvertrag) in Ergänzung der Argumente der Rechtsprechung angeführt, dass der Bereicherungsschuldner bei einer Leistung aufgrund nichtigen Mietvertrags „gerade nicht jene Nutzungsmöglichkeit, die

---

287 BGH, NJW 2013, 2021, 2023.

288 Vgl. Erman/*Buck-Heeb*, § 818 Rn. 10; MünchKomm BGB/*Lieb*, § 812 Rn. 357 ff., Rn. 369, § 818 Rn. 12 ff.; Staudinger/*Lorenz*, § 818 Rn. 13; BeckOK/*Wendehorst*, § 812 Rn. 57.

289 BGH, NJW 2013, 2021, 2023. Angeführt wird (wie auch häufig in der Literatur) ebenfalls, dass es einen Gleichlauf von primärem und sekundärem Nutzungsanspruch geben müsse. Dass bei letzterem die tatsächliche Nutzung maßgeblich ist, wird unterstellt.

derjenigen bei einem wirksamen Mietvertrag entspreche“, erlange, weil es wegen der Nichtigkeit des Mietvertrags an der Instandhaltungspflicht des Vermieters aus § 535 Abs. 1 S. 2 BGB fehle[290].

Die Mindermeinung[291], die i. R. d. §§ 818 Abs. 1, 1. Var., 100 2. Var. BGB auf die Nutzungsmöglichkeit abstellen möchte, führt zur Begründung die Notwendigkeit der Vermeidung einer Gewinnherausgabe an. Die Literaturansicht, die bei dem primären Nutzungsanspruch das Erlangte in der Nutzungsmöglichkeit sieht, trägt zur Rechtfertigung vor, dass (nur) diese geleistet werde und daher auch nur diese Gegenstand des Bereicherungsanspruchs sein könne[292]. Zum anderen sei es Sache des Mieters, was er mit der Nutzungsmöglichkeit mache; wenn er die tatsächliche Nutzung unterlasse, sei dies seine vermögensmäßige Entscheidung[293].

Zunächst ist klarzustellen, dass aus hiesiger Sicht eine Gleichbehandlung der primären und sekundären Nutzungen im Hinblick auf die Frage, ob die Nutzungsmöglichkeit oder die tatsächliche Nutzung den Ausgleichsanspruch begründet, zwingend ist[294]. Ob ein dingliches Recht auf den Gebrauch (z.B. Nießbrauch) oder das (noch weitere Befugnisse umfassende) Vollrecht an dem Gegenstand neben dem Gebrauch geleistet wurde, ist bei der Beurteilung des Gebrauchsvorteils irrelevant. Sacherwerbs- und Sachnutzungsverträge müssen hinsichtlich des Gebrauchsvorteils gleichbehandelt werden. Der Unterschied zwischen Kauf und Miete manifestiert sich nicht in der Beschreibung, sondern in der Bewertung des Vorteils[295].

Wird der Ansicht gefolgt, dass die Nutzungsabwicklung nichtiger Sachüberlassungsverträge (z.B. Miete oder Pacht) aufgrund des die Nutzung vermittelnden Besitzes gemäß § 818 Abs. 1, 1. Var. BGB erfolgt[296], spricht weiterhin für die Gleichbehandlung, dass es für die Bestimmung des Gebrauchsvorteils bei den Nutzungsverträgen keinen Unterschied machen kann, ob die Nutzung an einem körperlichen oder unkörperlichen Gegenstand, bzw., ob bei einem körperlichen Gegenstand der Besitz eingeräumt wurde. In den letzten Fällen kann die Anwendung des § 818 Abs. 1, 1. Var. BGB mangels Besitzes nicht konstruiert werden,

---

290 MünchKommBGB/*Schwab*, § 818 Rn. 27.
291 BeckOK/*Wendehorst*, § 818 Rn. 18 (unklar allerdings bei § 812 Rn. 57).
292 BeckOK/*Wendehorst*, § 812 Rn. 57.
293 *Flume*, GS Knobbe-Keuk, S. 111, 125.
294 Konsequent daher jedenfalls BGH, NJW 2013, 2021, 2023.
295 MünchKommBGB/*Schwab* § 818 Rn. 27.
296 So z.B. MünchKommBGB/*Schwab* § 818 Rn. 28, 30, 38.

so dass sie über § 812 Abs. 1 S. 1, 1. Var. BGB gelöst werden müssen, und es zur abweichenden Behandlung käme.

Letztlich spricht gegen eine Ungleichbehandlung, dass die Anwendung von primärem oder sekundärem Nutzungsanspruch bei der bereicherungsrechtlichen Abwicklung nichtiger Veräußerungsverträge (z.B. Sach[297]- oder Rechtskauf) teilweise davon abhängt, ob das dingliche Veräußerungsgeschäft wirksam ist. Das ist jedenfalls bei einer Leistung eines nicht mit Sachbesitz verbundenen Rechts der Fall, denn in diesen Fällen kann bei unwirksamem Verfügungsgeschäft die Nutzung nicht als Annex des Rechts, und auch nicht als Annex des Besitzes betrachtet werden. Bei mit Sachbesitz verbundenen Rechten ist für die Frage entscheidend, ob der Besitz als die Nutzung vermittelnde Hauptgegenstand des Bereicherungsanspruchs betrachtet wird[298]. Die Wirksamkeit des Verfügungsgeschäfts kann sich aber nicht auf die Beurteilung des Gebrauchsvorteils auswirken. Das Trennungsprinzip bezweckt nur, Dritte im Rechtsverkehr zu schützen; seine Durchbrechung kann sich daher nur auf Drittinteressen auswirken (insbesondere, ob bzw. unter welchen Voraussetzungen ein Erwerb des Gegenstands möglich ist). Inter partes hat die dingliche Zuordnung eines Gegenstands zur einen oder anderen Partei keine Bedeutung. Es ist auch nicht ersichtlich, wie die Umstände, die zur Unwirksamkeit der Verfügung führen, eine Privilegierung des Sachleistenden (dahingehend, dass er nun auch Ausgleich für die reine Nutzungsmöglichkeit erhält) rechtfertigen könnten. Unabhängig von der Frage, ob und wie die „besondere Schutzwürdigkeit" einer Partei in Fällen der Doppelnichtigkeit den Anspruch zu dessen Gunsten beeinflussen kann, ist nämlich zu bedenken, dass die schutzwürdige Partei auf beiden Seiten der Transaktion stehen kann[299]. Der Geschäftsunfähige kann Erwerber sein. Die durch seine Geschäftsunfähigkeit bewirkte Doppelnichtigkeit[300] bedeutete, dass er auf der Ebene der Anspruchsentstehung (d.h. vorbehaltlich § 818 Abs. 3 BGB) schlechter gestellt wäre (Haftung für die Nutzungsmöglichkeit) als bei einfacher Nichtigkeit, obwohl die Doppelnichtigkeit in seiner besonderen Schutzwürdigkeit begründet liegt.

---

297 Auch bei „doppelnichtigen" Sachübereignungen ist nach der herrschenden Literaturansicht das Bereicherungsrecht, und nicht das Eigentümer-Besitzer-Verhältnis, anwendbar, weil die §§ 812 ff. BGB vorrangig die Abwicklung von fehlgeschlagenen Verträgen regeln (vgl. BeckOK/*Wendehorst*, § 812 Rn. 75).

298 So z.B. MünchKommBGB/*Schwab* § 818 Rn. 21, 30, 38.

299 Siehe bereits S. 47.

300 Auch bei beschränkt Geschäftsfähigen könnte diese Rechtsfolge eintreten. Der dingliche Erwerb ist nicht zwingend vorteilhaft bzw. neutral.

II. Analyse der Argumente für die tatsächliche Benutzung

1. Wortlaut des § 818 Abs. 1, 1. Var. BGB und Gesetzessystematik

Der Verwendung des Begriffs „gezogen“ in § 818 Abs. 1, 1. Var. BGB bringt zum Ausdruck, dass ein Vorteil vom Schuldner erlangt worden sein muss. Hieraus folgt aber nicht zwingend, dass der Anspruch eine tatsächliche Benutzung voraussetzt. Auch die Nutzungsmöglichkeit kann als Vorteil gesehen werden. Durch das Abstellen auf die Nutzungsmöglichkeit wird nicht in Frage gestellt, dass der Schuldner einen Vorteil erlangen muss. In Frage gestellt wird nur, welche Position als Vorteil zu betrachten ist.

Möglicherweise sprechen aber gesetzessystematische Erwägungen für die Maßgeblichkeit der tatsächlichen Nutzung. In § 987 Abs. 2 BGB, der gemäß §§ 818 Abs. 4, 819 Abs. 1, 292 BGB nach Rechtshängigkeit des Bereicherungsanspruchs und bei Bösgläubigkeit des Schuldners anzuwenden ist, wird eine Haftung für nicht gezogene Nutzungen angeordnet. Wenn bei den „gezogenen Gebrauchsvorteilen“ auf die Nutzungsmöglichkeit abgestellt wird, kann es keine „nicht gezogenen“ Gebrauchsvorteile geben. Man könnte deshalb meinen, dass gegen das Abstellen auf die Nutzungsmöglichkeit gesetzessystematisch die Differenzierung in § 987 Abs. 1 und 2 BGB streitet.

Sicherlich ist § 987 BGB zu entnehmen, dass der Haftungsumfang bei dem gutgläubigen und dem bösgläubigen bzw. verklagten Schuldner unterschiedlich sein muss[301]. Das ist er allerdings auch, wenn auf die Nutzungsmöglichkeit abgestellt wird. Der gutgläubige Bereicherungsschuldner hat nämlich, anders als der bösgläubige oder verklagte Schuldner, noch die Möglichkeit, sich auf § 818 Abs. 3 BGB zu berufen.

Aus der Differenzierung könnte aber ebenfalls zu schließen sein, dass sich der unterschiedliche Haftungsumfang bereits auf der Ebene der Anspruchsentstehung ergeben muss. Sicherlich ist eine solche Unterscheidung bei den Früchten angelegt – weshalb die in der Regelung enthaltene Differenzierung durch ein Abstellen auf die Nutzungsmöglichkeit bei den Gebrauchsvorteilen jedenfalls nicht gegenstandslos wäre.

Dass die Differenzierung in § 987 BGB nicht für ein Abstellen auf die tatsächliche Nutzung streitet, ergibt sich daraus, dass sie nicht auf die Nutzungen

301 So wohl auch BGH, NJW 2013, 2021, 2023: „Überdies steht diese Auffassung im Widerspruch zu § 818 Abs. 4, § 819 Abs. 1, § 292 Abs. 2 und § 987 Abs. 2 BGB, nach denen Ersatz für nicht gezogene Nutzungen lediglich der bösgläubige oder verklagte Schuldner zu leisten hat und dies auch nur, soweit ihn ein Verschulden trifft.“

in Gestalt der Gebrauchsvorteile ausgerichtet ist[302]. Sie ist nämlich auf Gegenstände ausgerichtet, bei denen die (objektiven) *Regeln der ordnungsgemäßen Wirtschaftsführung* die Erlangung eines bestimmten Vorteils vorgeben. Bei fruchttragenden Gegenständen ist das der Fall (s. o.); bei den übrigen Gegenständen, die Gebrauchsvorteile gewähren, aber nicht. Die Regeln der ordnungsgemäßen Wirtschaft geben nicht vor, dass ein Vorteil in Form eines bestimmten Ertrags oder der tatsächlichen Nutzung gezogen werden muss. Evident ist das bei konsumtiv genutzten Gegenständen. Die Nutzung dient nicht der Ertragserzielung, sondern der Befriedigung der Bedürfnisse des Schuldners. Der Schuldner entscheidet frei, wie er seine Bedürfnisse befriedigt[303]. Man ist nicht dazu verpflichtet, mit dem Privatfahrzeug zu fahren oder bestimmte Kleidung zu tragen. Auch bei den zur Ertragserzielung eingesetzten Gegenständen, die keine Früchte gewähren, geben die Regeln der ordnungsgemäßen Wirtschaft nicht die Erzielung eines *bestimmten* Ertrags vor, weil der Schuldner innerhalb der Regeln zu viele Spielräume hat. Die Regeln der ordnungsgemäßen Wirtschaft geben auch nicht vor, dass der Gegenstand tatsächlich genutzt werden muss. Hat der Schuldner z. B. Maschinen erworben, die in seinem Produktionsbetrieb eingesetzt werden, hängt die Wirtschaftlichkeit des Einsatzes der Maschinen von vielen individuellen Faktoren ab. Es kann aufgrund der speziellen Markt- oder Unternehmenssituation angebracht sein, den Einsatz zu unterlassen (d.h., die Produktion einzuschränken). Auch wenn bei der „Ziehung" von Gebrauchsvorteilen auf die tatsächliche Nutzung abgestellt wird, wird also keine differenzierte Haftung für gezogene und nicht gezogene Nutzungen erreicht.

§ 987 BGB streitet daher nicht für ein Abstellen auf die tatsächliche Nutzung. Die Norm spricht bei genauer Betrachtung sogar *gegen* diese Verfahrensweise. Aus § 987 Abs. 2 BGB lässt sich nämlich entnehmen, dass eine Haftung des bösgläubigen bzw. verklagten Schuldners für die Nutzungsmöglichkeit intendiert ist[304]. Wird bei den gezogenen Nutzungen auf die tatsächliche Nutzung abgestellt, kann eine solche Haftung aber nicht zwingend konstruiert werden. Wie oben dargelegt, kann sie nicht unter § 987 Abs. 2 BGB subsumiert werden. Nur wenn bei den gezogenen Nutzungen bereits auf die Nutzungsmöglichkeit abgestellt wird, haftet der bösgläubige oder verklagte Schuldner (über § 987 Abs. 1 BGB) hierfür. Gegen diesen Lösungsweg kann nicht angeführt werden, dass durch das Abstellen auf die Nutzungsmöglichkeit i. R. d. § 987 Abs. 1 BGB ein Widerspruch

302 So auch *Würthwein*, Schadensersatz, S. 189 ff., 128.

303 *Würthwein*, Schadensersatz, S. 189.

304 So im Ergebnis auch BGH NJW-RR 2005, 1542.

zur Wertung des § 987 Abs. 2 BGB, dass der verklagte oder bösgläubige Schuldner nur für Verschulden einstehen muss, entsteht[305]. Richtig ist zwar, dass eine bereicherungsunabhängige Haftung prinzipiell durch Verschulden gerechtfertigt sein muss. Die Haftung über § 987 Abs. 1 BGB setzt nach dem Wortlaut kein Verschulden voraus, so dass bei Annahme der Ziehung des Gebrauchsvorteils bei einer Nutzungsmöglichkeit der Schuldner scheinbar bereicherungs- und verschuldensunabhängig für die Nutzungsmöglichkeit zahlen müsste. Von der wohl herrschenden Literaturansicht[306] wird entgegen dem Wortlaut des § 987 Abs. 1 BGB jedoch das Verschuldensprinzip in die Norm hineingelesen. Hintergrund der Ansicht ist, dass ansonsten der Schuldner für gezogene, aber anschließend (gegenständlich und dem Werte nach) weggefallene Früchte über seine Wertersatzpflicht ohne Verschulden (und natürlich auch ohne Bereicherung) haftete[307]. Auch wenn man dieser Ansicht nicht folgen mag, spricht die Problematik nicht gegen ein Abstellen auf die Nutzungsmöglichkeit, denn sie bestünde ebenfalls, wenn auf die tatsächliche Nutzung abgestellt wird[308].

Zuletzt erscheint der Gedanke nicht fernliegend, dass die Konstruktion des Nutzungsausgleichs bei fruchtragenden Gegenständen gesetzessystematisch für ein Abstellen auf die tatsächliche Nutzung spricht. Bei dem Ausgleich über die Früchte stellt das Gesetz auf einen konkreten Folgevorteil und nicht auf die Nutzungsmöglichkeit ab. Das Prinzip, dass der Schuldner nur bei (fortbestehender) tatsächlicher Bereicherung haftet (Entreicherungsgrundsatz), kommt daher bereits (teilweise[309]) bei § 818 Abs. 1, 1. Var. BGB, und nicht erst i. R. d. § 818 Abs. 3 BGB, zur Geltung. Dieser Unterschied ist auch nicht nur konstruktiver Natur. Das folgt daraus, dass § 818 Abs. 3 BGB Einschränkungen erfährt[310]. Weiterhin scheint sich der Unterschied auf die Verteilung der Beweislast auszuwirken. Während im Rahmen des § 818 Abs. 3 BGB der Schuldner darlegen und beweisen muss, dass kein Vermögensvorteil vorhanden ist, scheint diese prozessuale Obliegenheit im Rahmen des § 818 Abs. 1, 1. Var. BGB den Gläubiger zu treffen.

---

305 Vgl. BGH NJW-RR 2005, 1542.

306 MünchKommBGB/*Baldus*, § 987 Rn. 22; Staudinger/*Gursky*, § 987 Rn. 15; RGRK/*Pikart*, § 987 Rn. 43; Palandt//*Bassenge*, § 987 Rn. 4; a. A. scheinbar BGH NJW-RR 2005, 1542.

307 Vgl. MünchKommBGB/*Baldus*, § 987 Rn. 22.

308 Wie dargelegt, bestünde sie ohne Korrektur auch bei den Früchten.

309 Schon bei § 818 Abs. 1, 1. Var. BGB wird sichergestellt, dass der Nutzungsanspruch nur besteht, wenn ein Vermögensvorteil bei dem Schuldner entstanden ist. Hingegen ist nicht sichergestellt, dass er bei Rückabwicklung *noch* besteht.

310 Hierzu wird unter § 4 näher einzugehen sein.

Kohärenz zwischen den beiden Nutzungsausgleichsmethoden muss gewährleistet werden. Hieraus ist aber nicht unbedingt zu schließen, dass der Gebrauchsvorteilsausgleich an den Früchteausgleich anzupassen ist. Es wäre auch denkbar, umgekehrt zu verfahren. Diese Vorgehensweise erscheint plausibel, weil der Gebrauchsvorteilsausgleich zum bereicherungsrechtlichen Ausgleich bei den übrigen Vorteilstypen (außerhalb der Nutzungen) passt. Sie müsste aber auch rechtsmethodisch zulässig sein. Zweifel ergeben sich auf den ersten Blick, weil die Konstruktion des Früchteausgleichs gesetzlich angelegt ist. Der Wortlaut der §§ 818 Abs. 1, 1. Var. BGB, 99 BGB scheint zwingend vorzugeben, dass der Anspruch stets nur auf die tatsächlich gezogenen Nutzungen gerichtet und dass der Gläubiger darlegungs- und beweisbelastet ist.

Mit Blick auf die Frage, ob eine Haftung des Schuldners im Rahmen der §§ 818 Abs. 1, 1. Var., 99 BGB über die tatsächlich gezogenen Nutzungen (d.h. über die tatsächliche Bereicherung) entgegen dem Gesetzeswortlaut hinausgehen kann, ist diese Hürde aber schnell überwunden: Als die gesetzlichen Regeln geschaffen wurden, waren die Einschränkungen des § 818 Abs. 3 BGB noch nicht entwickelt worden. Es ist also möglich, dass die Nutzungsregeln aufgrund dieser Entwicklungen verändert werden (hierzu § 4). Schwieriger ist das Problem der Beweislast. Hier ist keine Entwicklung im Rahmen des § 818 Abs. 3 BGB festzustellen; bei der Norm war bereits bei Erlass des BGB klar, dass der Schuldner die Darlegungs- und Beweislast trägt. Eine historisch-systematische Analyse zeigt jedoch, dass auch im Rahmen der §§ 818 Abs. 1, 1. Var., 99 BGB die Darlegungs- und Beweislast nie den Gläubiger treffen sollte. Sicher ist nämlich zum einen, dass, wenn die Früchte erst einmal gezogen wurden, bei einem späteren Wegfall § 818 Abs. 3 BGB anwendbar ist. In diesem Fall trägt der Schuldner die Darlegungs- und Beweislast. Sicher ist zum anderen, dass der Gesetzgeber die Fälle, in denen eine „wirkliche Bereicherung nicht eingetreten“ und „eine eingetretene wieder weggefallen“ ist, hinsichtlich der Beweislast *gleich behandeln wollte*[311]. Sofern ein

311 Motive II, S. 836, 837 (zu § 739): „Bei der Vorschrift, daß der Leistende an Stelle des Geleisteten, wenn der Empfänger es herauszugeben außer Stande ist, den Werth des Geleisteten zu vergüten habe, geht der Entwurf von der Unterstellung aus, daß regelmäßig der Werth des Geleisteten in das Vermögen des Empfängers übergegangen ist und zur Zeit der Rechtshängigkeit sich noch voll in seinem Vermögen befindet, vorbehaltlich des dem Empfänger offenstehenden Beweises, daß eine wirkliche Bereicherung nicht eingetreten oder eine eingetretene wieder weggefallen sei.“ Für eine derartige Gleichbehandlung sprach sich auch der BGH im Flugreisefall (BGHZ 55, 128, 134) aus (als das Erlangte beim bereicherungsrechtlichen Hauptanspruch noch nicht gegenständlich betrachtet wurde): „Damit erscheint es aber durchaus als

– auch keine „wirkliche Bereicherung“ begründender – Vorteil erlangt wurde, soll der Schuldner die Beweislast tragen. Einen solchen (auch nicht durch den Hauptanspruch erfassten) Vorteil erlangt der Schuldner aber auch bei den fruchttragenden Gegenständen bereits mit der Nutzungsmöglichkeit: Auch hier wird im Rechtsverkehr die Nutzungsmöglichkeit als Vorteil gehandelt. Entgegen dem durch den Wortlaut der §§ 818 Abs. 1, 1. Var., 99 BGB begründeten Anschein muss der Schuldner, der einen fruchttragenden Gegenstand erlangt hat, darlegen und beweisen, dass er nicht die im Rahmen der ordnungsgemäßen Wirtschaft erzielbaren Erträge erworben hat. Einen Konflikt hinsichtlich der Beweislast beim Früchte- und Gebrauchsvorteilsausgleich, wenn bei den Gebrauchsvorteilen die Nutzungsmöglichkeit abgestellt wird, gab es daher nie. Ein materieller Unterschied zwischen dem Früchte- und Gebrauchsvorteilsausgleich kann sich nur ergeben, weil § 818 Abs. 3 BGB heute in bestimmten Fällen eingeschränkt wird; hier ist aber eine Anpassung der §§ 818 Abs. 1, 1. Var., 99 BGB möglich.

Der Wortlaut des bereicherungsrechtlichen Nutzungsanspruchs und die Gesetzessystematik lassen sich nach alldem nicht gegen ein Abstellen auf die Nutzungsmöglichkeit anführen.

2. *Das bereicherungsrechtliche Schädigungsverbot*

Der BGH legte in seiner Entscheidung aus dem Jahr 2013 besonderes Gewicht auf das Argument aus dem Schädigungsverbot. Mit dem Schädigungsverbot wird die (prinzipielle) Vorteilsabhängigkeit des verschuldensunabhängigen Bereicherungsanspruchs („etwas erlangt“, § 818 Abs. 3 BGB) negativ umschrieben. Das Gericht befürchtete, dass der Bereicherungsschuldner bei einem Abstellen auf die Nutzungsmöglichkeit auch haften muss, wenn keine „echte Vermögensmehrung“ vorliegt, d.h. kein Vermögensvorteil fortbesteht. Wie zutreffend in der Literatur ausgeführt[312], wäre das nur möglich, wenn man der Meinung wäre, die Nutzungsmöglichkeit könne als Vorteil nicht entfallen. Dieser (von einer Minderheit in der Literatur vertretenen[313]) Ansicht kann aber nicht gefolgt werden; die Nutzungsmöglichkeit ist (wie die tatsächliche Nutzung) zwingend vorübergehender Natur. Nach ihrer Natur fällt sie mit Zeitablauf gegenständlich

---

angebracht, ja sogar als geboten, Grundsätze, die für die Frage des eventuellen späteren Wegfalls einer Bereicherung aufgestellt worden sind, bei gleicher Interessenlage auf die Beurteilung zu übertragen, ob eine Bereicherung überhaupt eingetreten ist.“

312 MünchKommBGB/*Schwab*, § 818 Rn. 26.

313 *Koppensteiner*, NJW 1971, 1769, 1774; *Medicus*, NJW 1970, 667, 666; *Mestmäcker*, JZ 1958, 521, 524.

weg[314]. Möglich ist nach dem Wegfall nur, dass ein Vermögensvorteil dem Wert nach (ersparte Aufwendung) beim Schuldner fortbesteht. Insoweit verhindert die Anwendung von § 818 Abs. 3 BGB einen Verstoß gegen das bereicherungsrechtliche Schädigungsverbot.

Bezeichnenderweise kann auch das Abstellen auf die tatsächliche Nutzung nicht isoliert einen Verstoß gegen das Schädigungsverbot verhindern. Auch bei tatsächlicher Nutzung eines Gegenstands ist es möglich, dass keine echte Vermögensmehrung gegeben ist, etwa wenn eine aufgrund einer nichtigen Schenkung erlangte Sache, die sich der Beschenkte nicht selber geleistet hätte, konsumtiv genutzt wurde („Luxusnutzung"). Auch bei einem Abstellen auf die tatsächliche Nutzung bedarf es der Anwendung des § 818 Abs. 3, um eine vorteilsunabhängige Haftung auszuschließen. Um Verstöße gegen das Schädigungsverbot bereits bei dem Tatbestandsmerkmal „gezogen" auszuschließen, müsste man hier auf die ersparten Aufwendungen abstellen. Das bringt die früher herrschende Ansicht zum „Erlangten" bei den unkörperlichen Vorteilen (insb. Nutzungen und Dienstleistungen) in Erinnerung, von der sich auch die Rechtsprechung zwischenzeitlich im Wesentlichen abgewendet hat[315]. Das Fordern einer tatsächlichen Nutzung mutet daher als Schritt zurück an. Im Übrigen ist an der Sichtweise der Rechtsprechung ein weiterer Aspekt mit Blick auf die Vorteilsorientierung des Bereicherungsanspruchs problematisch: Durch das Abstellen auf die tatsächliche Nutzung kann ein Anspruch in Fällen ausgeschlossen sein, in denen ein echter Vermögensvorteil in Gestalt ersparter Aufwendungen vorliegt. Wenn z.B. dem Schuldner eine Nutzungsmöglichkeit eingeräumt wurde, die er nicht wahrgenommen hat, ist es dennoch möglich, dass er sich, wenn der nichtige Vertrag mit dem Gläubiger nicht zustande gekommen wäre, anderweitig entgeltlich die Nutzungsmöglichkeit eines gleichwertigen, austauschbaren Gegenstands beschafft, diese aber ebenfalls nicht ausgeschöpft hätte. Dann hätte der Schuldner trotz der unterlassenen tatsächlichen Nutzung Aufwendungen erspart.

Die Abhängigkeit des Bereicherungsanspruchs von einer „echten Vermögensmehrung" spricht im Ergebnis nicht für ein Abstellen auf die tatsächliche Nutzung. Das Abstellen auf die tatsächliche Nutzung ist weder notwendig, noch geeignet, um seine Durchsetzung zu sichern. Schlimmer noch: Das Abstellen auf die tatsächliche Nutzung kann einen Ausgleich verhindern, obwohl ein Vermögensvorteil vorliegt.

---

314 Vgl. *Canaris,* JZ 1971, 560, 561; MünchKommBGB/*Schwab,* § 818 Rn. 26.

315 Vgl. allerdings MünchKommBGB/*Schwab,* § 812 Rn. 16 ff., und BeckOK/*Wendehorst,* § 812 Rn. 54, zur „schwankenden" (*Wendehorst,* aaO) Dogmatik.

3. *Keine vollwertige Nutzungsmöglichkeit?*

Zur Begründung des Abstellens auf die tatsächliche Nutzung wird letztlich angeführt, dass der Bereicherungsschuldner bei einer Leistung aufgrund nichtigen Mietvertrags gerade nicht jene Nutzungsmöglichkeit, die derjenigen bei einem wirksamen Mietvertrag entspreche[316], erlange, weil es wegen der Nichtigkeit des Mietvertrags an der Instandhaltungspflicht des Vermieters aus § 535 Abs. 1 S. 2 BGB fehle. Wie ist aber dann der (wohl häufige) Fall zu beurteilen, in dem der auf die Wirksamkeit des Vertrags vertrauende Vermieter Instandhaltungsarbeiten vornahm oder solche gar nicht notwendig waren (und dem Vermieter somit bei Vertragswirksamkeit keine Pflichtverletzung vorzuwerfen wäre)? In diesen Fällen entspräche die Leistung, die der Mieter erlangt hat, durchaus der bei einem wirksamen Vertrag. Es ist im Bereicherungsrecht auch nicht entscheidend, ob ein Recht auf die empfangene Leistung bestand; das Bereicherungsrecht soll *gerade* den Ausgleich in Fällen gewähren, in denen kein Recht auf die Leistung bestand. In den Fällen, in denen der Vermieter nicht faktisch die Instandhaltungspflicht erfüllte, erscheint es ebenfalls nicht zwingend, den Bereicherungsanspruch von der tatsächlichen Nutzung abhängig zu machen. Die Erfüllung der Instandhaltungspflicht betrifft bei unbefangener Betrachtung nicht die Frage, ob ein Vorteil erlangt wurde, sondern *welcher* Vorteil. Ihre Nichterfüllung mindert die Qualität des Vorteils und den Wert. Es erscheint daher vorzugswürdig, wie bei der Leistung einer mangelhaften Sache aufgrund nichtigen Kaufvertrags[317], die vor der Rückabwicklung untergegangen ist, oder einer mangelhaften Dienst-[318] oder Werkleistung[319] die Mangelhaftigkeit der Leistung im Vergleich zur (vermeintlich) vertraglich geschuldeten Leistung bei der Bestimmung des objektiven Werts zu berücksichtigen.

III. Die Schwierigkeit der Konkretisierung der „tatsächlichen Nutzung“ und die objektive Bestimmung des Vorteils

Aus hiesiger Sicht liegt ein evidentes Problem beim Abstellen auf die tatsächliche Nutzung darin, dass nicht allgemein gesagt werden kann, wann eine „tatsächliche Nutzung“ eines Gegenstands vorliegt[320]. In der Literatur wird angeführt,

316 *Canaris*, FS Lorenz, S. 19, 49; MünchKommBGB/*Schwab*, § 818 Rn. 27.

317 *Larenz/Canaris*, Schuldrecht II/2, S. 275.

318 OLG Naumburg, Urteil v. 11.2.2010 – 1 U 84/09 (zweiter Leitsatz).

319 BGHZ 111, 308, 314.

320 Eine andere Frage wäre, wie der (problematische) Nachweis eines solchen Vorteils durch den Gläubiger geführt werden kann.

dass das Wohnen in einem Haus, das Fahren mit einem Auto und die Benutzung von Möbeln tatsächliche Nutzungen darstellen. Der BGH geht davon aus, dass ein aufgrund eines Flatrate-Vertrags geleisteter Internetanschluss tatsächlich genutzt wird, wenn der Schuldner den Internetanschluss aktiv nutzt[321]. Mit Blick auf die Literaturbeispiele ist festzustellen, dass die Konkretisierungen die Subsumtionsprobleme nicht beseitigen (wobei der Hinweis auf die „Benutzung" von Möbeln ohnehin keine Konkretisierung ist[322]). Ist der tatsächliche Aufenthalt für das „Wohnen" entscheidend, oder reicht es aus, dass die Partei sich regelmäßig dort aufhält? Wie ist die Lage hinsichtlich der Mietwohnung, wenn sie im Urlaub ist? Reicht die sporadische Nutzung einer Wohnung als Feriendomizil? Ist ein Fahren mit dem Fahrzeug nur gegeben, wenn dieses sich in Bewegung befindet? Oder muss sich die Partei nur in dem Fahrzeug befinden? Ändert sich die Beurteilung, wenn aus Sicht der Partei der Zweck des (Luxus-)Fahrzeugs nicht (vornehmlich) die Fortbewegung, sondern die Erlangung von Ansehen ist (Funktion als Statussymbol)? Vieles erscheint möglich – und jede Entscheidung für eine Betrachtungsweise erscheint willkürlich.

Das Problem hängt damit zusammen, dass die Beurteilung des Vorteils subjektiv ist. Worin ein Vorteil zu sehen ist, hängt von der Einschätzung der individuellen Partei ab. Parteien haben unterschiedliche Auffassungen darüber, worin der Vorteil einer Nutzung liegt. Gegen eine subjektive und für eine objektive Bestimmung spricht prima facie die Tatsache, dass der Wert objektiv definiert wird. Es erscheint problematisch, bzgl. der Bewertung eines Vorteils auf eine objektive Ermittlung abzustellen, aber nicht bzgl. des Vorteils. Wenn der objektive Vorteil festgestellt werden soll, muss danach gefragt werden, was im Rechtsverkehr als Vorteil angesehen wird, d.h., was Gegenstand von Transaktionen ist. Veräußert wird im Rechtsverkehr in der Regel[323] die *Nutzungsmöglichkeit*, nicht die tatsächliche Nutzung. Wenn der Vorteil „objektiv" bestimmt werden soll, ist in der Regel die Nutzungsmöglichkeit anzusetzen.

---

321 BGH, NJW 2013, 2021, 2024.

322 Wie sollte auch die Nutzung von Möbeln konkretisiert werden, ohne auf die Nutzungsmöglichkeit abzustellen? Ein entsprechendes Problem stellte sich dem AG Hildesheim (Urteil v. 11.3.2008 – 43 C 192/07): Gegenstand des Rechtsstreits war der Ausgleich von gezogenen Gebrauchsvorteilen eines Laptops gemäß §§ 346 Abs. 1 S. 1, Abs. 2 Nr. 1, 100 BGB. Bezeichnenderweise stellte das Gericht, obwohl es nur die Pflicht zum Ausgleich tatsächlich angefallener Gebrauchsvorteile anerkennt, auf die *Möglichkeit der tatsächlichen Nutzung* (Rn. 17) ab.

323 So auch bei einer Internet- und Telefonflatrate, wie im vom BGH entschiedenen Fall; anders z.B. bei zeit- oder volumenabhängigen Preisen.

Das entscheidende Argument für die objektive Bestimmung des Vorteils ist aber aus hiesiger Sicht, dass außerhalb der Nutzungsfälle entsprechend verfahren wird[324]. Bei Dienst- oder Werkleistungen wird nach heute herrschender Ansicht[325] das Erlangte in der Tätigkeit bzw. dem Erfolg gesehen, d.h. in den Positionen, die im Verkehr als Vorteile gehandelt werden. Ob die Tätigkeit bzw. der Erfolg subjektiv als Vorteil bewertet wird, ist irrelevant. Ebenso wird bei einem Sacherwerb die Sache selbst als Erlangtes betrachtet. Bei einem Verbrauch oder einem sonstigen Wegfall ist für die Entstehung des Wertersatzanspruchs unerheblich, ob ein subjektiver Vorteil vorliegt[326]. Subjektive Aspekte finden erst auf der Ebene des § 818 Abs. 3 BGB Beachtung. Dass eine Gleichbehandlung der Nutzungskonstellationen und der übrigen Bereicherungsfälle erforderlich ist, wird insbesondere an den Verbrauchsfällen deutlich. Die Unterscheidung von Verbrauch und Gebrauch ist künstlich: Ein Gebrauch ist in der Regel ein zeitlich gestreckter Verbrauch[327]. Es gibt daher keinen Grund, die Fälle unterschiedlich zu handhaben.

Ob subjektive Elemente bereits bei der Vorteilserlangung oder erst im Rahmen des § 818 Abs. 3 BGB berücksichtigt werden, stellt, wie bereits erörtert, nicht nur einen konstruktiven Unterschied dar. § 818 Abs. 3 BGB erfährt nach heutiger Anschauung verschiedene Einschränkungen. Der bösgläubige Schuldner kann sich nicht auf die Entreicherung berufen (quasikontraktliche Haftung unabhängig von einer Bereicherung). Bei der Rückabwicklung von gegenseitigen Verträgen findet nach der Rechtsprechung die Saldotheorie Anwendung. Zuletzt trifft im Rahmen des § 818 Abs. 3 BGB die Beweislast den Schuldner.

Im Ergebnis stellt daher in den bereicherungsrechtlichen Nutzungsfällen in der Regel die Nutzungsmöglichkeit den maßgeblichen Vorteil dar. Nur wenn

---

324 Im Anwendungsbereich des § 951 BGB weicht die Rechtsprechung allerdings von dem Prinzip ab (BGH NJW 1962, 2293 f.; BGH WM 1966, 369, 370; OLG Hamburg NZM 2002, 3118); dies wird in der Literatur kritisch gesehen, vgl. hierzu MünchKommBGB/*Füller*, § 951, Rn.7.

325 Vgl. MünchKommBGB/*Schwab* § 812 Rn. 16 ff. Die ältere Rechtsprechung stellte bekanntlich bei Dienst- und Werkleistungen auf die ersparten Aufwendungen ab (z.B. BGHZ 55, 128, 134 – Flugreisefall). Die neuere Rechtsprechung scheint die gegenständliche Betrachtung angenommen zu haben; vgl. BGH NJW 2000, 1560, 1562; OLG Naumburg, Urteil v. 11.2.2010 - 1 U 84/09 (erster Leitsatz).

326 Dass Erlangte muss zwingend die Sache selbst sein, um eine Herausgabe in Natur zu ermöglichen; der Anspruchsinhalt kann sich nicht durch den Wegfall der Sache ändern. Eine (ältere) „Ausreißerentscheidung" stellt allerdings BGHZ 14, 7, 9 dar.

327 Siehe oben S. 50.

im Rechtsverkehr die tatsächliche Nutzung als Gegenstand der Transaktion betrachtet wird, ist hierauf abzustellen.

B. Der Wert des gezogenen Gebrauchsvorteils

Da die Herausgabe des Gebrauchsvorteils in Natur nicht möglich ist, muss (vorbehaltlich § 818 Abs. 3 BGB) gemäß § 818 Abs. 2 BGB sein Wert geleistet werden. An die Stelle des Herausgabeanspruchs tritt ein Anspruch auf Zahlung eines Geldbetrags. In der Literatur wird darüber gestritten, ob der Wert i. R. d. § 818 Abs. 2 BGB „objektiv" oder „subjektiv" zu bestimmen ist. Der Streit um den Wertbegriff spielt sich vornehmlich im Zusammenhang mit der Eingriffskondiktion ab[328]. Die herrschende Meinung geht von der Maßgeblichkeit des objektiven Werts aus. Der objektive Wert wird als Wert „für Jedermann" verstanden; der subjektive als spezifischer Wert für den Bereicherungsschuldner.

Im Rahmen dieser Arbeit wird, wie bereits hinsichtlich der Auslegung des Tatbestandsmerkmals „auf Kosten", die herrschende Ansicht, die das Erlangte i. S. v. § 812 BGB gegenständlich, und den Wert i. S. v. § 818 Abs. 2 BGB objektiv bestimmt, als zutreffend unterstellt. Diese Fragen sind nicht Untersuchungsgegenstand der hiesigen Arbeit. Dennoch soll der Streitstand im Folgenden zunächst kurz skizziert werden, bevor im Anschluss näher auf den Begriff des objektiven Werts und seine Anwendung im Bereich der Gebrauchsvorteile eingegangen wird.

I. Der Streit um den objektiven oder subjektiven Wertbegriff im Rahmen des § 818 Abs. 2 BGB

Nach dem Willen des Gesetzgebers sollte im Rahmen des § 818 Abs. 2 BGB der objektive Wert zu ersetzen sein: Die Erste Kommission sprach in den Motiven von einer Pflicht zur Vergütung des gemeinen Werts[329]. Die Rechtsprechung folgt seit jeher der Auffassung der Gesetzesverfasser[330]. Im Schrifttum war lange Zeit unumstritten, dass im Rahmen des § 818 Abs. 2 BGB der objektive Wert anzusetzen sei[331]; die heute herrschende Ansicht im Schrifttum steht auf demselben

328 Vgl. *Larenz*, FS v. Caemmerer, S. 209, 210.

329 Motive II, S. 836 (zu § 739).

330 RGZ 86, 343, 347; 97, 310; 101, 389, 391; 147, 396, 398; ständige Rspr. auch des BGH, vgl. aus jüngerer Zeit z.B. BGHZ 168, 220, 239.

331 *Larenz*, FS v. Caemmerer, S. 209, 215.

Standpunkt[332]. Von einer Mindermeinung wird jedoch vertreten, dass § 818 Abs. 2 BGB allgemein[333] (oder zumindest in den Fällen eines Eingriffs durch einen Gutgläubigen[334]) auf den subjektiven Wert verweise.

1. *Identität mit dem Streit um die Gegenstands- oder Vermögensorientierung des Bereicherungsanspruchs*

Der Streit um den objektiven oder subjektiven Wertbegriff und der Streit um die Gegenstands- oder Vermögensorientierung des Bereicherungsanspruchs stellen in der Substanz identische Konflikte dar[335]. Es geht bei beiden Diskussionen um die Frage, ob die konkrete, tatsächlich beim Schuldner eingetretene Bereicherung bereits auf der Ebene der Anspruchsentstehung (§§ 812, 818 Abs. 2 BGB) oder erst im Rahmen der Entreicherungseinwendung zu berücksichtigen ist. Schauplatz des Streits um den Wertbegriff ist § 818 Abs. 2 BGB, während über die Gegenstands- oder Vermögensorientierung des Bereicherungsanspruchs im Rahmen des § 812 BGB („Erlangte") diskutiert wird. Mit Blick auf Vorteile wie Dienstleistungen und Nutzungen, bei denen eine Herausgabe in Natur von vornherein ausscheidet, findet die Diskussion zunächst im Rahmen des § 812 BGB statt[336]; mit Blick auf die übrigen Vorteile erst im Rahmen des § 818 Abs. 2 BGB. Es ist evident, dass bei Vorteilen, bei denen eine Herausgabe in Natur in Betracht kommt, die Bestimmung des Erlangten im Rahmen des § 812 BGB gegenständlich erfolgen muss, um die Herausgabe in Natur zu ermöglichen[337].

Historisch zeigt sich bei dem Streit um die Gegenstands- oder Vermögensorientierung interessanterweise eine andere Entwicklung als beim Wertbegriff. Nach der früher herrschenden vermögensorientierten Anschauung war mit Blick

332 *V. Caemmerer*, Bereicherung, S. 376, 377; *Larenz*, FS v. Caemmerer, S. 209, 218 ff.; *König*, FS v. Caemmerer, S. 179, 206; *Goetzke*, AcP 173 (1973), S. 289, 308 ff.; *Ellger*, Bereicherung durch Eingriff, S. 890 ff.; *Helms*, Gewinnherausgabe, S. 74; Staudinger/*Lorenz*, § 818 Rn. 26 ff.; MünchKommBGB/*Schwab*, § 818 Rn. 75 ff.; BeckOK/*Wendehorst*, § 818 Rn. 27; *Reuter/Martinek*, Bereicherung, S. 568; *Larenz/Canaris*, Schuldrecht II/2, S. 275.

333 *Koppensteiner*, NJW 1971, S. 1769, 1775; *Koppensteiner/Kramer*, Bereicherung, S. 169 ff; *Jakobs*, Eingriffserwerb, S. 162; *Kleinheyer*, JZ 1961, 473, 474; *Kellmann*, Gewinnhaftung, 1969, S. 130 ff.

334 *Reeb*, Bereicherungsrecht, S. 101 ff.

335 So auch *Reuter/Martinek*, Bereicherung, S. 568.

336 Soweit die gegenständliche Betrachtungsweise befürwortet wird, stellt sich die Diskussion zum zweiten Mal im Rahmen des § 818 Abs. 2 BGB.

337 *Larenz/Canaris*, Schuldrecht II/2, S. 254, 255.

auf Dienstleistungen und (primäre) Nutzungen das „Erlangte“ entweder im konkreten Verwendungserfolg des Schuldners oder in den vom Schuldner ersparten Aufwendungen zu sehen[338]. Auch die ältere Rechtsprechung vertrat diesen Standpunkt[339]. Im Anschluss an die Arbeiten *v. Caemmerers*[340] fand jedoch ein Wandel statt: Es setzte sich die Erkenntnis durch, dass auch bei unkörperlichen Vorteilen das Erlangte der Vorteil (d.h. z.B. die Dienstleistung oder Nutzung) an sich ist. Im Rahmen des § 812 Abs. 1 S. 1 BGB ist die tatsächliche Ersparnis oder der tatsächliche Vermögenserfolg des Schuldners noch nicht relevant. Diese Auffassung entspricht der heute ganz herrschenden Ansicht[341]. Auch die Rechtsprechung hat sie im Wesentlichen inzwischen angenommen[342].

2. *Argumente für die objektive und subjektive Anspruchsbestimmung*

Hinter den verschiedenen Auffassungen stehen zwei unterschiedliche Vorstellungen zum Grundkonzept des Bereicherungsanspruchs. Nach den Vertretern der objektiven Auffassung stellen §§ 812, 818 Abs. 2 BGB die zentralen Vorschriften des Bereicherungsrechts dar. Sie bestimmten den normalen Inhalt des Anspruchs; § 818 Abs. 3 BGB stelle eine Ausnahmeprivilegierung zugunsten des gutgläubigen Schuldners dar[343]. Die Vertreter der subjektiven Auffassung sehen § 818 Abs. 3 BGB als zentrale Regelung des Bereicherungsrechts; dementsprechend legen sie die §§ 812, 818 Abs. 2 BGB unter Heranziehung des Entreicherungsgrundsatzes aus[344].

Zur dogmatischen Begründung der objektiven Betrachtungsweise werden der Wortlaut des § 812 BGB und die Systematik der §§ 812, 818 BGB angeführt[345].

---

338 Vgl. bereits *Fischer*, FS Zitelmann, S. 10 ff. Der Schuldner hafte nicht auf das Erlangte, sondern auf die Bereicherung. Zur vermögensorientierten Betrachtungsweise siehe insbesondere *Wilburg*, Ungerechtfertigte Bereicherung, S. 122 ff; *Flume*, FS Niedermeyer, S. 103 ff; *Jakobs*, Eingriffserwerb, S. 24 ff. Umfassende Nachweise zur h.A. vor ca. 40 Jahren bei Koppensteiner, NJW 1971, S. 1769, 1774 (Fn. 68, 69) und *Batsch*, Vermögensverschiebung, S. 36 ff.

339 Siehe die Darstellung der älteren Rechtsprechung bei *Batsch*, Vermögensverschiebung, S. 31 ff. In der Flugreiseentscheidung (BGHZ 55, 128, 130 ff.) will der BGH scheinbar sowohl auf den Erfolg, als auch auf die Ersparnis abstellen.

340 *V. Caemmerer*, Bereicherung, S. 333 ff.

341 Staudinger/*Lorenz*, § 818 Rn. 1; *Larenz/Canaris*, Schuldrecht II/2, S. 254, 255.

342 Vgl. zu Dienstleistungen: BGH NJW 2000, 1560, 1562; zu Nutzungen: BGH NJW 2013, 2021, 2023.

343 *V. Caemmerer*, Bereicherung, S. 368.

344 Vgl. *Reeb*, Bereicherungsrecht, S. 98; *Koppensteiner* NJW 1971, S. 1769 ff., 1774.

345 Staudinger/*Lorenz*, § 818 Rn. 1; MünchKommBGB/*Schwab*, § 818 Rn. 78.

In § 812 BGB sei vom Erlangten und nicht von der Bereicherung die Rede. Erst im Rahmen des § 818 Abs. 3 BGB sei die tatsächliche Bereicherung maßgeblich. Wenn diese bereits im Rahmen des § 818 Abs. 2 BGB berücksichtigt werde, werde die Regelung des § 818 Abs. 3 BGB überflüssig[346]. Nach der subjektiven Auffassung müssten §§ 812, 818 Abs. 2 BGB vor dem Hintergrund des den Bereicherungsanspruch charakterisierenden (und daher im Titel des Abschnitts der §§ 812 ff. BGB reflektierten) § 818 Abs. 3 BGB interpretiert werden. Beide Ansichten reklamieren für sich Unterstützung in den Gesetzesmaterialien[347]. Die objektive Lehre kann auf den Hinweis auf den „gemeinen Wert" verweisen; die subjektive Theorie führt an[348], dass aus Sicht des Gesetzgebers ein Anspruch allgemein nur zugestanden werden sollte, „wenn der Empfänger nach seiner ganzen Vermögenslage im Augenblicke der Klage noch bereichert sei"[349].

Die Vertreter der objektiven Theorie führen substantiell gegen die Mindermeinung an, die Bestimmung des Erlangten dürfe nicht dazu führen, dass sich ein Bösgläubiger darauf berufen könne, durch die Nutzung oder Dienstleistung nichts erspart bzw. keinen Vermögenserfolg erzielt zu haben[350]. Die Vertreter der subjektiven Theorie tragen demgegenüber vor, die gegenständliche Bestimmung des Erlangten und die Objektivierung der Wertersatzpflicht könnten dazu führen, dass der gutgläubige Schuldner ohne Vorteil hafte, und somit einen Verstoß gegen das bereicherungsrechtliche Schädigungsverbot begründen[351]. Die Bedenken beider Ansichten sind allerdings unbegründet.

Anders als die Vertreter der objektiven Theorie annehmen, führt die von der Mindermeinung vertretene subjektive Ausgestaltung des Anspruchs im Rahmen der §§ 812, 818 Abs. 2 BGB nicht dazu, dass der bösgläubige Schuldner die Haftung auf den objektiven Wert abwenden kann, wenn kein konkreter Vermögenserfolg oder keine Ersparnis vorliegt. Auch die subjektive Theorie nimmt nämlich im Ergebnis eine Haftung des Bösgläubigen mindestens in Höhe des objektiven Werts des gegenständlich bestimmten Vorteils an[352]. Konstruiert wird diese, indem dem bösgläubigen Schuldner die Berufung auf die hypothetische Kausalität

346 *Helms*, Gewinnherausgabe, S. 74.

347 Vgl. Staudinger/*Lorenz*, § 818 Rn. 1.

348 Vgl. *Flume*, AcP 194 (1994), S. 438 (Fn. 30).

349 Mugdan II, S. 1184.

350 MünchKommBGB/*Schwab*, § 812 Rn. 18.

351 Z. B. *Koppensteiner*, NJW 1971, S. 1773 ff.; *Kleinheyer*, JZ 1961, S. 473, 475; *Mestmäcker*, JZ 1958, S. 524.

352 *Koppensteiner*, NJW 1971, S. 1769, 1775; *Jakobs*, Eingriffserwerb, S. 144 ff.; *Kleinheyer*, JZ 1961, S. 473, 476.

(hätte er den Vorteil nicht erlangt, hätte er sich den Vorteil nicht anderweitig entgeltlich beschafft) im Rahmen des § 818 Abs. 3 BGB unter Heranziehung des venire contra factum proprium-Verbots versagt wird[353]. Die objektive Theorie mag konstruktiv eleganter sein; im Ergebnis unterscheidet sie sich aber nicht von der subjektiven Theorie.

Die Bedenken der Vertreter des subjektiven Wertbegriffs erweisen sich ebenfalls als unbegründet. Auch die Vertreter der objektiven Theorie begrenzen die Haftung des (einseitig haftenden) gutgläubigen Schuldners in allen Fällen auf die tatsächliche Bereicherung. Die Vertreter der subjektiven Theorie nehmen an, dass die gegenständliche Bestimmung des Vorteils i. V. m. der objektiven Auslegung des Wertbegriffs im Fall von unkörperlichen Vorteilen wie Gebrauchsvorteilen oder Dienstleistungen zu einer Haftung des gutgläubigen Schuldners über die tatsächliche Bereicherung hinaus führt. Im Fall eines unkörperlichen Vorteils sei es möglich, dass von Anfang an keine Bereicherung vorhanden ist; § 818 Abs. 3 BGB erfasse aber nur den Fall des nachträglichen Wegfalls der Bereicherung[354]. Diese Annahme beruht darauf, dass nach dieser Norm die Herausgabe- oder Wertersatzpflicht ausgeschlossen ist, soweit der Schuldner nicht *mehr* bereichert ist. Eine analoge Anwendung sei nicht vorzunehmen, da die Möglichkeit bestehe, den Schuldner über den Wertbegriff zu schützen[355].

Nach der herrschenden Ansicht kann sich auch der Schuldner, der einen unkörperlichen Vorteil erlangt und von vornherein nicht durch diesen bereichert war, auf Entreicherung nach § 818 Abs. 3 BGB berufen[356]. Die Norm wird zumindest analog angewendet[357]. Ob es tatsächlich einer analogen Anwendung bedarf, ist zweifelhaft. In den Motiven steht ausdrücklich, dass der gemeine Wert vorbehaltlich des „Beweises, daß eine wirkliche Bereicherung *nicht eingetreten* oder eine eingetretene wieder weggefallen sei“[358], zu leisten sei. Nach dem Willen des Gesetzgebers sollte der Fall, in dem eine Bereicherung gar nicht erst eintritt, von § 818 Abs. 3 BGB erfasst werden. Eine Analogie als Mittel der Rechtsfortbildung

---

353 Siehe obige Fn.

354 *Koppensteiner*, NJW 1971, S. 1774 (Fn. 66).

355 *Koppensteiner*, NJW 1971, 1774.

356 Vgl. z.B. *Goetzke*, AcP 173 (1973), S. 289 ff., 319.; *Larenz*, FS v. Caemmerer, S. 211 ff, 223, 224; MünchKommBGB/*Schwab*, § 818 Rn. 76.

357 Für eine analoge Anwendung z.B. *Larenz*, FS v. Caemmerer, S. 223; *Gursky*, JR 1972, S. 279 ff., 282.

358 Motive II, S. 836, 837 (zu § 739) (Hervorhebung durch Verfasser). *Larenz* (FS v. Caemmerer, S. 209, 223) spricht dennoch von einem „vom Gesetzgeber nicht gesehenen Fall“.

ist aber nur erforderlich, wenn ein Gesetz auf einen Fall angewendet werden soll, den es nach seinem Wortlaut und auch nach den Intentionen des Gesetzgebers nicht erfassen sollte[359]. Ob eine direkte oder analoge Anwendung vorzunehmen ist, kann im Ergebnis letztlich offen bleiben, denn angesichts des nachweisbaren gesetzgeberischen Willens kann jedenfalls die Anwendung nicht für unzulässig erklärt werden.

Mit Blick auf die Haftung des gutgläubigen Schuldners im „Verlustfall" liegt der Unterschied zwischen der objektiven und der subjektiven Theorie allein in der Verteilung der Darlegungs- und Beweislast. Wird im Rahmen des § 818 Abs. 2 BGB auf den tatsächlichen Vermögenszuwachs bei dem Schuldner abgestellt, muss der Gläubiger dessen tatsächliche Bereicherung beweisen. Ist gemäß § 818 Abs. 2 BGB der objektive Wert zu leisten, trifft den Schuldner im Rahmen des § 818 Abs. 3 BGB die Darlegungs- und Beweislast. Hinsichtlich dieser Konsequenz ist anzumerken, dass mit Blick auf die Verteilung der Darlegungs- und Beweislast für die Auffassung der herrschenden Ansicht zum einen spricht, dass der Gesetzgeber diese dem Schuldner auferlegen wollte[360], zum anderen, dass es für den Bereicherungsgläubiger (auch bei Bejahung einer Auskunftspflicht des Schuldners nach § 242 BGB) sehr schwierig sein dürfte, die tatsächliche Bereicherung des Schuldners zu erfahren[361].

Man erkennt, dass sich die Ansichten trotz ihrer in theoretischer Hinsicht diametral entgegengesetzten Ausrichtung im Ergebnis annähern. Praktisch wird am Ende im Wesentlichen nur über die Gewinnhaftung des gutgläubigen Schuldners gestritten, d.h. über die vollständige Abschöpfung des erzielten Vorteils, wenn dieser den objektiven Wert übersteigt. Eine Haftung des *bösgläubigen* Schuldners auf den Gewinn bejahen dagegen im Ergebnis beide Ansichten. Die objektive Theorie konstruiert diese über § 687 Abs. 2 BGB, während die subjektive Theorie die Haftung in den §§ 812 ff. BGB anlegt. Der wesentliche Unterschied zwischen den Ansichten besteht also darin, dass die herrschende Ansicht den Bereicherungsanspruch mit Blick auf die Haftung des gutgläubigen Schuldners als durch die tatsächliche Bereicherung begrenzten Anspruch auf den objektiven Wert des gegenständlich bestimmten Vorteils sieht, während die Mindermeinung ihn als

359 *Pawlowski*, Methodenlehre, Rn. 453. Eine Analogie kommt in Betracht, wenn der Gesetzgeber den Fall nicht bedacht hat; ausgeschlossen ist sie, wenn er sich bewusst gegen die Erfassung des Falls entschieden hat. Hat der Gesetzgeber sich für die Anwendung der Norm auf einen bestimmten Fall entschieden, bedarf es keiner Analogie, auch wenn der Wortlaut den Fall nicht zu erfassen scheint.

360 Motive II, S. 836, 837 (zu § 739).

361 Zutreffend *Reuter/Martinek*, Bereicherung, S. 568.

Anspruch auf die tatsächliche Bereicherung betrachtet, der sowohl positiv als auch negativ vom objektiven Wert abweichen kann.

Zur Rechtfertigung der Gewinnherausgabe führt die Mindermeinung die vermeintliche Notwendigkeit der Kohärenz von Gewinnchance und Verlustrisiko an[362]. Die herrschende Meinung wirft diesem Argument Formalismus vor[363] und verweist darauf, dass § 818 Abs. 3 BGB eine rein privilegierende Norm sei[364]. Im Übrigen sei die Gewinnchance bereits mit dem objektiven Wert vergütet; eine Gewinngarantie könne der Gläubiger nicht beanspruchen. Gegen die Gewinnherausgabe sprächen auch die mit ihr verbundenen hohen Transaktionskosten[365]. Argumente aus der Lehre vom Zuweisungsgehalt herzuleiten, erweist sich als schwierig. Das liegt zunächst daran, dass die Zuweisungsgehaltslehre von den meisten Vertretern eines subjektiven Wertbegriffs nicht anerkannt wird[366]. Aber auch wenn man die Lehre für überzeugend hielte, gelangte man, wie bereits oben dargelegt[367], nicht zwingend zur Ablehnung einer Gewinnherausgabe[368]. Die Vertreter des objektiv bestimmten Anspruchsinhalts führen zum Teil selbst an, dass die Zuweisungsgehaltslehre weder für die objektive, noch für die subjektive Anspruchsbestimmung streitet[369].

Auch wenn im Rahmen dieser Arbeit die herrschende Ansicht als zutreffend unterstellt wird, ist anzumerken, dass aus hiesiger Sicht der Verweis des historischen Gesetzgebers auf den „gemeinen Wert" das im Rahmen des Streits um den objektiven oder subjektiven Wert stärkste Argument und die herrschende Ansicht daher überzeugend ist.

II. Wert, Preis und Objektivität

Zu untersuchen ist, was unter dem „Wert" eines Guts zu verstehen ist, wie sich dieser zum Preis verhält und was sich hinter dem Begriff des „objektiven Werts" verbirgt.

---

362 *Koppensteiner*, NJW 1971, S. 1771; *Reeb*, Bereicherungsrecht, S. 101, 107.

363 *König*, FS von Caemmerer, S. 188.

364 *Larenz*, FS von Caemmerer, S. 220, 221; *König*, FS von Caemmerer, S. 188; *Helms*, Gewinnherausgabe, S. 74.

365 Helms, Gewinnherausgabe, S. 67.

366 Z. B. *Jakobs*, Eingriffserwerb, S. 32 ff.

367 S. 24.

368 So z.B. *Wilburg*, Ungerechtfertigte Bereicherung, S. 128. Vgl. auch *Koppensteiner*, NJW 1971, S. 1770.

369 *Larenz*, FS v. Caemmerer, S. 211 ff.; *Helms*, Gewinnherausgabe, S. 62.

Güter, die von Menschen gewünscht und zudem knapp, d.h. nicht in ausreichender Menge zur Bedürfnisbefriedigung vorhanden und kostenlos verfügbar sind, können als Wirtschaftsgüter bezeichnet werden[370]. Mit solchen Gütern beschäftigt sich die Wirtschaftswissenschaft; die Frage nach ihrem Wert ist ein klassischer Untersuchungsgegenstand der Ökonomie. Seit jeher wird in der Wirtschaftswissenschaft zwischen Gebrauchs- und Tauschwert unterschieden – die Unterscheidung lässt sich bis auf Aristoteles zurückführen[371]. Als wohl bekanntester Vertreter der klassischen Nationalökonomie führt *Adam Smith*[372] zur Unterscheidung aus: „Man sollte zunächst bedenken, daß das Wort *Wert* zwei voneinander abweichende Bedeutungen hat. Es drückt manchmal die Nützlichkeit einer Sache aus, manchmal die Fähigkeit, mit Hilfe eines solchen Gegenstandes andere Güter im Tausch zu erwerben, eine Fähigkeit, die sein Besitz verleiht. Den eine kann man „Gebrauchswert“, den anderen „Tauschwert“ nennen. Dinge mit dem größten Gebrauchswert haben vielfach nur einen geringen oder keinen Tauschwert, umgekehrt haben solche mit dem größten Tauschwert häufig wenig oder keinerlei Gebrauchswert. Nichts ist nützlicher als Wasser, und doch läßt sich damit kaum etwas kaufen oder eintauschen. Dagegen besitzt ein Diamant kaum einen Gebrauchswert, doch kann man oft im Tausch dafür eine Menge anderer Güter bekommen.“

Unter einem Gebrauchswert, Nutzwert oder Nutzen wird die Fähigkeit und das Ausmaß eines Gutes verstanden, ein menschliches Bedürfnis zu befriedigen[373]. Der Gebrauchswert oder Nutzen ist stets subjektiv[374]. Güter haben nicht nur einen unterschiedlichen Nutzen für verschiedene Personen, sondern auch für ein und dieselbe Person in unterschiedlichen Situationen[375]. Er hängt vom Ziel- und Präferenzsystem der Person und deren Entscheidungsumfeld ab[376]. Der Nutzen für eine konkrete Person in einer bestimmten Situation kann nur durch

370 *Behrens/Kirspel*, VWL, S. 30.

371 *Winner*, Wert und Preis, S. 7.

372 Wohlstand, S. 27.

373 *Behrens/Kirspel*, VWL, S. 31.

374 Vgl. z.B. *Matschke/Brösel*, Unternehmensbewertung, S. 6, 8. Die Erkenntnis geht auf die „subjektive Wertlehre“, deren bekannteste Vertreter Gossen, Menger, Walras und Jevons waren, zurück (hierzu Näheres unten, S. 115, 116).

375 Beispielsweise folgt aus dem Prinzip des abnehmenden Grenznutzens (Erstes Gossen'sche Gesetz), dass mit zunehmender vorhandener Menge eines Gutes der Nutzen der letzten Einheit abnimmt.

376 *Matschke/Brösel*, Unternehmensbewertung, S. 6.

die (maximale[377]) Zahlungsbereitschaft dieser Person beziffert werden[378]. Die Zahlungsbereitschaft drückt aus, welchen Nutzen sich das Subjekt verspricht[379]. Auch wenn der subjektive Nutzen auf diese Weise in einer Geldgröße ausgedrückt werden kann, ist zu beachten, dass eine intersubjektiv gültige kardinale Messbarkeit nicht existiert. Im Anschluss an das Werk *Vilfredo Paretos* nimmt die moderne Wirtschaftswissenschaft an, dass der Nutzen nur ordinal gemessen werden kann[380]. Eine kardinale Skala mit Nutzeneinheiten kann nicht existieren, weil der Nutzen (Grad der Bedürfnisbefriedigung) nicht gemessen werden kann. Eine kardinale Skala des Nutzens i. S. v. Zahlungsbereitschaften ließe sich für ein Individuum zwar theoretisch erstellen. Intersubjektiv vergleichbar wären die Werte aber nicht, weil Geld keinen objektiven und konstanten Nutzen hat. Er ist wie bei Gütern für unterschiedliche Personen und je nach deren Situation unterschiedlich.

Dem Gebrauchswert oder Nutzen wird in der Wirtschaftswissenschaft der Tauschwert gegenübergestellt. Als Tauschwert wird die Möglichkeit gesehen, mittels des Guts andere Güter zu erlangen. In einer Geldwirtschaft werden Mengenaustauschverhältnisse von Gütern in Geldeinheiten ausgedrückt. Der Tauschwert und der Preis eines Guts sind daher Synonyme[381]. Eine Differenzierung kann höchstens dahingehend vorgenommen werden, dass ein Preis als beobachtete Transaktionsbedingung und der Tauschwert als eine erwartete (prognostizierte) Transaktionsbedingung verstanden wird[382].

Bei dem Preis (oder Tauschwert) ist zwischen dem Preis im Einzelfall und dem Marktpreis zu unterscheiden. Der Preis im Einzelfall ist eine beobachtete Transaktionsbedingung[383] bei einem konkreten Geschäft zwischen zwei realen Subjekten. Eine Transaktion kommt aus wirtschaftswissenschaftlicher Sicht nur zustande, wenn der subjektive Gebrauchswert des Käufers höher und der des Verkäufers niedriger ist als der vereinbarte Preis. Es muss ein sogenannter

377 Der Nutzen, der durch die maximale Zahlungsbereitschaft ausgedrückt wird, kann natürlich höher sein als der tatsächlich für ein Gut gezahlte Geldbetrag. Ökonomen sprechen in diesem Fall von der (individuellen) Konsumentenrente (vgl. *Pindyck*, Mikroökonomie, S. 185).

378 *Mankowski/Schreier*, AcP 208 (2008), S. 729.

379 *Matschke/Brösel*, Unternehmensbewertung, S. 6.

380 Vgl. z.B. *Schöler*, Mikroökonomik, S. 22.

381 *Matschke/Brösel*, Unternehmensbewertung, S. 10.

382 So (in Bezug auf Unternehmenswert und -preis) auch *Gröger*, Unternehmensbewertung, S. 11.

383 *Winner*, Wert und Preis, S. 6.

Einigungsbereich existieren; ansonsten ist das Geschäft nicht vorteilhaft und wird von den Parteien nicht geschlossen. Wenn in der Wirtschaftswissenschaft davon die Rede ist, dass Preis und Wert nicht das gleiche seien[384], ist die Abweichung von vereinbartem Preis und subjektivem Gebrauchswerten gemeint[385]. Der Preis im Einzelfall ist keine rein subjektive Größe, sondern ein aufgrund *zweier* subjektiver Werte gefundener Kompromiss. Da er nur von der Bewertung zweier Parteien abhängt, ist er selbstverständlich nicht objektiv im Sinne einer intrinsischen oder für „Jedermann" gültigen Größe.

Der Marktpreis ist wirtschaftstheoretisch im Rahmen des Angebot-Nachfrage-Modells von Bedeutung. Die mikroökonomische Theorie nimmt an, dass sich die Mengen eines Gutes, die angeboten und nachgefragt werden, anpassen. Der Preis, zu dem das Gut verkauft wird, wenn die Mengen übereinstimmen, ist der Markt-, Markträumungs- oder Gleichgewichtspreis. Mathematisch gesehen befindet sich der Marktpreis an der Schnittstelle von Angebots- und Nachfragefunktion. Diese Funktionen beschreiben, welche Mengen eines Guts zu welchem Preis erworben bzw. produziert und veräußert werden. Der Marktpreis ist ein punktueller Wert, zu dem alle Transaktionen stattfinden, wenn sich ein Marktgleichgewicht eingestellt hat. Obwohl es im theoretischen Modell den einzelnen Marktpreis gibt, ist dieser kein dem Gut anhaftender, intrinsischer Wert. Der Marktpreis ist vielmehr das Produkt von subjektiven Bewertungen durch Marktakteure. Angebots- und Nachfragefunktion werden durch den Grenznutzen bzw. durch die Grenzkosten determiniert. Eine individuelle Grenznutzenfunktion beschreibt, welchen Betrag ein einzelner Nachfrager für die letzte Einheit zu zahlen bereit ist. Werden die Grenznutzenfunktionen aller Nachfrager aggregiert, ergibt sich die Nachfragefunktion. Die Marktnachfrage ist die Summe aller individuellen Nachfragen. Umgekehrt beschreibt eine individuelle Grenzkostenfunktion, zu welchem Preis ein Anbieter bereit ist, eine weitere Einheit zu verkaufen; die Angebotsfunktion ist die Summe der individuellen Funktionen.

Die objektive Preis- bzw. Werttheorie der klassischen Nationalökonomie des späten 18. und frühen 19. Jahrhunderts, die bereits in der zweiten Hälfte des 19. Jahrhunderts verdrängt wurde, hatte dies noch anders gesehen. Nach der objektiven Preistheorie, deren bekannteste Vertreter Adam Smith, David Ricardo und Karl Marx sind, existiert ein „natürlicher" Tauschwert eines Guts. Dieser werde durch die (notwendigen) Produktions-/Arbeitskosten bestimmt. Der

384 Vgl. *Winner*, Wert und Preis, S. 6.

385 Auf die gleich Abweichung wird typischerweise verwiesen, wenn von einem „preiswerten" Gut gesprochen wird.

Marktmechanismus bringe den Marktwert zu diesem natürlichen Wert. Die objektive Preistheorie leugnete eine Verbindung zwischen Gebrauchswert und Marktpreis[386], weil beobachtet wurde, dass es Güter gibt (wie z.B. Wasser), die einen hohen Gebrauchswert (Wasser ist lebensnotwendig) aber einen niedrigen Marktpreis haben, und umgekehrt (so z.B. bei Diamanten)[387]. Die Preistheorie der Klassik wurde durch die der Neoklassik abgelöst („marginalistische Revolution"). Die (durch *Hermann Heinrich Gossen, Carl Menger, Leon Walras* und *William Stanley Jevons* begründete) neoklassische subjektive Preistheorie suchte den beobachteten Marktpreis unter Berücksichtigung des subjektiven Nutzens von Gütern für den Menschen zu erklären, stellte eine Verbindung zwischen dem Gebrauchs- und Tauschwert her und löste das Wertparadoxon. Hierzu war man in der Lage, weil die Idee des Grenznutzens entdeckt wurde. In der Neoklassik wird zwischen dem Gesamtnutzen und dem Grenznutzen unterschieden. Konsumiert eine Person fünf Einheiten eines Wirtschaftsguts, ist der Nutzen für jede Einheit unterschiedlich. Der Nutzen nimmt mit zunehmendem Konsum ab. Der Gesamtnutzen beschreibt die Summe des Nutzens der fünf Einheiten; der Grenznutzen ist der Nutzenzuwachs aus der jeweils letzten konsumierten Einheit. Der Grenznutzen eines Guts nimmt mit zunehmend verfügbarer Menge des Guts ab (Erstes Gossen'sche Gesetz). Die Neoklassik arbeitete heraus, dass der Preis von dem Grenznutzen abhängt. Daher erklärt sich, dass Wasser trotz des hohen Gesamtnutzens einen niedrigen Preis hat: Aufgrund der großen verfügbaren Menge von Wasser ist der Grenznutzen niedrig und somit auch der beobachtbare Marktpreis.

Das theoretische Modell, das einen einzelnen (und insoweit „objektiven") Marktpreis für alle Transaktionen kennt, entspricht nicht der Wirklichkeit. Es setzt nämlich bestimmte Zustände voraus, die in der Realität nicht existieren. Voraussetzung des Modells ist der vollständige Wettbewerb auf einem vollkommenen Markt[388]. Das setzt voraus, dass eine große Anzahl Anbieter und Nachfrager vorhanden sind, dass identische Güter gehandelt werden, dass alle Marktakteure über vollständige Informationen verfügen und dass Transaktionskosten und

---

386 Der Gebrauchswert ist nach der objektiven Preistheorie Voraussetzung für die Entstehung eines Tauschwerts, determiniert diesen aber nicht; es besteht keine quantitative Verbindung zwischen Gebrauchs- und Tauschwert.

387 Das wird als „klassisches Wertparadoxon" bezeichnet.

388 Es gibt verschiedene denkbare Marktformen auf dem vollkommenen Markt. Der vollständige Wettbewerb (auch Polypol oder atomistische Konkurrenz genannt) ist eine Form (vgl. *Ott*, Marktformen, S. 111).

Markteintrittsbarrieren fehlen[389]. Unter diesen Bedingungen kann kein Akteur den Preis (durch die von ihm angebotene oder nachgefragte Gütermenge) beeinflussen. Die Bedingungen entstehen weder natürlich, noch werden sie durch staatliche Regeln hergestellt[390]. In der Realität beobachtet man daher nicht einen einzelnen Marktpreis, sondern eine mehr oder minder große Spanne von Werten. Der ökonomische Marktwert ist keine in der Wirklichkeit zu beobachtende Größe.

2. *Unternehmensbewertung*

Mit dem Wert von Gütern beschäftigt sich neben der ökonomischen Theorie auch die wirtschaftswissenschaftliche Unternehmensbewertung vertieft. Die Unternehmensbewertung befasst sich mit dem Wertbegriff vor einem praktischen Hintergrund: In vielfältigen Situationen, beispielsweise, wenn ein Kaufpreis für ein Unternehmen im Rahmen einer Veräußerung oder eine Abfindung für Aktionäre im Rahmen eines Ausschlusses festgelegt werden muss[391], muss der Wert des Unternehmens bestimmt werden. Als „Prototyp" der Bewertungsanlässe gilt die Verkaufssituation[392].

In der Unternehmensbewertung wird zunächst zwischen dem Substanzwert, dem Ertragswert und dem Vergleichswert differenziert. Diese Differenzierung steht im Zusammenhang mit den verschiedenen gängigen Bewertungsmethoden. Die gängigen Bewertungsverfahren lassen sich zunächst grob in Einzelwertverfahren und Gesamtwertverfahren unterteilen[393]. Bei einem Einzelwertverfahren werden die Werte von einzelnen Vermögensgegenständen und Schulden des Unternehmens beziffert und so der Unternehmenswert abgeleitet; der so ermittelte Wert wird Substanzwert genannt. Der Substanzwert kann ein Reproduktions- oder Liquidationswert sein[394]. Im Rahmen der Gesamtwertverfahren werden nicht einzelne Vermögensbestandteile, sondern das Unternehmen als Ganzes betrachtet. Hier ist zwischen den finanzwirtschaftlichen Verfahren und

389 Vgl. *Schrüfer*, VWL, S. 109, 112.

390 Manches, wie die vollständige Information und das rationale Verhalten aller Marktteilnehmer ist auch nicht durch rechtlichen Eingriff herzustellen. Mit Blick auf den Wettbewerb soll das Kartellrecht einen funktionierenden Wettbewerb absichern; dieser entspricht aber nicht dem perfekten Wettbewerb.

391 Zu weiteren Anlässen einer Unternehmensbewertung: *Stefani/Bleibtreu*, Unternehmensbewertung, S. 80, 81.

392 *Matschke/Brösel*, Unternehmensbewertung, S. 112.

393 Siehe die Übersicht bei *Stefani/Bleibtreu*, Unternehmensbewertung, S. 81 ff.

394 *Stefani/Bleibtreu*, Unternehmensbewertung, S. 82.

den Vergleichsverfahren zu differenzieren[395]. Die finanzwirtschaftlichen Verfahren, die in Deutschland am häufigsten zur Anwendung kommen, beruhen darauf, dass Unternehmen der Ertragserzielung dienen. Der erzielbare Ertrag wird daher zur Bestimmung des Unternehmenswerts utilisiert. Die wichtigsten finanzwirtschaftlichen Verfahren sind das Ertragswertverfahren und das Discounted-Cashflow-Verfahren (DCF). Im Rahmen des Ertragswertverfahrens und des DCF-Verfahrens wird eine künftige Überschussgröße auf den Gegenwartswert diskontiert. Bei dem Ertragswertverfahren ist der Gewinn (Erträge abzüglich Aufwendungen) die maßgebliche Überschussgröße; bei der DCF-Methode ist der Cashflow relevant. Der Cashflow ist der Saldo der Einzahlungen und Auszahlungen. Nicht zahlungswirksame Erträge (z.B. Forderung des Unternehmens gegen einen Kunden, die noch nicht erfüllt wurde) und Aufwendungen (z.B. Abschreibungen) werden nicht berücksichtigt. Mit der Größe wird der Zu- oder Abfluss liquider Mittel des Unternehmens gemessen (Liquiditätssituation). Letztlich wird im Rahmen der Vergleichswertverfahren der Unternehmenswert unter Heranziehung von für ähnliche Unternehmen bei Transaktionen gezahlten Preise abgeleitet[396].

Die Unternehmensbewertung kennt neben der methodenbezogenen Einteilung des Wertbegriffs auch die Unterscheidung zwischen objektivem und subjektivem Wert. Aus Sicht der modernen Unternehmensbewertungslehre ist der Unternehmenswert eine subjektive Größe, d.h. abhängig von dem Bewertungssubjekt[397]. Diese Erkenntnis hat sich aber erst nach 1960 durchgesetzt. Zuvor dominierte eine objektive Lehre, die auf der Vorstellung gründete, dass der Wert eines Unternehmens losgelöst von einem Bezugssubjekt bestimmt werden könne[398]. Der Wert hafte dem Unternehmen wie eine Eigenschaft an und sei von „Jedermann" realisierbar[399]. An dieser Sichtweise wird heute kritisiert, dass Jedermann als „normaler" Unternehmer nicht empirisch bestimmbar sei, „sondern eine Kunstfigur, die der jeweilige Bewerter nach *seinen* Vorstellungen

---

395 *Stefani/Bleibtreu*, Unternehmensbewertung, S. 83.

396 Kritisch zur Methode *Matschke/Brösel*, Unternehmensbewertung, S. 10.

397 *Matschke/Brösel*, Unternehmensbewertung, S. 5.

398 *Peemöller*, Unternehmensbewertung, S. 5; *Matschke/Brösel*, Unternehmensbewertung, S. 14.

399 *Peemöller*, Unternehmensbewertung, S. 4; *Matschke/Brösel*, Unternehmensbewertung, S. 14. Methodisch wurde die Substanzwertmethode oder eine Verknüpfung von Substanz- und Ertragswertmethode angewendet (*Matschke/Brösel*, Unternehmensbewertung, S. 15).

mit Leben füllen"[400] müsse. Die Schwierigkeit, dass bei einer Unternehmensbewertung (in der Regel) ein Interessengegensatz von zwei Parteien überwunden werden müsse, sei nicht durch eine „Entpersonifizierung" des Bewertungsprozesses zu überwinden, sondern durch einen doppelten subjektiven Bezug ohne Bevorzugung oder Benachteiligung einer der Parteien (Unparteilichkeit)[401]. Ein Vermittlungsvorschlag könne nur auf Akzeptanz stoßen, wenn ein Bezug zu beiden Parteien hergestellt werde[402]. Die objektive Lehre wurde daher durch eine subjektive Strömung verdrängt, die ihrerseits durch die funktionale Unternehmensbewertung abgelöst wurde. Die funktionale Unternehmensbewertung ist ebenfalls subjektiv, anders als die zuvor verbreitete subjektive Lehre aber zusätzlich zweckabhängig. Der Wert hängt nicht nur von dem Bewertungssubjekt, sondern auch noch von dem Bewertungszweck ab. Für ein und dieselbe Person kann der Wert des Unternehmens je nach Bewertungsanlass unterschiedlich ausfallen. Die Funktionenlehre kennt als Hauptfunktionen die Entscheidungs-, die Vermittlungs-, Arbitrium- oder Schiedsspruch- und die Argumentationsfunktion. In einer Verhandlungssituation über einen konkreten Gegenstand stellt der Entscheidungswert die Grenze der Konzessionsbereitschaft dar[403]. Argumentationswerte werden in Verhandlungen zur Unterstützung der eigenen Position herangezogen[404]. Der Vermittlungs-, Arbitrium- oder Schiedswert wird von einem Unparteiischen in einer konkreten Konfliktsituation als Interessenausgleich vorgeschlagen[405]. Er basiert auf einem doppelten subjektiven Parteienbezug und der Unparteilichkeit des Gutachters.

Der IDW S1 2008[406] kennt neben der Vermittlungs- und der Beratungsfunktion (letztere entspricht der Entscheidungsfunktion) noch die Funktion des neutralen Gutachters. Der neutrale Gutachter habe die Aufgabe, einen von den individuellen Wertvorstellungen der betroffenen Parteien unabhängigen Wert des Unternehmens – den „objektivierten" Wert – festzulegen[407]. Der objektivierte Unternehmenswert stelle „einen intersubjektiv nachprüfbaren Zukunftserfolgswert

400 *Matschke/Brösel*, Unternehmensbewertung, S. 16.

401 *Peemöller*, Unternehmensbewertung, S. 5; *Matschke/Brösel*, Unternehmensbewertung, S. 16.

402 *Matschke/Brösel*, Unternehmensbewertung, S. 16.

403 *Matschke/Brösel*, Unternehmensbewertung, S. 8, 9.

404 *Matschke/Brösel*, Unternehmensbewertung, S. 9.

405 *Matschke/Brösel*, Unternehmensbewertung, S. 10.

406 Siehe S. 89.

407 IDW S1 2008, Rn. 12.

aus Sicht der Anteilseigner dar."[408] Dieser ergebe „sich bei Fortführung des Unternehmens auf Basis des bestehenden Unternehmenskonzepts und mit allen realistischen Zukunftserwartungen im Rahmen der Marktchancen, -risiken und finanziellen Möglichkeiten des Unternehmens sowie sonstigen Einflussfaktoren."[409] Da der IDW S1 methodisch grundsätzlich auf das Ertragswertverfahren abstellt[410], handelt es sich um einen „objektivierten" Ertragswert. Zu seiner Feststellung wird ein „objektivierter" Ertrag herangezogen[411]. In der Unternehmensbewertungsliteratur wird der „objektivierte Wert" kritisiert[412]; er wird als Relikt der objektiven Lehre betrachtet[413]. Die Existenz eines objektivierten Ertrags (und eines objektivierten Ertragswerts) wird nicht anerkannt[414].

3. *Zivilrecht*

Der Wert von Gütern ist in vielen unterschiedlichen zivilrechtlichen Kontexten von Bedeutung[415]. Die Bestimmung des Werts von Gütern und Leistungen gehört daher zum gerichtlichen Alltag. Gerichte müssen zum einen häufig den Wert eines Guts bestimmen, um hiermit (unmittelbar oder mittelbar) den Anspruch einer Partei zu beziffern. Ist eine nicht auf Geld gerichtete vertragliche oder gesetzliche Leistungspflicht unmöglich geworden, tritt unter Umständen eine Geldzahlungspflicht an ihre Stelle. Das Gericht hat die Aufgabe, die ursprüngliche Leistungspflicht in einen Geldbetrag zu „übersetzen", d.h. ihren Wert zu bestimmen, wie etwa im Rahmen der Wertersatzansprüche nach §§ 818 Abs. 2, 987, 346 BGB. Bei Schadensersatzansprüchen kann bei Unmöglichkeit der vorrangigen Naturalrestitution ein Geldersatzanspruch zu beziffern sein (§ 251 Abs. 1 BGB), der sich z.B. bei der Entziehung einer Sache nach deren

---

408 IDW S1 2008, Rn. 29.

409 IDW S1 2008, Rn. 29.

410 IDW S1 2008, Rn. 4, 5.

411 IDW S1 i. d. F. 2008, Rn. 38: „Bei der Ermittlung des objektivierten Unternehmenswerts ist die dem Unternehmen innewohnende und übertragbare Ertragskraft zu bewerten."

412 *Moxter*, Unternehmensbewertung, S. 27 ff.

413 *Matschke/Brösel*, Unternehmensbewertung, S. 56. Der objektivierte Wert unterscheidet sich allerdings dadurch vom „objektiven" Wert der 1950er, dass er rein zukunftsorientiert ist (der Substanzwert spielt keine Rolle, IDW S1 2008, Rn. 4, 6).

414 *Peemöller*, Unternehmensbewertung, S. 5; Matschke/Brösel, *Unternehmensbewertung*, S. 5, 18.

415 Vgl. zu den Funktionen des objektiven Werts im Zivilrecht: *Scholz*, Objektiver Wert, S. 5 ff.

Wert bemisst[416]. Der Wert spielt weiterhin eine Rolle bei der gerichtlichen Bestimmung der vertraglich geschuldeten Vergütung im Rahmen der §§ 315, Abs. 3 S. 2, 319 Abs. 1 S. 2 oder § 612 Abs. 2 BGB und bei der Bezifferung eines gesetzlichen Anspruchs, der sich unter Heranziehung des Werts eines Guts oder einer Gütergesamtheit berechnet (z.B. §§ 1376, 2311 f., 971, 738 BGB). Außerhalb der anspruchsbestimmenden Wertfeststellung haben sich Gerichte mit dem Wert als Kontrollmaßstab auseinanderzusetzen, z.B. im Rahmen des § 138 Abs. 2 BGB. Letztlich entscheidet der (Schätzungs- bzw. Kurs-)Wert über die Höhe der Sicherheitsleistung, die durch Verpfändung einer Sache oder Hinterlegung von Wertpapieren geleistet werden kann (§§ 237 S. 1, 234 Abs. 3 BGB).

a. Objektiver und subjektiver Wert

Das BGB kennt keine allgemeine Wertdefinition; eine solche, wie sie im preußischen Allgemeinen Landrecht[417] (und zur Zeit der Schaffung des BGB ebenfalls bereits existenten österreichischen ABGB[418]) zu finden war, wurde bewusst ausgelassen[419]. Der Wert wurde vom Gesetzgeber als „wirtschaftlicher Begriff", der „nicht zweifelhaft" sei, betrachtet[420]. Zu differenzieren sei zwar zwischen dem gemeinen Wert, dem außerordentlichen Wert und dem Wert der besonderen Vorliebe. Wenn ohne weitere Spezifizierung vom Wert die Rede war, sollte der gemeine Wert impliziert sein[421].

Der **gemeine Wert** konnte aus Sicht des Gesetzgebers für das gesamte BGB einheitlich definiert werden, wie sich daraus ergibt, dass eine vor die Klammer gezogene Legaldefinition, wie die des preußischen ALR, nicht für unzweckmäßig, sondern für überflüssig gehalten wurde[422]. Nach der Vorstellung des historischen Gesetzgebers ist der gemeine Wert einer Sache der Wert, den sie

---

416 BGHZ 92, 85, 90 (bei der Anwendung des § 251 Abs. 1 BGB war der Verkehrswert der Sache laut dem Gericht zu ermitteln).

417 §§ 111 ff. ALR.

418 §§ 304–306 ABGB von 1811. § 304 S. 1: „Der bestimmte Werth einer Sache heißt ihr Preis." § 305: „Wird eine Sache nach dem Nutzen geschätzt, den sie mit Rücksicht auf Zeit und Ort gewöhnlich und allgemein leistet, so fällt der ordentliche und gemeine Preis aus; nimmt man aber auf die besonderen Verhältnisse und auf die in zufälligen Eigenschaften der Sache gegründete besondere Vorliebe desjenigen, dem der Werth ersetzt werden muß, Rücksicht, so entsteht ein außerordentlicher Preis."

419 Motive III, S. 30.

420 Motive III, S. 30.

421 Motive III, S. 30.

422 Motive III, S. 30.

für *jeden* Besitzer hat. Die vom Gesetzgeber verwendeten Wertbegriffe sind an diejenigen des ALR angelehnt[423]; § 112 ALR definierte den gemeinen Wert als „Nutzen, welchen die Sache einem jeden Besitzer gewähren kann". Der gemeine Wert sollte den Preis, der allgemein bei Transaktionen über das Gut im Verkehr gezahlt wird, darstellen. Das erschließt sich daraus, dass der gemeine Wert im Entwurf auch als „gemeiner *Verkehrswert*"[424] bezeichnet wird. Auch nach dem ALR sollte der gemeine Wert eines Guts durch sein „Verhältniß mit andern im Verkehr befindlichen Sachen bestimmt werden"[425]. Der Verweis auf den allgemeinen Preis bedeutet eine Absage an einen intrinsischen, etwa durch die Produktionskosten des Guts bestimmten Wert[426]. Es steht zu vermuten, dass der Gesetzgeber sich vorstellte, dass der allgemeine Preis nach der Vergleichsmethode ermittelt würde, d.h. durch Beobachtung von Transaktionen über Güter, die dem Gut, dessen Wert zu bestimmen ist, entsprechen. Der Gesetzgeber kannte zwar auch die Wertbestimmung unter Heranziehung des mit einem Gut erzielbaren Ertrags. Der Ertragswert war aber für ihn keine Größe zur Ermittlung des allgemeinen Transaktionspreises (gemeinen Werts), sondern ein vom gemeinen Wert zu unterscheidender Begriff. Das Ertragswertverfahren, das der Gesetzgeber kannte, war keine Methode zur Bestimmung des gemeinen Werts, sondern zur Bestimmung einer von ihm abweichenden Größe. In §§ 2049, 2312 BGB[427] regelte er, dass unter bestimmten Voraussetzungen als Wert eines zum Nachlass gehörenden Landguts der Ertragswert anzusetzen sei. Der Ertragswert sollte berechnet werden, indem der Reinertrag, den das Landgut nach seiner bisherigen wirtschaftlichen Bestimmung bei ordnungsmäßiger Bewirtschaftung nachhaltig gewähren kann, mit einem landesrechtlich geregelten Multiplikator vervielfacht

423 Das ALR unterschied den gemeinen Wert (§ 112, 113), den außerordentlichen Wert (§ 114) und den Wert der besonderen Vorliebe (§ 115).

424 Vgl. § 220 des ersten Entwurfs des BGB (Entwurf eines bürgerlichen Gesetzbuches für das Deutsche Reich, Erste Lesung); Motive III, S. 30.

425 § 119 ALR: Sachen, deren Werth durch kein Verhältniß mit andern im Verkehr befindlichen Sachen bestimmt werden kann, heißen unschätzbar. Vgl. auch Gregor, Das Bereicherungsverbot, S. 109: § 112 ALR definiert den gemeinen Wert als „Nutzen, welchen die Sache einem jeden Besitzer gewähren kann". Jeder Besitzer könne die Sache zumindest verkaufen.

426 Entsprechend wird im Rahmen des § 119 Abs. 2 BGB der Wert nicht als eine der Sache anhaftende Eigenschaft betrachtet.

427 Heute ist auch nach § 1376 Abs. 4 BGB beim Zugewinnausgleich unter bestimmten Voraussetzungen bei der Bestimmung des Werts eines (bei der Feststellung des Anfangs- und Endvermögens zu berücksichtigenden) land- oder forstwirtschaftlichen Betriebs ein Ertragswert in diesem Sinn anzusetzen.

wird (Art. 137 EGBGB). Der Ertragswert sollte niedriger ausfallen als der gemeine Wert (Schätzungswert) – die §§ 2049, 2312 BGB sollten eine Privilegierung des Erben, der das Landgut übernimmt, bewirken[428].

Der Gesetzgeber ist davon ausgegangen, dass der gemeine Wert eines Guts zeitlich und örtlich variieren kann[429]. Sofern allerdings die maßgebliche Zeit und der relevante Ort feststehen, ist die Feststellung des gemeinen Werts aus Sicht des Gesetzgebers ohne Beantwortung weiterer Rechtsfragen möglich[430].

Unter dem **außerordentlichen Wert** verstand der Gesetzgeber den Wert für eine bestimmte Partei nach den im Einzelfall vorliegenden besonderen Verhältnissen[431]. Relevant sollte er im Schadensersatzrecht sein. Der Gläubiger sollte nicht lediglich den gemeinen Verkehrswert erhalten, sondern das volle Interesse. Aus Sicht des Gesetzgebers ist der außerordentliche Wert höher als der gemeine Wert[432]. Mit dem **Wert der besonderen Vorliebe** oder „Affektionsinteresse" bezeichnet der Gesetzgeber in Anlehnung an § 115 ALR den Wert, der „aus bloß zufälligen Eigenschaften oder Verhältnissen einer Sache (entsteht), die derselben in der Meinung ihres Besitzers einen Vorzug vor allen andern Sachen gleicher Art beylegen"[433]. Dieser Wert gehört schadensersatzrechtlich nicht zum vollen Interesse.

Seit der Schaffung des BGB sind zunächst einige Begriffe modernisiert worden: Statt vom gemeinen Verkehrswert wird häufig vom objektiven Verkehrswert gesprochen, statt vom außerordentlichen vom subjektiven Wert. Der zivilrechtliche Wertbegriff wird aber noch immer vom Dualismus *Jedermann/Einzelsubjekt* beherrscht[434].

---

428 Vgl. Staudinger/*Haas*, § 2312 Rn. 1–2b.

429 Vgl. Motive II, S. 21 (zu § 220): „Ergänzend sind hier zu erwähnen hinsichtlich der für die Werthberechnung maßgebenden Zeit, bezw. des maßgebenden Orts (…)".

430 Die Frage, wie der Wert festzustellen sei, gehöre dem Prozessrecht an (Motive III S. 30). Die Aussage ist vor dem Hintergrund zu verstehen, dass das ALR zur „Bestimmung des Werths oder Abschätzung" in § 116 ALR normierte: „In allen Fällen, wo nicht die Gesetze ein Anderes ausdrücklich vorschreiben, wird der Werth einer Sache bey entstehendem Streit durch die Abschätzung vereydeter Sachverständiger bestimmt." Der Gesetzgeber ging wie das ALR davon aus, dass der gemeine Wert von einem Sachverständigen ohne weitere rechtliche Vorgaben bestimmt werden kann; die Hinzuziehung von Sachverständigen ordnet er aber als prozessrechtliche Frage ein.

431 Vgl. § 220 des ersten Entwurfs des BGB. § 114 ALR lautete: „Der außerordentliche Werth einer Sache erwächst aus der Berechnung des Nutzens, welchen dieselbe nur unter gewissen Bestimmungen oder Verhältnissen leisten kann."

432 Motive III, S. 30.

433 Motive II, S. 22 (zu § 221).

434 So auch: *Scholz*, Objektiver Wert, S. 1; *Schmid-Domin*, Bewertung, S. 235.

Der gemeine oder **objektive Wert** wird nach wie vor verstanden als der Preis, der bei einer Transaktion für das Gut von „Jedermann“ gezahlt wird. Er sei der „Betrag, den ein Dritter am Markt für das in Rede stehende Rechtsgut zu zahlen bereit wäre“[435], der „im gewöhnlichen Geschäftsverkehr zu erzielende Preis“[436] oder die „übliche Vergütung“[437]. Das Verständnis des gemeinen Werts im zivilrechtlichen Kontext entspricht der im Bereich der Bundesabgaben relevanten Legaldefinition des gemeinen Werts in § 9 Abs. 2 BewG, nach welcher der gemeine Wert „durch den Preis bestimmt (wird), der im gewöhnlichen Geschäftsverkehr nach der Beschaffenheit des Wirtschaftsgutes bei einer Veräußerung zu erzielen wäre“[438] und der speziell für Grundstücksbewertungen konzipierten Definition des Verkehrswerts in § 194 BauGB, der auf den Preis abstellt, der „im gewöhnlichen Geschäftsverkehr (...) ohne Rücksicht auf ungewöhnliche oder persönliche Verhältnisse zu erzielen wäre“[439].

Mit Blick auf die Methode, die zur Bestimmung des Transaktionspreises genutzt wird, wird heute bei Unternehmen neben dem Vergleichswertverfahren auch das Ertragswertverfahren eingesetzt[440]. Es handelt sich nicht um die Ermittlung eines Ertragswerts i. S. einer von dem gemeinen Wert zu unterscheidenden Größe (wie bei §§ 2049, 2312, 1376 Abs. 4 BGB), sondern um die Schätzung des „Jedermann“-Transaktionspreises anhand des objektiv erzielbaren Ertrags[441].

---

435 BGHZ 168, 220, 239.

436 BGHZ 31, 238, 241. Vgl. weiterhin BGHZ 39, 198, 200 („Der gemeine Wert ist der im gewöhnlichen Geschäftsverkehr für den enteigneten Gegenstand zu erzielende Preis, also der Verkehrswert und der objektive Tauschwert, den der Gegenstand für jedermann hat.“) und aus neuerer Zeit OLG München, Urt. vom 4.4.2012 – 3 U 4952/10 (Der gemeine Wert sei der „Preis, der im gewöhnlichen Geschäftsverkehr nach der Beschaffenheit des Wirtschaftsguts bei einer Veräußerung unter normalen und erlaubten Verhältnissen voraussichtlich zu erzielen wäre“).

437 BGHZ 36, 321, 323; 37, 258, 264; 50, 90, 91; 55, 128, 130; 70, 12,17; 194, 150; NJW 2000, 1560, 1562. In Ermangelung einer üblichen Vergütung sei auf die „angemessene“ Vergütung abzustellen.

438 Vgl. *Gregor*, Bereicherungsverbot, S. 109.

439 Siehe zu § 194 BauGB bereits oben S. 82, 83.

440 BGHZ 168, 220, 239 ff. zu § 818 Abs. 2 BGB; BGHZ 175, 207, 213 ff. zu § 1376 BGB; BGH NJW 1993, 2101, 2103 zum Abfindungsanspruch nach § 738 Abs. 1. S. 2 BGB, bei dem der Wert des Anteils im Zweifel unter Heranziehung des Veräußerungswerts des Unternehmens als Einheit, d.h. des Verkehrswerts, zu bestimmen ist (vgl. BGHZ 116, 359, 371).

441 Die Unterscheidung des Ertragswerts i. S. eines vom Verkehrswert abweichenden Werts und i. S. eines durch Verwendung der Ertragswertmethode bestimmten

Dass der Gesetzgeber von der Bestimmung des objektiven Werts nach dem Vergleichswertverfahren ausgegangen sein dürfte, steht dieser Praxis nicht entgegen, denn von einer verbindlichen Entscheidung kann mangels gesetzlicher Regelung nicht ausgegangen werden. Das Ertragswertverfahren war als Unternehmensbewertungsmethode zur Zeit der Schaffung des BGB im Übrigen noch nicht etabliert; außerdem widmete der Gesetzgeber den Unternehmen als Rechtsgütern ohnehin wenig Aufmerksamkeit[442]. Der in verschiedenen allgemeinzivilrechtlichen Zusammenhängen geäußerten Ansicht der Rechtsprechung, das Gesetz gebe keine spezifische Bewertungsmethode vor[443], ist daher zuzustimmen.

Im Zivilrecht setzt sich heute zunehmend die Erkenntnis durch, dass es nicht ausreichend ist, von rechtlicher Seite her festzustellen, dass bei einer den Begriff „Wert" enthaltenden gesetzlichen Regelung der (nach dem Vergleichswert- oder Ertragswertverfahren festzustellende) „objektive Wert" maßgeblich ist. Insbesondere im Zusammenhang mit der Bestimmung des Werts von Unternehmen nach der Ertragswertmethode ist deutlich geworden, dass es das Zivilrecht bei dem objektiven Wert nicht mit einer ökonomischen Tatsachenfrage[444] zu tun hat. Als Tatsachenfragen sind hierbei Fragen gemeint, deren Beantwortung im Wege der Beweiserhebung und -würdigung und nicht durch (argumentative) Gesetzesauslegung und -anwendung erfolgt (Abgrenzung in der Tatsacheninstanz[445]). Im Prozess bestimmt die Zuordnung als Rechts- oder Tatsachenfrage in diesem Sinn, ob der Richter wertend zu entscheiden hat oder ob ein Sachverständigengutachten zur Klärung der Frage eingeholt werden kann, die vom Richter im Rahmen der Beweiswürdigung nur auf Plausibilität überprüft werden muss[446]. Mit Blick auf die revisionsrechtliche Einordnung als Tat- oder Rechtsfrage (die über die Überprüfungskompetenz des Revisionsgerichts entscheidet (§§ 549, 550, 561 Abs. 2 ZPO)[447] wird das *Ergebnis* der Bewertung als Tatfrage

---

Verkehrswerts kennt auch das BewG (vgl. den Unterschied zwischen § 36 BewG und § 11 Abs. 2 BewG).

442 MünchKommBGB/*Schwab*, § 818 Rn. 33.

443 BGH NJW 1993, 2101, 2103 (zu § 738 Abs. 2 BGB); BGHZ 188, 282, 288, BGHZ 175, 207, 213, BGH NJW 1991, 1547, 1548 (alle zu § 1376 Abs. 2 BGB), NJW-RR 1993, 131 (zu § 2311 BGB).

444 Vgl. HeidelbKommAktG/*Ruiz de Vargas*, Anh. § 305, Rn. 7; MünchKommAktG/*Paulsen*, § 305 Rn. 76.

445 *Neumann*, FS Hamm, S. 530.

446 Der BGH (NJW 1994, S. 1596, 1597, zum Arzthaftungsrecht) verlangt, dass Sachverständigengutachten auf „Vollständigkeit und Widerspruchsfreiheit" geprüft werden.

447 Vgl. *Neumann*, FS Hamm, S. 530, 531.

eingeordnet. Die vom Tatrichter im Zuge der Bewertung entschiedenen methodischen Fragen sind allerdings häufig Thema von revisionsrechtlichen Entscheidungen, obwohl der BGH wiederholt im allgemeinzivilrechtlichen Kontext festgestellt hat, dass die Methode der Bewertung Sache des Tatrichters sei[448] und dass seine Entscheidung vom Revisionsgericht nur darauf überprüft werden könne, ob sie gegen Denkgesetze und Erfahrungssätze verstößt oder sonst auf rechtsfehlerhaften Erwägungen beruht[449]. Im allgemeinzivilrechtlichen Bereich hat der BGH z. B. in Zusammenhang mit § 1376 BGB die Anwendung des reinen Umsatzverfahrens ausgeschlossen[450] sowie die Notwendigkeit des Abzugs eines individuellen kalkulatorischen Unternehmerlohns bei einer Wertbestimmung unter Heranziehung des künftig erzielbaren Ertrags[451]; im Kontext des § 2311 BGB hat er ausgesprochen, dass sich die Bewertung von Nachlassgegenständen, die bald nach dem Erbfall veräußert worden sind, von außergewöhnlichen Verhältnissen abgesehen, grundsätzlich an dem tatsächlich erzielten Verkaufspreis orientieren muss[452].

Um den objektiven Wert auf tatsächlicher Ebene feststellen zu können, muss der Tatrichter zunächst (weitere) rechtliche Entscheidungen treffen. Der Begriff des objektiven Werts bedarf der rechtlichen Präzisierung. Hinsichtlich der Bewertung von Unternehmen spricht das BVerfG von „in tatsächlicher und rechtlicher Hinsicht komplexen Bewertungsfragen“[453]. Als rechtliche Faktoren werden hier z. B. (im Kontext des Aktienrechts) die Fragen nach der Berücksichtigungsfähigkeit von Synergieeffekten, der Relevanz des Börsenkurses oder dem geltenden Steuerrecht eingeordnet[454]. Tatsächliche Grundlagen der Unternehmensbewertung seien die Daten der Vergangenheit und Gegenwart, wie beispielsweise

---

448 BGH NJW 1993, 2101, 2103 (zu § 738 Abs. 2 BGB); BGH NJW 2011, 601, 602; BGHZ 188, 282, 288; BGHZ 175, 207, 213; BGH NJW 1991, 1547, 1548 (alle zu § 1376 Abs. 2 BGB), NJW-RR 1993, 131 (zu § 2311 BGB), BGHZ 116, 359, 371 (zu § 138 BGB in Verbindung mit dem Abfindungsrecht eines GmbH-Gesellschafters).

449 Vgl. BGHZ 188, 282, 288; BGH NJW 1991, 1547, 1548.

450 BGHZ 188, 282, 288.

451 BGHZ 175, 207, 216.

452 BGH NJW-RR 1993, 131. Vgl. aus dem Konzern- und Gesellschaftsrecht z. B. auch BGHZ 147, 108, 118 ff. und BGHZ 186, 229, 233 ff. zum Referenzzeitraum bei der Bemessung des Börsenwerts im Zusammenhang mit der Barabfindung nach § 327b AktG.

453 BVerfG NJW 2012, S. 3020, 3022.

454 OLG Stuttgart, AG 2011, S. 49, 52, 53, zur Unternehmensbewertung nach dem Ertragswertverfahren im Zusammenhang mit einem Anspruch auf bare Zuzahlung i. S. v. § 15 UmwG.

Umsätze oder Jahresergebnisse, Zinssätze und -strukturen oder Börsenkurse. Die in die Zukunft gerichteten Planungen der Unternehmen und die darauf aufbauenden Prognosen über die künftige Entwicklung der Unternehmen und ihrer Erträge werden ebenfalls dem tatsächlichen Bereich zugeordnet; diese seien aber vom Gericht nur auf ihre Vertretbarkeit (und nicht auf ihre Richtigkeit) zu überprüfen[455]. Wenn die Bewertung tatsächliche und rechtliche Komponenten aufweist, ist sie in ihrer Gesamtheit keine ökonomische Tatfrage, sondern eine dem zur Rechtsanwendung berufenen Richter zugewiesene Aufgabe. Die Aufgabe der Gerichte geht daher über die Überprüfung der Plausibilität eines Sachverständigengutachtens hinaus[456]. Die rechtlichen Faktoren muss das Gericht eigenständig bestimmen, die tatsächlichen Grundlagen auf Richtigkeit oder, wenn es sich um Prognosen handelt, auf Plausibilität prüfen. Weil der nach dem Ertragswertverfahren bestimmte Unternehmenswert auf Prognosen beruht, existiert auch nicht ein einzelner, „richtiger" Wert, so dass von einer Schätzung entsprechend § 287 Abs. 2 ZPO durch das Gericht gesprochen wird[457]. Der objektive Ertragswert eines Unternehmens kann aber nicht Gegenstand einer Beweisaufnahme durch eine sachverständige Begutachtung sein[458].

Aber auch außerhalb der Unternehmensbewertung unter Anwendung des Ertragswertverfahrens bedarf der objektive Wert einer Konkretisierung durch den Rechtsanwender. Da (wie inzwischen auch im allgemeinzivilrechtlichen Kontext erörtert wird[459]) in der Realität kein vollkommener Markt existiert und daher die Preisvereinbarungen bei beobachtbaren Transaktionen über ein Gut unterschiedlich ausfallen, kann die Bestimmung eines objektiven Werts des Guts nach der Vergleichsmethode nur durch rechnerische Aggregation erfolgen. Der objektive Marktwert, verstanden als der unter Anwendung der Vergleichsmethode ermittelte objektive Wert[460], verlangt daher, dass Transaktionen für die Aggregation

455 OLG Stuttgart, AG 2011, S. 49, 53, verfassungsrechtlich bestätigt durch BVerfG NJW 2012, S. 3020 ff.

456 BayObLG, WM 1996, S. 527, 529.

457 Vgl. z.B. OLG Stuttgart, AG 2011, 49, 54 und BVerfG NJW 2012, 3020.

458 OLG Stuttgart NZG 2007, 112, 113; OLG Stuttgart AG 2006, 420, 422; BayObLG NZG 2001, 1033, 1034 f. Die Angemessenheit der Abfindung nach §§ 327a ff. AktG, auf die sich die Gerichte bezogen, wird durch den objektiven Wert („Verkehrswert") bestimmt (vgl. OLG Stuttgart v. 17.10.2011 – 20 W 7/11 (Leitsatz abgedruckt in: NZG 2011, 1346).

459 *Mankowski/Schreier*, AcP 208 (2008), S. 731; *Scholz*, Objektiver Wert, S. 23; *Berjasevic*, Wucherähnliche Rechtsgeschäfte, S. 298.

460 Wenn im Folgenden vom objektiven Marktwert die Rede ist, soll der unter Anwendung der Vergleichsmethode ermittelte objektive Verkehrswert gemeint sein. Häufig

gewählt werden. Er verlangt, mit anderen Worten, dass der relevante Markt abgesteckt wird.

Ohne weiteres leuchtet es ein, dass entschieden werden muss, welche Güter mit dem zu bewertenden Gut vergleichbar sind und daher bei der Aggregation herangezogen werden können. Das ist die Entscheidung über den sachlich relevanten Markt. Diese Entscheidung ist jedoch allein nicht ausreichend. Werden die Preisvereinbarungen bei Transaktionen über das Gut nach bestimmten Parametern sortiert, stellen wir nämlich in der Realität erhebliche Unterschiede bei den Preisspannen fest. Werden die beobachteten Preise nach den Parametern sortiert, wird die Preisspanne kleiner. Ohne Sortierung wird die Preisspanne als zu groß empfunden, als dass ein durch Aggregation gebildeter Durchschnitts- oder Medianwert die einzelnen zur Spanne gehörenden Werte angemessen repräsentierte. Die wichtigsten Parameter, nach denen Transaktionsgruppen unterschieden werden, sind der Zeitpunkt der Transaktion, die Marktstufe, auf der sie stattfindet, und der Ort, an dem sie erfolgt. Die Marktabgrenzung muss nicht nur in sachlicher, sondern jedenfalls weiterhin hinsichtlich Zeit, Ort und Marktstufe vorgenommen werden.

Die maßgebenden Parameter müssen aus dem Zweck der Rechtsvorschrift, die den Wertbegriff verwendet, abgeleitet werden. Dass die für die Wertbestimmung maßgebende Zeit und der relevante Ort vom Recht zu bestimmen sind, und zwar unter Berücksichtigung der individuellen Rechtsnorm, hat bereits der Gesetzgeber erkannt[461]. Das Recht hat nicht nur insoweit einen Einfluss auf die Transaktionswahl, als vom Gesetz missbilligte Vereinbarungen nicht berücksichtigt werden können. Das Recht ist daneben für die positive Transaktionswahl zuständig.

Der **subjektive Wert** als Wert für eine konkrete Partei ist heute nach wie vor im Wesentlichen ein im Schadensersatzrecht relevanter Begriff. Von einer Mindermeinung wird, wie dargelegt, allerdings vertreten, dass der Wert i. S. d. § 818 Abs. 2 BGB subjektiv zu bestimmen ist. Die Vertreter der subjektiven (ex post) Bestimmung des Werts im Rahmen des § 818 Abs. 2 BGB stellen teilweise auf den Preis ab, den die konkrete Partei für die Beschaffung des relevanten Guts hätte zahlen müssen (verhinderter Vermögensabfluss bzw. Ersparnis), bei Ertragsgegenständen aber auch teilweise auf den konkreten Erfolg im individuellen Schuldnervermögen (Zuwachs bzw. Verwendungserfolg).

---

werden allerdings die Begriffe Verkehrswert und Marktwert als Synonyme benutzt (vgl. z.B. § 194 BauGB).

461 Vgl. Motive II, S. 21 (zu § 220); Motive II, S. 837 (zu § 739).

b. Objektiver und „gerechter" Wert

Im Zusammenhang mit den zivilrechtlichen Wertbegriffen ist letztlich anzumerken, dass der gemeine oder objektive Wert vom „gerechten" bzw. „wahren" Wert (*iustum/verum pretium*) zu unterscheiden ist. Der gerechte bzw. wahre Wert wird im Zusammenhang mit der historischen Rechtsfigur der *laesio enormis*, einer allein an der Preishöhe ausgerichteten Preiskontrolle, verwendet[462]. Bei einer derartigen Preiskontrolle gibt das Recht vor, dass Preisvereinbarungen zwischen Parteien nur bis zu einer bestimmten Grenze vom gerechten Wert abweichen dürfen. Bei der römischrechtlichen laesio enormis[463] dürfte der gerechte Wert durch Verweis auf den Markt, d.h. wie der gemeine/objektive Wert des BGB, bestimmt worden sein[464]. Der so verstandene gerechte Wert entspricht inhaltlich dem gemeinen Wert; ein Unterschied besteht nur hinsichtlich des rechtlichen Zusammenhangs der Verwendung. Im mittelalterlichen Recht waren die Ansätze nicht einheitlich; teilweise wurden auch die Produktionskosten herangezogen[465]. Der in diesem Sinn verstandene gerechte Wert weicht natürlich auch inhaltlich vom gemeinen/objektiven Wert ab.

Der Gesetzgeber hat die Aufnahme einer allein an der Preishöhe ausgerichteten Preiskontrolle in das BGB ausdrücklich abgelehnt[466]. Auch wenn man nämlich zur Bestimmung des gerechten Werts (wie beim gemeinen Wert) auf den Markt verweist und das Problem, eine feste Grenze ziehen zu müssen, bei deren Überschreitung die Vereinbarung missbilligt wird[467], überwindet, ist eine solche Regelung aus einer wirtschaftsliberalen Sicht, wie der des Gesetzgebers, problematisch. Wie oben dargelegt, geht wirtschaftlicher Liberalismus nämlich davon aus, dass ein Gegenstand den Wert hat, der ihm von den Parteien zugeschrieben wird. Er zeigt sich in der Preisvereinbarung; der Preis spiegelt eine subjektive

---

462 Vom „wirklichen" Wert wird allerdings teilweise in Zusammenhang mit Vorschriften des BGB gesprochen, bei denen der objektive Verkehrswert für maßgeblich gehalten wird, vgl. z.B. BGHZ 175, 207, 213 zu § 1376 Abs. 2 BGB.

463 Siehe hierzu oben schon S. 71.

464 *Zimmermann*, Obligations, S. 265, 266.

465 Vgl. *Serfas*, Gerechter Preis, S. 37.

466 Motive II, S. 321.

467 Eine Grenzziehung kann willkürlich wirken, denn zu begründen, warum die gewählte Grenze zweckmäßiger ist als jede andere, fällt schwer. Heute sind in anderen Rechtsordnungen unterschiedliche Grenzen normiert: Nach Art. 1674 des französischen Code civil ist ein Grundstückskaufvertrag nicht durchsetzbar, wenn der Kaufpreis weniger als 7/12 (!) des Marktpreises beträgt; § 934 des österreichischen ABGB stellt auf 1/2 ab.

Einschätzung der Parteien wider. Eine Abweichung von dem durch Aggregation realer Preisvereinbarungen gebildeten objektiven Marktwert bei einer einzelnen Transaktion ist unerheblich; es gibt zunächst keinen Grund, der Preisvereinbarung die Wirksamkeit zu versagen. Nach dem BGB sind Parteien bei der Vereinbarung von Preisen prinzipiell frei; der Preis muss nicht dem (Verkehrs-)Wert entsprechen[468].

Mit § 138 Abs. 2 BGB und dem von der Rechtsprechung im Rahmen des § 138 Abs. 1 BGB entwickelten „wucherähnlichen Rechtsgeschäft"[469] existieren allerdings heute noch Regeln im BGB, die einer Parteivereinbarung Grenzen setzen und hierbei einen Vergleich zwischen der parteilichen Preisvereinbarung und einem objektiven Wert heranziehen. Bei diesen Regeln wird aber nicht vom gerechten, sondern vom objektiven Marktwert gesprochen. Es mag sich um eine begriffliche Abgrenzung zur Verdeutlichung des teleologischen Unterschieds zu historischen Rechtsfiguren, die auf der Missbilligung von ungewöhnlichen Preisvereinbarungen *per se* basierten. Eine solche war die mittelalterliche laesio enormis. Die Rechtsfigur der laesio enormis im liberalen römischen Recht hingegen dürfte trotz der begrifflichen Ausrichtung an der Preishöhe auf der Erwägung beruht haben, dass der Preis im Falle einer erheblichen Abweichung vom Üblichen durch ein wegen einer einseitigen Zwangslage entstehenden Verhandlungsungleichgewichts bestimmt wurde[470]. Hintergrund der BGB-Regeln ist in ähnlicher Weise, dass bei einer vom Marktpreis abweichenden Preisvereinbarung die Wertschätzung des Gegenstands seitens der Parteien dem der anderen Marktteilnehmer entsprechen kann, wegen besonderer Umstände ist es aber einer Partei nicht möglich, ihre Interessen durchzusetzen. Die Abweichung ist das Resultat davon, dass kein ausreichend level playing field bei der Aushandlung des Preises besteht. In diesem Fall kann die Vereinbarung auch aus der wirtschaftsliberalen Sicht des BGB beanstandet werden. Privatautonomie verlangt, dass man nach seinem Willen handeln kann. Entsprechend diesem Hintergrund reicht im

468 BGHZ 48, 344, 348.

469 Das wucherähnliche Rechtsgeschäft erfordert ein auffälliges Missverhältnis und eine verwerfliche Gesinnung des Begünstigten (vgl. aus neuerer Zeit BGH NJW 2010, 363, BGH NJW 2014, 1652).

470 Nach *Zimmermann* wurde die Regelung zur Verhinderung der Ausbeutung von Kleinbauern durch Großgrundbesitzer geschaffen; die Kleinbauern seien wegen der Justinianischen Besteuerung gezwungen gewesen, ihr Land zu jedem Preis zu verkaufen (Obligations, S. 261).

Rahmen des § 138 Abs. 1 und 2 BGB zumindest konstruktiv[471] nicht allein[472] das auffällige Missverhältnis zwischen objektivem Wert des Guts und Gegenleistung.

4. *Fazit*

Der Wert ist der ein Gut repräsentierende Geldbetrag. Er ist die aus Sicht des oder der Bewertungssubjekte, in Geld ausgedrückte, angemessene Gegenleistung für den Erwerb des Guts.

Die angemessene Gegenleistung aus Sicht *eines konkreten Bewertungssubjekts* drückt sich in dessen Zahlungsbereitschaft aus. Hier sind der Gebrauchswert oder Nutzen der ökonomischen Theorie, der Entscheidungswert der Unternehmensbewertung und der subjektive Wert des Zivilrechts einzuordnen. Die angemessene Gegenleistung aus Sicht *von zwei konkreten Parteien* drückt sich in einem von ihnen bei einer Transaktion vereinbarten Preis aus. Hier sind der wirtschaftstheoretische Tauschwert bzw. Preis im Einzelfall und der Vermittlungs-, Arbitrium- oder Schiedswert der Unternehmensbewertung einzuordnen. Sie unterscheiden sich insoweit, als es sich im ersten Fall um eine beobachtete Tatsache handelt, im zweiten um eine durch einen unabhängigen Dritten bestimmte, prognostizierte Größe. Ein „Parteienwert" in diesem Sinn ist im Zivilrecht nicht als Wertkategorie anerkannt, auch wenn das BGB im Rücktrittsrecht auf ihn verweist[473]. Die angemessene Gegenleistung aus Sicht *aller Subjekte* würde sich in einem Preis ausdrücken, der bei allen Transaktionen über das Gut auf dem Markt gezahlt würde. Ein solcher Preis ist der Marktpreis des ökonomischen Angebot-Nachfrage-Modells. In der Realität existiert dieser jedoch nicht.

---

471 Beim wucherähnlichen Rechtsgeschäft wird bei einem besonders groben Missverhältnis (bei Grundstückskaufverträgen ab einer Verkehrswertüber- oder -unterschreitung von 90%) die verwerfliche Gesinnung tatsächlich vermutet (vgl. BGH NJW 2010, 363, 364, BGH NJW 2014, 1652). Es kann ohne das Hinzutreten weiterer Umstände auf eine verwerfliche Gesinnung des Begünstigten geschlossen werden.

472 In ähnlicher Weise knüpfen die §§ 305 ff. BGB sowohl an die Umstände an, die (typischerweise) ein Verhandlungsungleichgewicht begründen, als auch an den Vertragsinhalt (§§ 307–309 BGB). Es gibt aber auch zivilrechtliche Regeln zur Absicherung der Privatautonomie in diesem Sinn, die allein an die Umstände anknüpfen, die zum Verhandlungsungleichgewicht führen, so etwa im Kartellrecht.

473 Gemäß § 346 Abs. 2 S. 2, 1. Hs. BGB ist bei der Wertbestimmung die von den Parteien bestimmte Gegenleistung anzusetzen. Der Gesetzgeber (BT-Drs. 14/6040, S. 196) führte zur Begründung aus: „Das grundsätzliche Festhalten an den vertraglichen Bewertungen erscheint interessengerecht, da die aufgetretene Störung allein die Rückabwicklung, nicht aber die von den Parteien privatautonom ausgehandelte Entgeltabrede betrifft".

Das IDW S1 kennt in diesem Zusammenhang den (umstrittenen) objektivierten Unternehmenswert und das Zivilrecht den objektiven Wert.

Die Unternehmensbewertung und das Zivilrecht, die regelmäßig den Wert von Gütern festlegen müssen, kennen verschiedene Methoden zur Feststellung der jeweiligen Werte. Hier kann grob zwischen dem Vergleichswert- und dem Ertragswertverfahren unterschieden werden. Die Vergleichswertmethode bedient sich in der Realität beobachteter Transaktionen, während die (bei zur Ertragserzielung eingesetzten Gegenständen anwendbaren) Ertragswertverfahren den jeweiligen Wert aus dem prognostizierten Ertrag ableiten wollen.

Personenbezug und Methode lassen sich begrifflich kombinieren: Der objektive Marktwert ist die aus Sicht von „Jedermann" angemessene Gegenleistung für ein Gut, der nach der Vergleichsmethode bestimmt wird. Vom objektiven Ertragswert kann man sprechen, wenn sich der Bewerter des Ertragswertverfahrens bedient. Die Feststellung eines objektiven Ertragswerts eines Guts setzt voraus, dass ein objektiver Ertrag ermittelt werden kann. Mit Blick auf Unternehmen gehen die zivilrechtliche Rechtsprechung[474] und der IDW S1 hiervon aus; die Literatur zur Unternehmensbewertung bestreitet dies.

Der objektive Marktwert ist der im Rahmen des § 818 Abs. 2 BGB regelmäßig maßgebende Wert, denn er kann bei allen Gütern (und nicht nur solchen, die zur Ertragserzielung eingesetzt werden) angewendet werden. Da in der Realität nicht ein einzelner Preis für ein Gut zu beobachten ist, ist der objektive Marktwert keine unmittelbar aus der Wirklichkeit abzuschauende Größe; er setzt eine Aggregation voraus. Da die beobachteten Preisspannen für Güter an verschiedenen Orten, zu verschiedenen Zeiten und auf verschiedenen Marktstufen erhebliche Unterschiede aufweisen, ist er auch nicht ein aus empirischen Daten abgeleitetes Rechenergebnis. Er setzt die Wertung, welche Transaktionen relevant sind, voraus. Erst hiernach kann eine rechnerische Aggregation der Transaktionen erfolgen. Der Begriff des objektiven Marktwerts bedarf der Konkretisierung. Es muss entschieden werden, welche Zeit, welcher Ort und welche Marktstufe maßgebend ist und darüber, welche Güter sachlich vergleichbar sind. Es ist, mit anderen Worten, der relevante Markt festzustellen. Dies ist eine rechtliche Aufgabe. Sie muss für jede auf den objektiven Marktwert verweisende Rechtsnorm individuell teleologisch gelöst werden.

474 Vgl. allerdings OLG Stuttgart v. 17.10.2011 – 20 W 7/11 (Leitsatz abgedruckt in: NZG 2011, 1346): „Jedenfalls erweckt diese auf das Reichsgericht zurückgehende Terminologie zu Unrecht den Eindruck, es gebe einen objektiven, dem Unternehmen oder dem Anteil wie eine Eigenschaft anhaftenden, für jedermann gleichen Wert".

Neben dem objektiven Marktwert muss auch der objektive Ertragswert rechtlich präzisiert werden. Zur Bewältigung dieser Aufgabe wäre allerdings eine vertiefte Auseinandersetzung mit der Unternehmensbewertung erforderlich, die im Rahmen dieser Arbeit nicht geleistet werden kann. Wie der objektive Ertragswert zu präzisieren ist, wird daher im Folgenden nicht behandelt.

III. Die Konkretisierung des objektiven Marktwerts

1. *Der maßgebliche Zeitpunkt*

Es bietet sich an, mit der Frage zu beginnen, auf welchen Zeitpunkt bei der Bestimmung des objektiven Werts abzustellen ist. Hierbei handelt es sich nämlich um ein bereicherungsrechtliches Standardproblem. Vom Gesetzgeber wurde die Frage explizit offen gelassen[475]. Rechtsprechung[476] und herrschende Lehre[477] nehmen an, dass der Zeitpunkt der Entstehung der Wertersatzpflicht maßgeblich ist. Bei Vorteilen, wie Gebrauchsvorteilen oder Dienstleistungen, deren Herausgabe von vornherein unmöglich ist, ist daher auf den Zeitpunkt der Entstehung des Bereicherungsanspruchs abzustellen. Bei Vorteilen, deren Herausgabe erst nachträglich unmöglich geworden ist, ist dagegen auf den Zeitpunkt der Unmöglichkeit abzustellen. Vertreten wird in der Literatur aber auch, dass auf den Zeitpunkt der Bösgläubigkeit des Schuldners[478] oder auf den Zeitpunkt der letzten mündlichen Verhandlung des Prozesses, der zur Geltendmachung des Wertersatzes vom Gläubiger geführt wird[479], abzustellen sei. Auf dieses schon häufig dargestellte und diskutierte Problem ist hier nicht näher einzugehen; anzumerken ist lediglich,

---

475 Motive II, S. 837 (zu § 739).

476 BGHZ 5, 197, 200; 35, 356, 358 f.; 168, 220, 237 ff.; BGH NJW 1963, 1299, 1301; 1995, 53, 55; 2003, 1384, 1387. Erst in der Entscheidung BGHZ 168, 120 hat der BGH klargestellt, dass bei einem nachträglich entstehenden Wertersatzanspruch der Zeitpunkt der Unmöglichkeit maßgeblich ist. Zuvor hatte das Gericht in mehreren Entscheidungen darauf hingewiesen, dass auf die Entstehung des Kondiktionsanspruchs abzustellen sei. Dies wurde in der Literatur als Entscheidung für den Zeitpunkt der Erlangung des Vorteils unabhängig von der anfänglichen Unmöglichkeit der Herausgabe interpretiert (vgl. z. B. *Koppensteiner*, NJW 1971, S. 589; *Wendehorst*, Anspruch und Ausgleich, S. 232).

477 *Larenz/Canaris*, Schuldrecht II/2, S. 282 ff.; MünchKommBGB/*Schwab*, § 818 Rn. 102 ff.; BeckOK/*Wendehorst*, § 818 Rn. 33; Soergel/*Hadding*, § 818 Rn. 25; Erman/*Buck-Heeb*, § 818 Rn. 21; Staudinger/*Lorenz*, § 818 Rn. 31.

478 *Jakobs*, Eingriffserwerb, S. 142.

479 *Koppensteiner/Kramer*, Bereicherung, S. 178; anders allerdings *Koppensteiner*, NJW 1971, S. 595 (wenn der Gegenstand vor der letzten mündlichen Verhandlung aus dem

dass die Ansicht von Rechtsprechung und herrschender Lehre überzeugend ist. Bis zum Eintritt der Unmöglichkeit ist nämlich der Bereicherungsschuldner zur Herausgabe in Natur verpflichtet, unabhängig davon, ob der Bereicherungsgegenstand seit dem Zeitpunkt der Entstehung des Bereicherungsanspruchs an Wert gewonnen oder verloren hat[480]. Die entsprechenden Wertsteigerungen oder -verluste bis zum Zeitpunkt, in dem die Herausgabe nicht mehr möglich ist, sind daher dem Gläubiger zugeordnet. Ist vor der Herausgabe Unmöglichkeit eingetreten, muss auf den Zeitpunkt der Unmöglichkeit abgestellt werden, um diese Zuordnung zu berücksichtigen.

2. *Die relevante Marktstufe*

a. *Marktstufe und „Objektivierungsgrenzen"*

Die Positionen im Wirtschaftsgefüge, aus denen Parteien heraus agieren, sind in der heutigen komplexen, mehrstufigen Wirtschaft unterschiedlich. Die bei Transaktionen über ein Gut beobachtbaren Preise unterscheiden sich unter Umständen danach, welche wirtschaftlichen Positionen die Parteien einnehmen. Ein Händler, der das Gut von einem Produzenten erwirbt, zahlt regelmäßig weniger, als ein Verbraucher, der einen Kauf vom Händler tätigt. Sind verschiedene wirtschaftliche Stufen bei einer Transaktion vertreten, so werden die beobachtbaren preislichen Unterschiede auch dadurch beeinflusst, welche Wirtschaftsstufe auf welcher Seite der Transaktion beteiligt ist. Transaktionen über ein Gut zwischen Vertretern verschiedener wirtschaftlicher Stufen erfolgen nicht stets nur „in eine Richtung", wie dies bei einer Handelskette im Sinne des obigen Beispiels der Fall ist. So werden Darlehen nicht nur von Kreditinstituten an Verbraucher gewährt, sondern auch umgekehrt (z. B. per Sparvertrag[481]). Je nach Konstellation unterscheiden sich die Preise.

Bei der Wahl der Transaktionen, die bei der Bestimmung des objektiven Marktwerts zur Aggregation herangezogen werden, muss daher unter Umständen entschieden werden, welche wirtschaftlichen Stellungen die an der Transaktion beteiligten Parteien innehaben sollen, und, wenn diese unterschiedlich sind, zusätzlich, welche Stellung auf Veräußerer- bzw. Erwerberseite vertreten sein soll. Diese Entscheidungen werden hier als Entscheidungen über die relevante

Vermögen des Schuldners ausgeschieden ist, soll der Zeitpunkt des Ausscheidens maßgeblich sein).

480 BGHZ 168, 220, 237 ff.

481 Der Sparvertrag ist nach h. A. rechtlich als Darlehen, und nicht als Verwahrungsvertrag einzuordnen, vgl. *Fikentscher/Heinemann*, SchuldR, S. 547, Rn. 1091.

Marktstufe bezeichnet. Die Feststellung des objektiven Marktwerts erfordert, dass die Marktstufe der Transaktionen, die zur Aggregation herangezogen werden, bestimmt wird.

Ist eine solche Konkretisierung für die Feststellung des Marktwerts i. S. v. § 818 Abs. 2 BGB erforderlich, muss diese prima facie „objektiv" erfolgen. Der Wert i. S. v. § 818 Abs. 2 BGB ist ein objektiver Wert. Die Konkretisierung muss daher prinzipiell ohne Bezug zum individuellen Schuldner und Gläubiger erfolgen. Die Umsetzung dieses Prinzips verursacht keine Schwierigkeiten, wenn die Konkretisierung ohne Personenbezug möglich ist. Bei der Feststellung des für die Wertbestimmung maßgeblichen Zeitpunkts war dies der Fall. Der maßgebliche Zeitpunkt wurde aus der Systematik der §§ 812, 818 BGB hergeleitet. Eine Konkretisierung ohne Personenbezug wäre im Übrigen möglich, wenn sie sich aus dem erlangten Vorteil, dessen Wert bestimmt werden soll, ableiten ließe. Bei einem Darlehen entscheiden sich die beobachteten Preise z.B. danach, in welcher Höhe ein Darlehen erlangt wird und wie lange seine Laufzeit ist. Für die Transaktionswahl bei der Bestimmung des objektiven Marktwerts, die der Aggregation der beobachteten Preise vorgelagert ist, wäre deshalb die Entscheidung erforderlich, welche Transaktionen im Hinblick auf Darlehenshöhe und -laufzeit maßgeblich sind. Diese Frage kann beantwortet werden, indem auf den erlangten Vorteil geschaut wird. Der erlangte Vorteil wird konkret und gegenständlich bestimmt: Hier ist das Erlangte die Nutzung eines bestimmten Geldbetrags für einen bestimmten Zeitraum.

Ist ein Personenbezug zur Konkretisierung erforderlich, bedeutet das noch nicht, dass diese nicht objektiv erfolgen kann. Im Allgemeinen gibt es zwei Wege der Ermittlung eines objektiven Datums aus einer Vielzahl sich unterscheidender Daten: Zum einen kann, wenn es sich um in Zahlen ausdrückbare Daten handelt und die Wertspanne als ausreichend eng zu bewerten ist, eine rechnerische Aggregation erfolgen (Durchschnitts- oder Medianbildung). So wird bei der Bildung des objektiven Marktwerts verfahren, wenn die relevanten Transaktionen feststehen. Handelt es sich nicht um in Zahlen ausdrückbare Daten, muss die Bestimmung des objektiven Datums darauf zurückzuführen sein, dass dieses „typisch" ist. Ein Datum ist nur typisch, wenn es in der Realität häufiger beobachtet wird als andere Daten. Das Datum muss sich von der Beobachtungsfrequenz her von anderen beobachteten Daten abheben. Ist ein Personenbezug zur Konkretisierung des objektiven Marktwerts erforderlich, ist denkbar, dass ein in diesem Sinn typisches Datum vorliegt, das bei der Wertbestimmung herangezogen werden kann.

Mit Blick auf die Marktstufenwahl existiert jedoch kein typisches Datum. Ohne Bezug zum Schuldner und/oder Gläubiger und zu dessen/deren Stellung im Wirtschaftsgefüge kann der Markt nicht konkretisiert werden[482]. Bei der Konkretisierung des objektiven Marktwerts stößt man insoweit an „Grenzen der Objektivierung". Da der objektive Marktwert von der Wahl eines Rechtssubjekts abhängt, besteht zwischen objektivem und subjektivem Wert nur ein gradueller Unterschied[483]. Der objektive Wert hat einen subjektiven Einschlag. Die entscheidende Frage, die es daher zu beantworten gilt, ist, auf welches Subjekt oder welche Subjekte abzustellen ist.

b. Meinungsstand

aa. Literatur: Hypothetischer Beschaffungsvorgang des Schuldners

Zu dieser Frage haben sich in der Literatur bislang nur wenige Autoren geäußert. Stellungnahmen zur Konkretisierung des Wertbegriffs, die über eine Diskussion des objektiven oder subjektiven Wertbegriffs und des für die Wertbestimmung maßgebenden Zeitpunkts hinausgehen, sind rar. Mit der Frage nach dem Subjektbezug des objektiven Werts i. S. v. § 818 Abs. 2 BGB haben sich *Scholz*[484] und *Mankowski/Schreier*[485] vertieft auseinandergesetzt. Weniger vertiefte Ausführungen finden sich bei *Wendehorst*[486] und *Larenz/Canaris*[487]. Von den genannten Autoren wird auf einen hypothetischen Beschaffungsvorgang durch den Schuldner abgestellt. *Scholz* führt zur Begründung das bereicherungsrechtliche

482 Zutreffend *Scholz*, Objektiver Wert, S. 141: Die Auswahl zwischen verschiedenen Teilmärkten „ist nicht mit dem Begriff des objektiven Werts im herkömmlichen Sinn zu lösen, denn die Durchschnittspreise auf einem Markt sind nicht weniger „objektiv" als auf einem anderen. (…) Die Ermittlung ist individualisierend, denn mit Hilfe der anwendbaren Norm wird ein Beschaffungs- oder Veräußerungsvorgang einer der am Schuldverhältnis beteiligten Personen fingiert und dafür der relevante Markt bestimmt."

483 *Wendehorst*, Anspruch und Ausgleich, S. 17.

484 Objektiver Wert, S. 38 ff., 46 ff., 55.

485 AcP 208 (2008), S. 725 ff.

486 BeckOK/*Wendehorst* § 818 Rn. 27: Maßgeblich sei der Preis, den „ein durchschnittlicher Empfänger aus dem Verkehrskreis des Betroffenen auf dem für ihn maßgeblichen Ankaufsmarkt hätte zahlen müssen". Anders allerdings *Wendehorst*, Anspruch und Ausgleich, S. 227: Der objektive Wert stelle den Preis dar, den ein Nachfrager auf dem zwischen den Parteien maßgeblichen Markt zahlen müsste.

487 *Larenz/Canaris*, Schuldrecht II/2, S. 275: Entscheidend sei, was der Bereicherungsschuldner hätte bezahlen müssen.

Schädigungsverbot an[488]. *Mankowski/Schreier* verweisen zur Begründung auf die Abschöpfungsfunktion des Bereicherungsrechts[489].

bb. OLG Stuttgart: Hypothetischer Veräußerungsvorgang des Gläubigers

In einem vom OLG Stuttgart[490] zu entscheidenden Fall hatte ein Verbraucher ein gebrauchtes Fahrzeug an einen Händler verkauft und übereignet. Der Kaufvertrag war nichtig, so dass es zu einer bereicherungsrechtlichen Rückabwicklung kam. Da der Händler das Fahrzeug bereits weiterveräußert hatte, war Wertersatz nach § 818 Abs. 2 BGB zu leisten. Die Preise, die bei einem Verkauf eines Gebrauchtwagens von einem Händler an einen Privaten und bei einer Veräußerung „Privat an Privat" verlangt werden, weichen regelmäßig voneinander ab. Die Vorinstanz hatte zur Wertermittlung gedanklich eine Veräußerung eines Händlers an einen Privaten simuliert. Das beanstandete das OLG. Es sei auf den Preis, für den ein Privater an einen weiteren Privaten verkauft hätte, abzustellen. Zur Begründung wird angeführt, „dass der Vorteil aus der Tätigkeit des Gebrauchtwagenhändlers in den objektiven Wert des Fahrzeugs nicht einfließt"[491]. Dies zeige sich auch daran, dass „der Kläger das Fahrzeug an die Händlerin verkaufte und nicht von ihr kaufte"[492]. Da auf eine Veräußerung durch einen Privaten abgestellt wird, scheint das Gericht den Preis, den der Gläubiger bei einer Veräußerung erzielen könnte, für maßgeblich zu halten.

c. Der Zweck des objektiven Werts im Rahmen des echten Bereicherungsanspruchs

Auf welches Subjekt oder welche Subjekte abzustellen ist, entscheidet der Normzweck. Es ist zu fragen, warum das Gesetz den Ersatz des objektiven Werts anordnet. Da die Bestimmung des Werts im Rahmen des § 818 Abs. 2 BGB nur zwei Parteien (und nicht, wie z.B. regelmäßig die Bestimmung der „angemessenen Barabfindung" im Rahmen des § 327a AktG, eine Vielzahl von Parteien) tangiert, ist die Antwort nicht ohne weiteres evident.

Es soll zunächst nur der klassische Anspruch aus § 812 BGB berücksichtigt werden, der eine fortbestehende Bereicherung voraussetzt (hier als „echter Bereicherungsanspruch" bezeichnet). Auf den bereicherungsunabhängigen

---

488 Objektiver Wert, S. 39–41.
489 AcP 208 (2008), S. 736.
490 NJW-RR 2003, 419.
491 OLG Stuttgart, NJW-RR 2003, 421.
492 OLG Stuttgart, NJW-RR 2003, 421.

Anspruch, der im Wege der Rechtsfortbildung entwickelt wurde, wird anschließend einzugehen sein (d.).

aa. Das ursprüngliche Verständnis des Bereicherungsanspruchs

Aus Sicht des historischen Gesetzgebers beschreibt der gemeine Wert jedenfalls den *regelmäßig vorliegenden* Vorteil des Schuldners:

> *„Bei der Vorschrift, daß der Leistende an Stelle des Geleisteten, wenn der Empfänger es herauszugeben außer Stande ist, den Werth des Geleisteten zu vergüten habe, geht der Entwurf von der Unterstellung aus, daß regelmäßig der Werth des Geleisteten in das Vermögen des Empfängers übergegangen ist und zur Zeit der Rechtshängigkeit sich noch voll in seinem Vermögen befindet, vorbehaltlich des dem Empfänger offenstehenden Beweises, daß eine wirkliche Bereicherung nicht eingetreten oder eine eingetretene wieder weggefallen sei. Die Aufstellung jener Vermuthung ist nöthig und geeignet, um zahlreichen Streitigkeiten in gerechter Weise vorzubeugen. Der Entwurf unterstellt der gleichen Regel den Fall, wenn die Beschaffenheit der Leistung von vornherein ein Herausgeben ausschließt (z. B. im Falle indebite geleisteter Dienste).“*[493]

Hinsichtlich des Vorteils des Schuldners wird durch § 818 Abs. 2 BGB eine Vermutung aufgestellt, die i. R. d. § 818 Abs. 3 BGB widerlegt werden kann. Vermutet wird, dass der Schuldner sich den Vorteil, wenn er ihn nicht „ohne Rechtsgrund“ erlangt hätte, entgeltlich auf dem Markt beschafft hätte und daher trotz des gegenständlichen Wegfalls des Vorteils noch bereichert ist (ersparte Aufwendungen). Hierbei wird ihm ein „übliches“ Verhalten unterstellt. Individuelle Umstände werden ausgeblendet. Das dient der Vereinfachung der Feststellung seines wertmäßigen Vorteils.

Hiermit ist aber nicht bewiesen, dass der objektive Wert *nur* diesen Vorteil beschreiben sollte. Wie bereits an anderer Stelle erörtert, hatte der Bereicherungsanspruch nach seinem ursprünglichen Verständnis allgemein (nach der Einheitsdoktrin, d.h. unabhängig vom Erlangungsmodus) nur die Funktion der Vorteilsabschöpfung *zum Ausgleich eines erlittenen Nachteils*. Der Haftungsgrund des Schuldners lag darin, dass er entgegen der Rechtsordnung über einen Vorteil verfügte („Etwas erlangt ohne Rechtsgrund“, § 818 Abs. 3 BGB). Die Anspruchsberechtigung des Gläubigers folgte aus seiner Vermögensminderung bzw. seinem Schaden („auf Kosten“). Der Anspruch stellte zugleich Vorteil des Schuldners und Schaden des Gläubigers dar. Vor diesem Hintergrund erscheint es plausibler, dass der objektive Wert aus Sicht des Gesetzgebers nicht nur den

493 Motive II, S. 836, 837 (zu § 739).

regelmäßig vorliegenden Vorteil des Schuldners, sondern auch den *sicher vorliegenden* Mindestschaden des Gläubigers darstellte.

Dafür, dass die Gesetzesverfasser einen Schaden des Gläubigers im objektiven Wert der nicht herausgabefähigen Sache sahen, sprechen (neben der Normierung der objektiven Wertersatzpflicht im Kontext des aus damaliger Sicht schadensabhängigen Bereicherungsanspruchs) die Gesetzesmaterialien zum Schadensrecht: § 220 des ersten Entwurfs des BGB von 1888 enthielt noch die Regelung, dass, wenn Schadensersatz für einen Gegenstand zu leisten ist, neben dem gemeinen Verkehrswert auch der außerordentliche Wert verlangt werden kann. Dass der gemeine Verkehrswert als Schaden geltend gemacht werden konnte, war selbstverständlich. Durch § 220 BGB, erster Entwurf, sollte dem Gläubiger *zusätzlich* die Geltendmachung eines weitergehenden (subjektiven) Schadens möglich sein[494]. Einen Schaden des Gläubigers in dem objektiven Wert des Vorteils zu sehen, ist auch aus heutiger Sicht nicht fernliegend, wenn man, wie die Verfasser des BGB, in erster Linie *Sachen* als Vorteile vor Augen hat. Aus heutiger Sicht wird bei der Zerstörung von Sachen der objektive Wert der Sache als ersatzfähiger Schaden angesehen, auch wenn die herrschende Ansicht prinzipiell von einem subjektiven Schadensbegriff ausgeht und einen objektiven Mindestschaden nicht anerkennt[495]. Wird z.B. ein einzigartiges Kunstwerk zerstört, wird der *Veräußerungswert* als Schaden nach § 251 Abs. 1 BGB betrachtet – und zwar unabhängig davon, ob es stets nur im Keller des Geschädigten lag, nie aufgehängt und auch nie veräußert worden wäre.

bb. Das heutige Verständnis des Bereicherungsanspruchs

Zu bedenken ist indes, dass sich das Verständnis des Bereicherungsanspruchs seit der Schaffung des BGB verändert hat. Heute gilt die Vermögensverschiebungslehre als überholt. Es wird einhellig kein Schaden des Gläubigers mehr verlangt. Insoweit erscheint die Annahme, dass der objektive Wert im Rahmen des modernen Bereicherungsanspruchs nur die Beschaffungskosten des Schuldners erfassen soll, nicht fernliegend. Die Aufgabe des Schadenserfordernisses ist daher näher zu beleuchten.

---

494 Und zwar (anders als das ALR) unabhängig von dem Verschuldensgrad des Schuldners, vgl. Motive zu § 220 (Motive II, S. 21).

495 Eine Ausnahme stellt der Schadensersatz in Höhe der üblichen Lizenzgebühr bei Immaterialgütern im Rahmen der dreifachen Schadensberechnung dar. Zur Ablehnung des objektiven Mindestschadens siehe *Wendehorst*, Anspruch und Ausgleich, S. 95 ff.; *Magnus*, Schaden, S. 319.

Die Aufgabe des Schadenserfordernisses steht im Zusammenhang mit der Schwierigkeit der Schadensfeststellung bei unkörperlichen Vorteilen. Diese Schwierigkeit folgt bei den Sachnutzungen daraus, dass die Nutzungsmöglichkeit einer Sache transitorisch ist, d.h. mit Zeitablauf notwendig wegfällt. Wurde eine Sache des Gläubigers von dem Schuldner eine Zeit lang genutzt, stellt man bei der Anwendung der Differenzhypothese fest, dass die Nutzungsmöglichkeit auch ohne die Inanspruchnahme durch den Schuldner nicht mehr im Vermögen des Gläubigers wäre. Ein durch Vergleich der Vermögenslagen mit und ohne Inanspruchnahme der Nutzung festzustellender Vermögensschaden in Höhe des *Veräußerungswerts* kann nach dem subjektiven Schadensverständnis nur bejaht werden, wenn eine Veräußerung der Nutzung durch den Gläubiger in der maßgeblichen Zeit (an einen Dritten) erfolgt wäre. Anders als bei den Vorteilen in Form von Sachen kann nicht auf die zukünftige Veräußerungsmöglichkeit verwiesen werden.

Die zur *Beschaffung der Nutzung aufgewendeten Kosten* (z.B. Kosten des Kapitaleinsatzes in dem Zeitraum der Nutzung und eine etwaige gebrauchsbedingte Wertminderung) kann der Gläubiger in der Regel ebenfalls nicht verlangen. Die Frustrationsthese, die einen Vermögensschaden in den frustrierten Aufwendungen des Schuldners sieht und daher auch zu dem Ergebnis gelangt, dass die Beschaffungskosten ersatzfähig sind, wird nach herrschender Ansicht[496] wegen der Gefahr einer „uferlosen Materialisierung des Immateriellen"[497], die im Widerspruch zu § 253 BGB stünde, abgelehnt. Zutreffend ist, dass z.B. im Fall der Verletzung einer Person, die im Krankenhaus behandelt werden muss, Ersatz für alle frustrierten Kosten der Lebenshaltung von der Miete bis zum anteiligen Mitgliedschaftsbeitrag für den Tennisverein nicht gewährt werden sollte[498]. Das gilt unabhängig von § 253 BGB auch deshalb, weil sich extrem hohe Haftungssummen und eine unerträgliche Ausweitung des zu ersetzenden Schadens ergeben können. Das im Deliktsrecht bestehende Spannungsverhältnis zwischen Güterschutz und Handlungsfreiheit[499] würde zu einseitig aufgelöst. Im obigen Beispielsfall der Verletzung einer Person lassen sich die Schadenspositionen freilich schon bei der Zurechnung ausschließen, wenn davon ausgegangen wird, dass die Sorgfaltspflicht des § 823 BGB die körperliche Integrität, und nicht den

---

496 Vgl. *Lange*, Schadensersatz, § 6 IV (S. 256). Der Frustrationsgedanke klingt in der Rechtsprechung nur in wenigen frühen Urteilen an (z.B. BGH NJW 1956, 1234, 1235- Seereisefall).

497 *Lange*, Schadensersatz, § 6 IV (S. 256).

498 Vgl. BGHZ 55, 146, 149 ff. – Jagdpacht.

499 Vgl. *Larenz/Canaris*, Schuldrecht II/2, S. 350.

konkreten Lebensstil, schützen soll und dass mittelbare Schäden, die nicht den in § 842 BGB ausdrücklich genannten Erwerb betreffen, nicht erfasst werden (Schutzzweck der Norm).

Ein Schaden in Höhe der *Wiederbeschaffungskosten* (Naturalrestitution, § 249 Abs. 2 S. 1 BGB) liegt bei entgangener Nutzung vor, wenn tatsächlich für den Zeitraum, in dem die Nutzung nicht möglich war, Ersatz beschafft wurde (z.B. wurde für den Zeitraum, in dem die Nutzung eines Autos nicht möglich war, ein Ersatzauto angemietet). Ebenfalls liegt nach der Rechtsprechung des BGH bei *manchen* Nutzungsgegenständen (zuletzt: Internetzugang[500]) ein Schaden in Höhe der (z. T. etwas reduzierten) Wiederbeschaffungskosten vor, wenn kein Ersatz angemietet wurde. Dogmatisch wird dies damit begründet, dass die relevanten Nutzungen Vermögenswert hätten und der „Nutzungsausfall an sich" daher einen Vermögensschaden darstelle. Die Rechtsprechung wurde ursprünglich im Zusammenhang mit der Nutzung eines privaten PKW, der bei einem Unfall beschädigt wurde und daher während der Reparaturzeit nicht genutzt werden konnte, entwickelt. Dass es sich beim Nutzungsausfall um einen Vermögensschaden handele, ergebe sich daraus, „dass die Verfügbarkeit des Fahrzeugs innerhalb und außerhalb des Erwerbslebens geeignet ist, Zeit und Kraft zu sparen und damit das Fortkommen im allgemeinsten Sinn zu fördern."[501] Der BGH verlangt aber einschränkend, dass die entgangene Nutzung „fühlbar" war[502], d.h. die Person muss in der Lage gewesen sein, das Fahrzeug zu nutzen. Die Voraussetzung liegt z.B. nicht vor, wenn die Person auf Grund des Unfalls verletzt und deshalb nicht in der Lage war, ein Fahrzeug zu führen. In späteren Entscheidungen stellte der BGH klar, dass die Regeln zur entgangenen Nutzung eines Kraftfahrzeugs nicht auf alle anderen nutzbaren Güter übertragbar sind. Nur Güter wie ein Fahrzeug oder eine Wohnung, nicht aber „Luxusgüter", wie ein Boot[503], ein Wohnwagen[504] oder ein Pelzmantel[505] können bei entgangener Nutzung eine abstrakte Entschädigung rechtfertigen. Es muss sich Wirtschaftsgüter von zentraler Bedeutung für die eigenwirtschaftliche Lebenshaltung handeln[506].

Anzumerken ist, dass sich der Geldwert der „Nutzung an sich" unter Berücksichtigung der vom BGH aufgestellten Grundsätze nur schwer begründen lässt.

---

500 BGHZ 196, 101.
501 BGHZ 45, 212, 215.
502 BGHZ 45, 212, 219; BGHZ 98, 212, 220.
503 BGHZ 89, 60, 64.
504 BGHZ 86, 128, 133.
505 BGHZ 63, 393, 398.
506 BGHZ 98, 212, 222.

Der Vermögensschaden kann zum einen nicht damit begründet werden, dass für die entgangene Nutzung Aufwendungen getätigt wurden – dann müsste nämlich auch bei den „Luxusgütern" ein Vermögensschaden angenommen werden. Zum anderen passt die ursprüngliche Begründung des Vermögensschadens wegen einer Zeitersparnis nicht auf andere Gegenstände, wie die Wohnung, die später in die Rechtsprechung mit einbezogen wurden. Dogmatisch nachzuvollziehen ist die Rechtsprechung nur, wenn man sie als Fall der *objektivierten und normativierten Schadensfeststellung* begreift: Es liegt ein Schaden in Höhe der Wiederbeschaffungskosten vor, wenn nicht das konkrete individuelle Verhalten (Objektivierung), sondern das einer nicht übermäßig sparsamen (Normativierung) Partei in der Situation des Gläubigers bei der Anwendung der Differenzhypothese angesetzt wird. Das Abstellen auf das normativ „Angemessene" ist dem Schadensrecht nicht fremd: Nach den Grundsätzen der versagten Vorteilsanrechnung kann die Tatsache, dass eine Partei überobligatorisch aktiv zur Schadensabwendung oder -minderung tätig wird, den Schaden nicht reduzieren. Statt auf die tatsächliche Lage abzustellen, wird der Maßstab des normativ Angemessenen bei der Schadensbestimmung verwendet. Der Unterschied ist nur, dass in den Nutzungsfällen kein überobligatorisches Handeln, sondern ein überobligatorisches Unterlassen korrigiert wird. Auf das normativ „Angemessene" wird im Schadensrecht auch zugunsten des Schuldners abgestellt: Gemäß § 254 Abs. 2 BGB wird der vom Schuldner zu ersetzende Schaden reduziert, wenn der Gläubiger durch unangemessenes Verhalten zur Vergrößerung des tatsächlichen Schadens beigetragen hat. Wenn ein Pelzmantel im Zeitraum bis zur Reparatur des geschädigten Pelzmantels angemietet wird, dürften diese Kosten nicht ersatzfähig sein, weil es zumutbar ist, ohne den Mantel bis zur Reparatur auszukommen. Die Anmietung eines Fahrzeugs ist nur gerechtfertigt und verstößt nicht gegen die Schadensminderungspflicht nach § 254 Abs. 2 BGB, wenn der Wagen tatsächlich genutzt werden kann und benötigt wird. Vor diesem Hintergrund lässt sich die Begrenzung der abstrakten Nutzungsentschädigung auf die Fälle der „bedeutenden Güter", in denen auch noch „Fühlbarkeit" vorliegt, erklären: Die bei einer tatsächlichen Anmietung im Rahmen des § 254 Abs. 2 BGB vorzunehmende Normativierung wird bereits bei der Schadensfeststellung berücksichtigt. Wenn man erkennt, dass es bei der abstrakten Nutzungsausfallentschädigung nicht um eine Erweiterung des Vermögensschadensbegriffs, sondern um die Anwendung des normativen Schadensbegriffs geht, können die von der Rechtsprechung vorgenommenen Wertungen offengelegt und auf Plausibilität überprüft werden. Der BGH bewertet mit seiner Rechtsprechung, wann die Beschaffung eines Nutzungsersatzes angemessen ist. Es erscheint plausibel, nur von der Angemessenheit der Ersatzbeschaffung auszugehen, wenn die Nutzung überhaupt wahrgenommen werden kann (Fühlbarkeit). Die Differenzierung zwischen wichtigen Gütern und Luxusgütern erscheint hingegen zweifelhaft. Das Gesetz kennt grundsätzlich keine solche Differenzierung. Der Eigentümer eines Luxusguts kann genauso wie der Eigentümer eines üblichen Guts Ersatz für das Gut verlangen, wenn es zerstört wird. Es gibt keinen Grundsatz, dass untypisch hohe Schäden nicht ersetzt werden (vgl. § 254 Abs. 2 S. 1, 1. Var. BGB). Die Schaffung der Gefahr besonders hoher Schäden durch die Tätigung besonders hoher Investitionen rechtfertigt nicht, dass die Partei ihren eigenen Schaden tragen muss.

Die übrigen unkörperlichen Vorteile bereiten bei der Feststellung eines Schadens des Gläubigers durch deren Inanspruchnahme durch den Schuldner ähnliche Schwierigkeiten, so z.B. im Flugreisefall[507] (kein Schaden weil der Flug nicht ausgebucht war) und im Herrenreiterfall[508] (kein Schaden weil ein Veräußerungswille nicht gegeben war). Bei Vorteilen in Gestalt von Dienstleistungen liegt ein Vermögensnachteil hinsichtlich des Einsatzes der Arbeitszeit nur vor, wenn der Gläubiger diese in dem relevanten Zeitraum anderweitig entgeltlich eingesetzt hätte, wenn er nicht an den Schuldner geleistet hätte (§ 252 BGB). Die Schadensfeststellung bei der Nutzung von Immaterialgütern wurde für so schwierig befunden, dass eine gesonderte Methode zur Feststellung, nämlich die dreifache Schadensberechnung, entwickelt wurde[509].

Exemplarisch für die Schwierigkeiten, die zur Lösung vom Schadenserfordernis führten, ist der Gleisanlagenfall des Reichsgerichts[510]. Der Kläger war Eigentümer eines Grundstücks, das durch eine Grunddienstbarkeit zugunsten eines benachbarten Grundstücks belastet war. Der Eigentümer des herrschenden Grundstücks durfte aufgrund der Dienstbarkeit Eisenbahnwagen auf einer Gleisanlage über das dienende Grundstück zu einem spezifizierten dritten Grundstück befördern. Der Beklagte beförderte aber Wagen über das Grundstück des Klägers auch zu weiteren Grundstücken; es lag insoweit eine unzulässige

507 BGHZ 55, 128.

508 BGHZ 26, 349. In den Fällen der unerlaubten Inanspruchnahme des Persönlichkeitsrechts hat der BGH den Schadensersatzanspruch inzwischen vom subjektiven Veräußerungswillen des Gläubigers entkoppelt (Lafontaine, BGHZ 169, 340).

509 Den Ausgangspunkt bildete die Ariston-Entscheidung des Reichsgerichts (RGZ 35, 63). Vgl. zur Schwierigkeit der Feststellung eines Schadens bei Eingriffen in Immaterialgüter und zur Entstehung der dreifachen Schadensberechnung: *Ellger*, Bereicherung durch Eingriff, S. 620 ff.

510 RGZ 97, 310.

„Mehrbenutzung" vor. Das Reichsgericht lehnte einen Anspruch aus Delikt ab, weil ein Schaden des Klägers nicht feststellbar sei. Einen Anspruch aus Eingriffskondiktion bejahte es hingegen. Den für den Bereicherungsanspruch erforderlichen Vermögensnachteil begründete es damit, dass der Beklagte für die Mehrbenutzung der Gleisanlage auf dem klägerischen Grundstück hätte zahlen müssen, diesen Betrag aber erspart, „und somit dem Kläger entzogen" habe. Man erkennt in der Entscheidung den Übergang von der Vermögensverschiebungszur Zuweisungslehre. Ein Schaden wird verneint, ein „Nachteil" aber bejaht. Dieser Nachteil wird nicht durch einen Vergleich der Vermögenslage des Gläubigers mit und ohne Eingriff in das Eigentum festgestellt (Differenzhypothese), sondern i. S. e. Vergleichs der Vermögenslage bei Inanspruchnahme des Vorteils mit und ohne Rechtsgrund.

Hintergrund des dogmatischen Wandels war, dass man in manchen Fällen einen Schaden nicht feststellen konnte, dem Gläubiger den Anspruch aber nicht verweigern wollte. Der Gläubiger sollte auch bei den nicht verkörperten Vorteilen wie der Nutzung einer Sache, wenn ein Schaden mangels Veräußerungswillens und dem Bestehen einer konkreten oder üblicherweise vorhandenen (vgl. § 252 BGB) Veräußerungsmöglichkeit abzulehnen ist, den Anspruch erhalten. Gemeint ist die faktische Unmöglichkeit der Veräußerung mangels weiterer Interessenten (ein Interessent reicht, um den Vorteil als Vermögensvorteil zu betrachten!), die von der rechtlichen Veräußerungsmöglichkeit aufgrund einer Veräußerungsbefugnis zu unterscheiden ist. Die nach wie vor erhebliche rechtliche Veräußerungsmöglichkeit fehlte beispielsweise dem Eigentümer hinsichtlich der Nutzung der Wohnung im Fall BGHZ 131, 297 (unberechtigte Untervermietung), der die Nutzung bereits an den (Ober-)Mieter veräußert hatte, fehlte.

Die entscheidende Erkenntnis ist, dass die Aufgabe des Schadenserfordernisses zur Privilegierung des Gläubigers erfolgte. Sie verfolgte nicht den Zweck, den Schuldner bereits auf der Ebene des § 818 Abs. 2 BGB vor einer Schädigung zu schützen. Man wollte, dass die ungegenständlichen Vorteile wie die gegenständlichen behandelt werden, und passte das dogmatische Verständnis entsprechend an. Nicht der Anspruchsinhalt sollte verändert werden, sondern seine Voraussetzungen und sein Anwendungsbereich. Daher kann auch nicht angenommen werden, dass der objektive Wert i. S. v. § 818 Abs. 2 eine Veränderung durch den dogmatischen Wandel erfahren hat. Durch die begriffliche Aufgabe des Schadenserfordernisses war es zwar auf einmal dogmatisch möglich, dem Wert i. S. v. § 818 Abs. 2 BGB einen anderen Inhalt zu geben. Die auf die Aufgabe des Schadenserfordernisses hin entwickelte herrschende Zuweisungsgehaltslehre beschränkte sich aber darauf, den erweiterten Anwendungsbereich des Bereicherungsanspruchs dogmatisch zu rechtfertigen. Um den Anspruch des Gläubigers zu rechtfertigen, wird in den Eingriffsfällen, in denen dem Tatbestandsmerkmal „auf Kosten“ noch Bedeutung zugemessen wird, auf die Zuweisung des Vorteils an den Gläubiger zurückgegriffen[511]. Der Zuweisungsgehalt wird nach herrschender Meinung konkretisiert, indem nach der rechtlichen und tatsächlichen Entgeltfähigkeit der in Anspruch genommenen Position gefragt wird. Wenn eine Position rechtlich und faktisch gegen Entgelt veräußert werden kann, hängt bei deren Inanspruchnahme durch einen Dritten die Bejahung eines subjektiven Schadens in Höhe des Veräußerungswerts nur noch davon ab, ob der individuelle Gläubiger einen Veräußerungswillen und eine konkrete Veräußerungsmöglichkeit hatte.

Der objektive Wert ist daher nach wie vor als Größe zu verstehen, die zugleich die Beschaffungskosten des Schuldners und den Veräußerungswert für den Gläubiger erfassen soll. Das würde theoretisch dadurch erreicht, dass man den Wert bestimmte, der bei einer hypothetischen Veräußerung des Vorteils durch den Gläubiger an den Schuldner vereinbart würde. Aus hiesiger Sicht besteht der Zweck des objektiven Werts daher darin, *den Preis, auf den sich die Parteien bei einer Veräußerung des Vorteils durch den Gläubiger an den Schuldner geeinigt hätten, zu simulieren.* Verfolgt man diesen Zweck, ist es sinnvoll, wie der Gesetzgeber auf den objektiven Wert abzustellen. Die Feststellung des Preises, auf den die Parteien sich einigen würden, ist nämlich in Situationen, in denen § 818 Abs. 2 BGB anzuwenden ist, schwierig, weil „bei bereits erfolgtem Ressourcentransfer (…) der Anreiz zur Offenlegung der wahren Nutzenpräferenzen fehlt“[512]. Eine ex post Bestimmung des Preises könnte daher nur erfolgen, indem auf die konkreten Umstände des Falls zurückgegriffen und den Parteien billiges Vorgehen unterstellt wird. Existiert ein Wert, den Jedermann für das Gut zahlt, einigen sich fair agierende Parteien auf ihn. Der objektive Wert setzt insoweit den Zweck um und erleichtert zugleich die Rechtsanwendung.

Der Zweck des objektiven Werts kann darin gesehen werden, den „Parteienwert“ zu erfassen. Um die Terminologie der Unternehmensbewertung zu nutzen, soll mit dem objektiven Wert ein „Schiedswert“ erfasst werden. Wie bereits erörtert, wird in der Unternehmensbewertung mit dem Schiedswert der von einem unabhängigen Dritten festgelegte Preis bezeichnet, der einen gerechten Interessenausgleich zwischen zwei konkreten Parteien schafft; eine bestimmte Wertermittlungsmethode wird nicht vorausgesetzt. Der Zweck kann genauso

511 Siehe oben (S. 23 ff).

512 *Ellger*, Bereicherung durch Eingriff, S. 332.

darin gesehen werden, einen Preis festzusetzen, der den Maßstäben des billigen Ermessens i. S. v. § 317 Abs. 1 BGB genügt. Billiges Ermessen bedeutet, dass die Bestimmung die Interessen beider Parteien berücksichtigt, sich im Rahmen des in vergleichbaren Fällen Üblichen hält und nach der Lage der besonderen Umstände des Falles als angemessen, sachlich begründet und persönlich zumutbar erscheinen muss[513].

Die Annahme, dass mit dem objektiven Wert i. S. d. § 818 Abs. 2 BGB der Preis erfasst werden soll, den die beteiligten Parteien bei einer Transaktion vereinbart hätten, ist nicht neu. *Ellger* führt (für den Anspruch aus Eingriffskondiktion) beispielsweise aus:

> *„Im Rahmen eines Anspruchs aus Eingriffskondiktion muß ein Tausch auf vertraglicher Grundlage zwischen den Parteien simuliert werden, indem eine Gegenleistung für die Nutzung des fremden Rechts ermittelt wird, die derjenigen möglichst nahe kommt, auf die sich die Parteien ex ante geeinigt hätten"*[514].

Wenn nach § 818 Abs. 2 BGB eine Lizenzgebühr für die unbefugte Nutzung von Fotoaufnahmen zu Werbezwecken zu zahlen ist, ist nach der Rechtsprechung

> *„bei der Bemessung der Vergütung (...) darauf abzustellen, welches Entgelt vernünftige Vertragspartner in der Lage der Parteien als angemessenes Honorar für die werbemäßige Verwertung der Fotos (...) ausgehandelt hätten"*[515].

d. Konsequenzen für die Marktstufenwahl

Für die Bestimmung des objektiven Werts folgt daraus, dass auf den für die Parteien maßgeblichen Markt, d. h. auf den Markt, auf dem sie sich bei einer Veräußerung des Guts durch den Gläubiger an den Schuldner träfen, abzustellen ist[516].

Zum vom OLG Stuttgart[517] zur Lösung des Problems der Marktstufenwahl angeführten (aus § 687 Abs. 2 BGB abgeleiteten) Grundsatz, dass mit dem Bereicherungsanspruch nicht die Früchte der Leistung des Schuldners verlangt werden können, ist an dieser Stelle Folgendes anzumerken: Es trifft zwar zu, dass Preisunterschiede, die auf verschiedenen Marktstufen beobachtet werden, die Vergütung gewerblicher Tätigkeiten (etwa des Händlers) reflektieren.

---

513 BGH NJW 1973, 142, 142.

514 Bereicherung durch Eingriff, S. 332. Zur ökonomischen Rechtfertigung des so verstandenen Anspruchs: S. 345 ff.

515 BGHZ 30, 7, 17; BGH GRUR 1982, 286, 288; BGH NJW 1992, 2084, 2085; zuletzt LG Hamburg, ZUM-RD 2010, 625, 627.

516 Zutreffend *Wendehorst*, Anspruch und Ausgleich, S. 227.

517 NJW-RR 2003, 419, 421.

Ob der Preisunterschied aber rechtlich als Frucht der Leistung des Schuldners zu bewerten ist, ist damit nicht beantwortet. Dass der Preisunterschied dem Schuldner zugewiesen ist und somit die Erstreckung des Anspruchs auf ihn eine unzulässige echte Gewinnherausgabe darstellte, ergibt sich erst daraus, dass mit dem objektiven Wert der Betrag erfasst werden soll, den der Gläubiger bei einer Veräußerung des Guts erzielt hätte. Erst wenn feststeht, wie der objektive Wert zu bestimmen ist, ist die Frage beantwortet, welcher Betrag dem Gläubiger auf der Wertebene zugewiesen ist. Das *Ergebnis* des OLG Stuttgart verdient indes Zustimmung[518].

Häufig dürfte es einen in diesem Sinn zwischen den Parteien angesiedelten Markt geben. Jedenfalls bei der Leistungskondiktion treffen sich Gläubiger und Schuldner bei einer Transaktion, so dass hier ein solcher existieren muss. Es ist dennoch denkbar, dass dies nicht der Fall ist. Der Veranschaulichung soll der von *Scholz* gebildete Fall dienen, in dem auf dem Weg von der Brauerei zum Großhandel ein Fass Bier vom LKW fällt und von einem Verbraucher gefunden und verbraucht wird[519]. Will man, wie *Scholz*, den Marktwert allein aus Sicht des Schuldners bilden, ist der Wert der Preis des Fasses im Getränkeladen (Einzelhandel)[520]. Aus hiesiger Sicht ist zu fragen, auf welchen Preis sich die Parteien geeinigt hätten, wenn die konkreten Umstände des Falls berücksichtigt werden und den Parteien billiges Verhalten unterstellt wird. Angesichts der Tatsache, dass die positive Differenz des Preises im Einzelhandel zu dem im Großhandel darauf beruht, dass die Tätigkeit des Zwischenhändlers entlohnt wird, dürften sich zwei fair agierende Parteien darauf einigen, dass der Großhandelspreis zu zahlen ist. Eine Tätigkeit des Zwischenhändlers hat nämlich nicht stattgefunden.

e. *Exkurs: Der im Wege der Rechtsfortbildung entwickelte bereicherungsunabhängige Anspruch aus § 812 BGB*

Im Bereich der Eingriffskondiktion hat sich seit der Entstehung des BGB eine komplett neue Funktion des § 812 BGB entwickelt. Die Norm beherbergt heute nicht mehr nur den traditionellen, „echten" Bereicherungsanspruch, der von der Bereicherung des Schuldners abhängig ist. Inzwischen fungiert § 812 BGB auch als Grundlage für eine *bereicherungsunabhängige* quasikontraktliche Haftung

518 Das Gericht stellte auf den Preis bei einem Verkauf „Privat an Privat" ab, dieser entspricht aber dem Preis bei einem Verkauf „Privat an Händler", da Private und Händler als Nachfrager auf dem gleichen Markt agieren (vgl. *Scholz*, Objektiver Wert, S. 29).

519 Objektiver Wert, S. 40.

520 Siehe obige Fn.

in Eingriffsfällen[521]. Die Aufgabe der Vorteilsabhängigkeit als Prinzip legt es nahe, dass in diesem Bereich der Zweck der Gewährung eines Anspruchs auf den objektiven Wert geändert hat, so dass hier eine abweichende Auslegung des objektiven Werts und folglich eine andere Bestimmung des relevanten Marktes gerechtfertigt sein könnte.

aa. Die Rechtsfortbildung und ihre Rechtfertigung

(1) Haftung des bösgläubigen Schuldners

Spätestens seit der Flugreiseentscheidung des BGH[522] aus dem Jahr 1971 ist anerkannt, dass den bösgläubigen Bereicherungsschuldner eine bereicherungsunabhängige Wertersatzhaftung aus § 812 BGB trifft[523]. In dem Fall gelang es bekanntlich einem Minderjährigen, an einem nicht ausgebuchten Flug von Hamburg nach New York ohne Flugticket teilzunehmen. Ein subjektiver Schaden der Fluggesellschaft lag nicht vor, weil diese keinen zahlenden Passagier zurückgewiesen hat. Eine (fortbestehende) Bereicherung des Minderjährigen konnte ebenfalls nicht bejaht werden, da keine konkrete Ersparnis vorlag. Die Reise stellte für den Minderjährigen einen Luxus dar, den er sich nie verschafft hätte, wenn er dafür hätte bezahlen müssen. Er verfügte auch nicht über die Mittel, um die Beförderungsleistung zu erwerben. Der BGH sah einen Bereicherungsanspruch dennoch als gegeben an. Im Anschluss an *v. Caemmerer* nahm das Gericht an, dass die Beschränkung auf die noch vorhandene Bereicherung gemäß § 818 Abs. 3 BGB nur den gutgläubigen Schuldner begünstigen soll. Ein bösgläubiger Bereicherungsschuldner könne sich nicht auf § 818 Abs. 3 BGB berufen[524]. Da *v. Caemmerer* den Vorteil im Rahmen von § 812 BGB gegenständlich und den Wert i. R. v. § 818 Abs. 2 BGB objektiv bestimmt, wird durch die Einschränkung des § 818 Abs. 3 BGB eine bereicherungsunabhängige Haftung in Höhe des objektiven Werts des Vorteils begründet. Durch die gegenständliche Bestimmung gilt dies auch für unkörperliche Vorteile, wie Dienstleistungen. Der BGH musste im Rahmen der Flugreiseentscheidung eine andere rechtstechnische Konstruktion des Anspruchs wählen. Weil zum Zeitpunkt der Entscheidung von der Rechtsprechung noch die vermögensorientierte Bestimmung des

---

521 Die Einschränkungen des § 818 Abs. 3 BGB in Zusammenhang mit der Saldotheorie lösen den Anspruch nicht in gleicher Weise von der Bereicherung; zur Saldotheorie siehe S. 182 ff.

522 BGHZ 55, 128.

523 *Larenz/Canaris*, Schuldrecht II/2, S. 319.

524 Bzgl. der Bösgläubigkeit wurde unter Heranziehung von § 828 BGB analog auf die Kenntnis des Minderjährigen, und nicht dessen gesetzlichen Vertreter abgestellt.

Erlangten bei nicht verkörperten Vorteilen vertreten wurde, musste das Gericht die Haftung damit begründen, dass der Nichteintritt und der Wegfall einer Bereicherung gleich zu behandeln sind. Wegen des Abstellens auf die ersparten Aufwendungen als „Erlangtem" musste das Gericht den auch von ihm anerkannten Grundsatz, der Bösgläubige könne sich nicht auf eine Entreicherung berufen, auf die Ebene der Anspruchsentstehung übertragen: Der Bösgläubige könne sich nicht darauf berufen, nichts erlangt zu haben.

Der bereicherungsunabhängige quasikontraktliche Anspruch aus § 812 BGB wird nach der heute herrschenden Ansicht (auch bei unkörperlichen, transitorischen Vorteilen wie Dienstleistungen) konstruiert, indem die Entreicherungseinwendung des § 818 Abs. 3 BGB aus teleologischen Gründen bei dem bösgläubigen (oder verklagten) Schuldner ausgeschlossen wird[525]. Die Einschränkung des § 818 Abs. 3 BGB wird systematisch damit begründet, dass aus §§ 819 Abs. 1, 818 Abs. 4 BGB zu schließen sei, dass die Vorschrift nur den Zweck habe, den gutgläubigen Schuldner zu schützen[526]. Durch §§ 818 Abs. 4, 819 Abs. 1 BGB ist allerdings nur geregelt, dass der bösgläubige Schuldner nach den allgemeinen Vorschriften, d.h. nach §§ 292, 989 BGB auf Schadensersatz wegen der verschuldeten Unmöglichkeit der Herausgabe des Vorteils haftet[527]. §§ 818 Abs. 4, 819 Abs. 1 BGB begründen eine Schadensersatzhaftung *neben* dem nach wie vor *bereicherungsabhängigen* Bereicherungsanspruch. Aus ihnen folgt nicht, dass der bösgläubige Schuldner i. R. d. § 812 BGB bereicherungsunabhängig haftet.

Zur Überwindung dieser Hürde wird angeführt, dass „derjenige, der sich ein fremdes Gut in Kenntnis der Rechtsgrundlosigkeit zunutze macht, (...) nicht besser stehen darf, als derjenige, der es korrekt erwirbt und (...) einen entsprechenden entgeltlichen Vertrag schließt"[528]. Das Argument zur Begründung der Haftung überzeugt. Es kann nicht angehen, dass eine Partei durch die wissentliche Inanspruchnahme eines fremden Rechtsguts, die wissentliche Rechtsgutsverletzung, profitiert. Ohne eine quasikontraktliche Haftung wäre das aber aufgrund des subjektiven Schadensverständnisses im Rahmen der §§ 823 ff. BGB möglich. Wenn die Partei, deren Rechtsgut durch Inanspruchnahme verletzt wurde, dieses selbst nicht gebraucht und die Nutzung nicht veräußert hätte, liegt kein Schaden vor. Wenn der Eingreifende den Vorteil „verprasst" hat, liegt auch

525 Grundlegend *v. Caemmerer*, Bereicherung, S. 368.
526 *Larenz/Canaris*, Schuldrecht II/2, S. 259 ff., 319 f.
527 *Larenz/Canaris* (Schuldrecht II/2, S. 260) sprechen von einer „verhältnismäßig kühnen Rechtsfortbildung".
528 *Larenz/Canaris*, Schuldrecht II/2, S. 319.

keine Bereicherung vor. Es würde in solchen Situationen ein Anreiz zu illegalem Handeln geschaffen.

(2) Haftung des gutgläubigen Schuldners

Eine bereicherungsunabhängige Wertersatzhaftung nach § 812 BGB wird aber nicht nur bei bösgläubigen Schuldnern angenommen. Sie kann auch den gutgläubigen Schuldner treffen. Die Haftung hat ihren Ausgangspunkt in der oben bereits dargestellten Gleisanlageentscheidung des Reichsgerichts[529]. Die Beklagte wendete ein, sie sei mangels einer konkreten Ersparnis nicht bereichert, weil sie sich, wenn sie von der Mehrbenutzung der Gleisanlage abgesehen hätte, anders beholfen hätte (d.h., sie hätte nicht ein Entgelt für den Vorteil gezahlt, sondern eine andere Möglichkeit zum Transport gefunden). In dem Urteil wurde festgestellt, dass sie sich wegen dieses Umstands nicht auf § 818 Abs. 3 BGB berufen könne, weil sie sich an der Sachlage, die sie selbst geschaffen habe, festhalten lassen müsse. In dem Gleisanlagefall dürfte Bösgläubigkeit der Beklagten vorgelegen haben[530]. Die Beklagte hatte, nachdem sie ein Schreiben vom Eigentümer erhalten hatte, in dem dieser sich gegen die Nutzung wehrte, das Grundstück weiterhin rechtwidrig genutzt. Der positiven Kenntnis i. S. v. § 819 Abs. 1 BGB ist der Fall gleichzustellen, in dem der Schuldner vor der wahren Sach- oder Rechtslage „geradezu die Augen verschließt“[531]. Das Urteil stellt dennoch den Ursprung der bereicherungsunabhängigen Wertersatzhaftung des gutgläubigen Schuldners nach § 812 BGB dar, weil der in ihm erstmals formulierte Gedanke, der Schuldner müsse sich im Rahmen des § 818 Abs. 3 BGB an der von ihm selbst geschaffenen Sachlage festhalten lassen, in späteren Entscheidungen auf die Haftung des nicht bösgläubigen Schuldners übertragen wurde[532].

Fraglich ist, worin die materielle Rechtfertigung der bereicherungsunabhängigen Haftung in diesen Fällen liegt. Die oben für den vorsätzlichen Eingriff einschlägige Begründung lässt sich nicht anführen. *Larenz/Canaris*[533] wollen die Haftung mit dem venire contra factum proprium-Grundsatz begründen (§ 242 BGB). Die Rechtfertigung des Anspruchs soll darin liegen, dass der Schuldner zwar nicht das zu leistende Entgelt erspart, aber doch einen „wenn auch nicht in

---

529 RGZ 97, 310 ff.

530 A. A. wohl *Larenz/Canaris*, Schuldrecht II/2, S. 308.

531 *Larenz/Canaris*, Schuldrecht II/2, S. 309, 310.

532 BGHZ 20, 345 (Paul Dahlke); BGH NJW 1981, 2402 (Carrera); BGH, Urteil v. 14.4.1992 – VI ZR 285/91 = BGH NJW 1992, 2084 (Joachim Fuchsberger); BGHZ 169, 340 (Lafontaine); LG Hamburg ZUM-RD 2010, 625.

533 Schuldrecht II/2, S. 307, 308, 320.

Geld bezifferbaren Vorteil" erlangt habe[534]. Im Paul Dahlke-Fall habe die Schuldnerin durch die Nutzung der Fotos möglicherweise ihren Absatz gesteigert oder zumindest das Image ihrer Ware verbessert[535]; im Gleisanlagefall habe die Beklagte jedenfalls Vorteile „der Bequemlichkeit"[536], die Beklagte im Hamburger Parkplatzfall[537] eine „Zeit- und Benzinersparnis" erlangt[538]. Dass jemand einen nicht herausgabefähigen Vorteil nicht unentgeltlich soll behalten dürfen, stelle ein klassisches Wertungskriterium im Rahmen des Rechtsmissbrauchseinwandes, insbesondere des venire contra factum proprium dar; hinzukommen müsse, dass dem Schuldner die geschaffene Lage zurechenbar ist[539].

Für die Annahme von *Larenz/Canaris*, dass sich der Bereicherungsanspruch wegen des tatsächlichen Vorliegens einer (irgendwie gearteten) Bereicherung rechtfertige, könnte sprechen, dass der BGH in einer Entscheidung im Zusammenhang mit Ausführungen zum bereicherungsunabhängigen Anspruch aus § 812 BGB betont hat, dass das unberechtigte Ausnutzen eines Bildnisses zeige, dass der Schuldner ihm einen *wirtschaftlichen Wert beimesse*[540]. Fraglich bleibt jedoch, warum dem Schuldner die Einwendung aus § 818 Abs. 3 BGB vollständig abgeschnitten wird. Wäre es dem BGH um das Vorliegen einer irgendwie gearteten Bereicherung gegangen, hätte es nahe gelegen, die Entscheidungen damit zu begründen, dass die Entreicherung den ihm im Rahmen des § 818 Abs. 3 BGB obliegenden Nachweis nicht erbracht habe, weil nicht auszuschließen sei, dass eine (wie auch immer geartete) Bereicherung noch fortbesteht.

Aus hiesiger Sicht ist die Rechtsprechung anders zu erklären. Die Haftung rechtfertigt sich aus dem *fahrlässigen deliktischen Eingriff in das fremde absolute Rechtsgut*. Wenn die Rechtsprechung feststellt, dass die Beklagte „sich vielmehr an der Sachlage, die sie selbst geschaffen hat, festhalten lassen"[541] muss, wird einerseits auf die *Handlung des Schuldners* abgestellt, nämlich das Ausnutzen des Bildnisses eines Dritten für kommerzielle Zwecke, andererseits auf deren *Zurechenbarkeit*. In allen Fällen – bis auf BGH NJW 1992, 2084 – lag eine fahrlässige

534 *Larenz/Canaris*, Schuldrecht II/2, S. 308.

535 *Larenz/Canaris*, Schuldrecht II/2, S. 308.

536 *Larenz/Canaris*, Schuldrecht II/2, S. 308.

537 BGHZ 21, 319, 335, 336 (aus Sicht des BGH ein „faktischer Vertrag", aber aus heutiger Sicht über die gesetzliche Haftung zu lösen).

538 *Larenz/Canaris*, Schuldrecht II/2, S. 320.

539 *Larenz/Canaris*, Schuldrecht II/2, S. 308.

540 BGHZ 169, 340, 344 (Lafontaine).

541 BGHZ 20, 345, 355; BGH NJW 1992, 2084, 2085; LG Hamburg ZUM-RD 2010, 625, 627.

Inanspruchnahme des Rechtsguts durch den Schuldner vor. Das Verschulden ist bei der Nutzung von Fotografien zu Werbezwecken regelmäßig zu bejahen: „Jemand, der das Bildnis einer anderen Person eigennützig (...) veröffentlichen will, (muss) nach ständiger Rechtsprechung besonders gründlich prüfen, ob und wieweit er dazu befugt ist (...). Dieser Prüfungspflicht genügt er im Regelfall nicht schon dadurch, daß er das Foto von einem Berufsfotografen oder einer Presse- bzw. Werbeagentur erwirbt; gerade in solchen Fällen kann vielmehr Anlaß zu besonderer Nachfrage bestehen“[542]. Das LG Frankfurt a. M. scheint das Verschulden sogar vermuten zu wollen[543]. Auch *Larenz/Canaris* führen aus, dass sich die Beklagte im Paul Dahlke-Fall durch Rückfrage bei Paul Dahlke seines Einverständnisses hätte versichern müssen[544] und dass der Schuldner im Hamburger Parkplatzfall einen „riskanten Rechtsstandpunkt“ vertreten habe, als er sich zur unentgeltlichen Nutzung des Parkplatzes befugt glaubte[545].

Der „Ausreißer“-Fall BGH NJW 1992, 2084 (Joachim Fuchsberger), in dem ein Verschulden der Schuldnerin vom Gericht verneint, der Bereicherungsanspruch aber bejaht wurde, bedarf der näheren Untersuchung. In dem Fall war auf einer Feier ein Foto von einem bekannten Schauspieler und Fernsehmoderator aufgenommen worden, als dieser ein Brillenmodell, welches die Beklagte in ihrem Optikergeschäft vertrieb, trug. Dieses Foto wurde der Beklagten von ihrem Einkaufsverband (einer GmbH, der ca. 250 Optikergeschäfte angehörten) mit den Hinweisen „für die Pressearbeit und für die Dekoration in Ihrem Geschäft“ und „Abdruck honorarfrei“ zugeschickt. Die Beklagte veröffentlichte daraufhin eine Anzeige mit dem Foto in einer Tageszeitung. Das Berufungsgericht lehnte einen Anspruch des Schauspielers gegen die Beklagte ab: Ein deliktischer Anspruch scheide mangels Verschuldens der Beklagten und ein Bereicherungsanspruch aufgrund der Subsidiarität der Eingriffskondiktion aus; die Beklagte habe die Nutzung durch Leistung ihres Verbands erlangt und damit nicht „auf sonstige Weise“. Der BGH lehnte ebenfalls einen deliktischen Anspruch ab, bejahte aber den Anspruch aus § 812 Abs. 1, S. 1, 2. Var. BGB. Ob nach den gängigen Maßstäben hier tatsächlich ein (eigenes) Verschulden der Beklagten abzulehnen

542 BGH NJW 1992, 2084 m. w. N.

543 ZUM-RD 2009, 468, 470 (Jens Lehmann): „Wird ein Foto ohne Einwilligung des Abgebildeten und ohne vorherige Rückfrage zu Werbezwecken veröffentlicht, so kann die darin liegende Verletzung des Persönlichkeitsrechts nur unter ganz besonderen Umständen unverschuldet sein (...), so dass hier mangels gegenteiliger Anhaltspunkte von schuldhaftem Handeln auszugehen ist.“

544 *Larenz/Canaris*, Schuldrecht II/2, S. 308.

545 *Larenz/Canaris*, Schuldrecht II/2, S. 320.

war, soll dahingestellt bleiben. Zutreffend ist jedenfalls, dass der Bereicherungsanspruch nicht am Subsidiaritätsdogma scheitert: Nur weil eine Partei leisten will, leistet sie noch nicht; sie muss dem Empfänger einen Vorteil verschaffen (wie etwa trotz fehlender Berechtigung durch Übereignung nach §§ 929, 932 BGB). Die Frage stellt sich aber, warum eine Bereicherung für den Bereicherungsanspruch entbehrlich war. Aus hiesiger Sicht ging es auch bei dieser Entscheidung letztendlich um Verschulden; zwar nicht das der Beklagten, aber das des Einkaufverbands. Ein Verschulden des Einkaufsverbands lag aus Sicht des Gerichts vor, es war jedoch nicht möglich, die Beklagte hierfür haftbar zu machen, da der Einkaufsverband, eine rechtlich selbständige GmbH, mangels Weisungsbefugnis der Beklagten kein Verrichtungsgehilfe i. S. v. § 831 BGB war. Der BGH sah den Einkaufsverband aber als „Werbehelfer" der Beklagten an. Aus hiesiger Sicht wurde der Bereicherungsanspruch trotz der begrifflichen Ablehnung einer Verschuldenszurechnung vom Gericht zur Umgehung des Fehlens einer deliktischen Zurechnungsnorm i. S. d. § 278 BGB, die bei einem Outsourcing von Aufgaben eines Unternehmens an andere Unternehmen angewendet werden kann, utilisiert. Es ist nicht ungewöhnlich, dass der instinktiv als mangelhaft empfundene deliktsrechtliche Schutz ohne explizite Durchbrechung der gesetzlichen Schadensersatznormen ausgehebelt wird. Die Entwicklung des Vertrags mit Schutzwirkung zugunsten Dritter, der Drittschadensliquidation und des (erst durch die Schuldrechtsreform 2002 gesetzlich geregelten) vorvertraglichen Schuldverhältnisses (culpa in contrahendo) diente beispielsweise der Ausbesserung deliktsrechtlicher Defizite[546]. In der Literatur wird darüber gestaunt, „wie verwegen mittlerweile die Brücken konstruiert werden, mit deren Hilfe die Rechtsprechung die deliktsrechtliche Fallabwicklung zu vermeiden"[547] und den Zugriff auf vertragsrechtliche Grundsätze sucht.

Das Verständnis des bereicherungsunabhängigen Anspruchs aus § 812 Abs. 1 S. 1, 2. Var. BGB als deliktische Haftung wegen der verschuldeten Inanspruchnahme eines fremden, absolut geschützten Guts erklärt, warum die Haftung den gutgläubigen Schuldner trifft. Während das Bereicherungsrecht zwischen Gut- und Bösgläubigkeit differenziert, ist dies für das Deliktsrecht irrelevant. Entscheidend ist nur das Verschulden; nach § 823 BGB werden Vorsatz und Fahrlässigkeit gleich behandelt. Im Übrigen sichert diese Betrachtungsweise ab, dass eine Haftung nur bei Vorliegen einer Bereicherung oder einer verschuldeten deliktischen Handlung anerkannt wird. Das ist wünschenswert, denn eine

546 Staudinger/*Belling*, § 831 Rn. 32 ff.
547 *Kötz/Wagner*, DeliktsR, Rn. 327.

Haftung ohne Bereicherung und ohne verschuldete Rechtsgutsverletzung ist dem im BGB angelegten Haftungssystem fremd.

bb. Verortung des Anspruchs im Haftungssystem und Konsequenz für § 818 Abs. 2 BGB

Aus hiesiger Sicht sollte die oben dargestellte bereicherungsunabhängige Haftung aus § 812 BGB in das Deliktsrecht verlagert werden, da sie deliktischer Natur ist. Eine „Entwirrung" des Bereicherungsrechts ist überfällig. Bei der Anspruchsprüfung könnte zudem der Begründungsaufwand verringert werden[548]. Der Grund, warum die Haftung nach allgemeiner Ansicht im Bereicherungsrecht verortet wird, ist die Ablehnung des objektiven Schadens, d.h. eines (Mindest-)Schadens in Höhe des Veräußerungswerts des Vorteils, durch die herrschende Ansicht. Ob ein solcher objektiver Schaden allgemein anerkannt werden sollte, kann dahingestellt bleiben[549]. Denn jedenfalls ist er bei *Eingriffen in Form der Inanspruchnahme eines fremden Guts* längst Realität[550]: Es wird schließlich ein Anspruch auf den objektiven Wert bei solchen Eingriffen gewährt, auch wenn dieser begrifflich dem Bereicherungsrecht zugeordnet wird. Der absolute Rechtsgüterschutz würde durch folgendes abgestufte Haftungssystem bei einem Eingriff durch Inanspruchnahme eines fremden Guts gewährt: Bei einem vorsätzlichen Eingriff wird eine „echte Gewinnhaftung" durch § 687 Abs. 2 BGB angeordnet. Der Gläubiger kann die Herausgabe des tatsächlichen Gewinns fordern. Bei einem vorsätzlichen oder fahrlässigen Eingriff kann der Gläubiger nach §§ 823 ff. BGB Ersatz des subjektiven Schadens oder den objektiven Wert verlangen. Liegt kein Verschulden vor, haftet der Schuldner nur in Höhe seiner (noch bestehenden) Bereicherung nach § 812 Abs. 1, 2. Var. BGB.

Im Ergebnis ist der durch Rechtsfortbildung im Rahmen des § 812 BGB entwickelte bereicherungsunabhängige Anspruch mit seiner Funktion bei der Konkretisierung des objektiven Werts i. S. v. § 818 Abs. 2 BGB nicht zu berücksichtigen.

---

548 Z. B. erübrigte sich die Frage, ob §§ 827, 828 BGB (oder §§ 104 ff. BGB) analog anzuwenden sind (vgl. BGHZ 55, 128, 135 ff. (Flugreisefall)).

549 Dafür z.B. *Jahr*, AcP, 183 (1983), S. 730 ff., 760 ff.

550 Das folgt aus der Anerkennung des bereicherungsunabhängigen Anspruchs im Rahmen des § 812 BGB; siehe aber jetzt auch die Entscheidung BGHZ 169, 340, 344 (und Leitsatz) (Lafontaine), in der ausdrücklich auch im Rahmen des § 823 BGB ein objektiver Schaden in Höhe der objektiven Lizenzgebühr anerkannt wird.

3. *Der maßgebliche sachliche Markt*

Nachdem die maßgebliche Marktstufe gewählt ist, muss der Markt in sachlicher Hinsicht konkretisiert werden. *Mankowski/Schreier* wollen zur Konkretisierung des Marktes in sachlicher Hinsicht das Bedarfsmarktkonzept des Kartellrechts fruchtbar machen[551]. Das Kartellrecht muss seit jeher zur Ermittlung des Konkurrenzdrucks auf Unternehmen den relevanten Produktmarkt abstecken[552]. Zur Abgrenzung des sachlich relevanten Marktes, d.h. der Leistungen oder Güter, die kartellrechtlich als vergleichbar zu betrachten sind, wird traditionell auf das Bedarfsmarktkonzept zurückgegriffen; ergänzend wird die Angebotsumstellungsflexibilität der Unternehmen herangezogen[553]. Zur Absteckung des Bedarfsmarkts ist zu fragen, welche Produkte funktional austauschbar sind[554]; auf eine physikalisch-technische oder chemische Identität kommt es nicht an[555]. Maßgeblich ist die Sicht eines durchschnittlichen, vernünftigen[556] oder verständigen[557] Nachfragers des Produkts. Anhaltspunkte sollen die Kreuzpreiselastizität[558] der Produkte und der SSNIP-Test (Small but Significant Non-transitory Increase in Price-Test)[559] geben[560]. Die relevante Marktstufe muss zunächst festgelegt werden, um den sachlichen Markt bestimmen zu können. Der Bedarf der Marktgegenseite kann „je nach der Wirtschaftsstufe, der die Nachfrageseite

---

551 AcP 208 (2008), S. 736. Im Kartellrecht wird der Markt auch in räumlicher und zeitlicher Hinsicht abgegrenzt. *Mankowski/Schreier* verweisen aber bzgl. des maßgeblichen Zeitpunkts und Orts auf vorrangige zivilrechtliche Wertungen (AcP 208 (2008), S. 739, 740).

552 *Wurmnest*, Marktmacht, S. 269.

553 *Rittner/Dreher/Kulka*, Kartellrecht, Rn. 734, 736.

554 Vgl. die Bekanntmachung der Kommission über die Definition des relevanten Marktes im Sinne des Wettbewerbsrechts der Gemeinschaft (97/C 372/03), Amtsblatt Nr. C 372 vom 09/12/1997 S. 0005 – 0013, Rz. 7: „Der sachlich relevante Produktmarkt umfaßt sämtliche Erzeugnisse und/oder Dienstleistungen, die von den Verbrauchern hinsichtlich ihrer Eigenschaften, Preise und ihres vorgesehenen Verwendungszwecks als austauschbar oder substituierbar angesehen werden."

555 BKartA WuW/E 2591, 2593.

556 OLG Düsseldorf, AG 2005, 847, 848.

557 KG, Beschluss v. 18.2.1969, WuW/E OLG, 995 ff.

558 Die Kreuzpreiselastizität misst, wie sich der Absatz eines Gutes im Falle der Preisänderung eines anderen Gutes verändert.

559 Diese Methode wird von der Kommission bevorzugt, vgl. Bekanntmachung der Kommission über die Definition des relevanten Marktes im Sinne des Wettbewerbsrechts der Gemeinschaft (97/C 372/03), Amtsblatt Nr. C 372 vom 09/12/1997 S. 0005 – 0013, Rz. 17.

560 *Rittner/Dreher/Kulka*, Kartellrecht, Rn. 734.

angehört, verschieden sein [...]. So ist die Nachfrage der Verbraucher nicht etwa gleichzusetzen mit derjenigen der Zwischenhändler oder der Unternehmen, die Wartungs- und Reparaturleistungen an der Hauptware gewerbsmäßig ausführen, mag auch diese von jener abhängig sein."[561]

Gegen das Abstellen auf die Sicht eines durchschnittlichen, vernünftigen Nachfragers im Bereicherungsrecht sind keine Einwände zu erheben, sofern sowohl der Schuldner als auch der Gläubiger als Nachfrager des Produkts agieren. Der Zweck des objektiven Werts ermöglicht zwar ein Abstellen auf die konkreten Umstände, die bei einer Transaktion zwischen den Parteien maßgeblich wären, d.h. auf die sachliche Vergleichbarkeit aus Sicht der Parteien. Sofern die Konkretisierung des objektiven Werts ohne individuellen Bezug zum Schuldner und Gläubiger möglich ist, dürfte dies aber regelmäßig die einfachste Methode darstellen, um den Zweck zu realisieren. Hat der zu konkretisierende Parameter einen notwendigen Personenbezug, ist daher zunächst zu fragen, ob auf eine objektive, weil typische Sicht abgestellt werden kann. Erst wenn dies nicht möglich ist, muss unter Berücksichtigung des Zwecks des objektiven Werts, den Preis, den die Parteien vereinbart hätten, zu bestimmen, eine andere Lösung gefunden werden. Die Feststellung der sachlichen Vergleichbarkeit von Gütern ist von der Bewertung von Subjekten abhängig und insoweit personenbezogen. Wie das Kartellrecht aber unterstellt, existiert unter Nachfragern eines Guts regelmäßig eine typische Sicht. Auf diese insoweit objektive Sicht kann auch im Bereicherungsrecht abgestellt werden, wenn beide Parteien Nachfrager sind, beispielsweise zwei Verbraucher. Ist dies nicht der Fall, müsste auf die typische Sicht der wirtschaftlichen Gruppe(n), dem Gläubiger und Schuldner zuzuordnen sind, abgestellt werden.

Die Zweckmäßigkeit der Anwendung des kartellrechtlichen Bedarfsmarktkonzepts zur Bestimmung der Transaktionen, die bei der Bildung des objektiven Marktwerts i. S. v. § 818 Abs. 2 BGB zu aggregieren sind, ist aber aus hiesiger Sicht dennoch zweifelhaft[562]. Das Kartellrecht hat nämlich das Ziel, die Marktmacht von Unternehmen festzustellen. Bei der Marktabgrenzung sollen alle Produktangebote einbezogen werden, die das Preisgebaren des Unternehmens beeinflussen[563]. Im Rahmen des § 818 Abs. 2 BGB ist hingegen das Ziel, den

561 BGH, NJW 1973, 280, 281.

562 Bedenken gegen eine Übertragung der kartellrechtlichen Marktabgrenzung auf die Feststellung des objektiven Werts i. R. v. § 138 BGB hat (ebenfalls wegen der abweichenden Teleologie) *Berjasevic*, Wucherähnliche Rechtsgeschäfte, S. 298.

563 Bekanntmachung der Kommission über die Definition des relevanten Marktes im Sinne des Wettbewerbsrechts der Gemeinschaft (97/C 372/03), Amtsblatt Nr. C 372 vom 09/12/1997 S. 0005 – 0013, Rz. 16.

Preis, der in dem in der Vergangenheit liegenden, maßgeblichen Zeitpunkt für ein konkretes Gut gezahlt worden wäre, zu schätzen. Während im Kartellrecht diskutabel ist, ob Bananen und anderes Frischobst zum gleichen Markt gehören[564], würde wohl niemand auf die Idee kommen, den objektiven Marktwert im Rahmen des § 818 Abs. 2 BGB einer Banane unter Heranziehung der Preise für sonstiges Frischobst zu bilden. Das liegt daran, dass im Bereicherungsrecht nicht zur Sicherung des Wettbewerbs alle denkbaren Substitutionsmöglichkeiten berücksichtigt werden müssen; es reicht aus, wenn eine Vielzahl von Transaktionen zur Aggregation herangezogen wird. Da es um die Bestimmung des Werts eines bestimmten Guts geht, werden hierbei idealerweise nur Produkte berücksichtigt, die in der historischen Angebotssituation von dem durchschnittlichen Nachfrager als in jeder Hinsicht dem Gut entsprechend betrachtet wurden. Wenn man darauf abstellt, ob andere Produkte Einfluss auf die Preisgestaltung und den Absatz des relevanten Guts haben können, wird der Kreis weiter gezogen. Für Güter, die kartellrechtlich dem gleichen Markt zuzuordnen sind, werden daher auch nicht unbedingt ähnliche Preise gezahlt; ein Preisunterschied ist nur ein Indiz für das Vorliegen unterschiedlicher Märkte[565]. Nach dem SSNIP-Test gehört zwar ein Alternativprodukt zum relevanten Markt, wenn Kunden als Reaktion auf eine bleibende Erhöhung der relativen Preise zwischen 5 und 10 % für die betreffenden Produkte auf leicht verfügbare Substitute ausweichen würden. Daraus ist aber nicht zu schließen, dass zwischen verschiedenen Gütern des gleichen kartellrechtlichen Marktes maximal ein Preisunterschied in dieser Höhe bestehen kann. Es ist nämlich nicht Voraussetzung des SSNIP-Tests, dass vor der Preiserhöhung die gleichen Preise für das Gut gezahlt wurden.

Das Problem der Übertragung der kartellrechtlichen Marktabgrenzung auf § 818 Abs. 2 BGB liegt also regelmäßig nicht in der Partei, auf deren Sicht abgestellt wird, sondern in dem Maßstab, nach dem aus deren Sicht ermittelt wird, ob sachliche Vergleichbarkeit von Gütern zu bejahen ist. Während im Kartellrecht zu fragen ist, ob der Bedarf auch durch ein anderes Produkt gedeckt werden könnte (und bei einer Preiserhöhung durch dieses auch gedeckt würde), ist im Bereicherungsrecht entscheidend, ob die Person das eine Gut gegen das andere eintauschen würde. Anders gewendet: Bei einer ordinalen Nutzenmessung würde kein Unterschied festgestellt werden, d.h. die Person könnte keine Präferenzreihenfolge im Hinblick auf die verschiedenen Güter erstellen[566]. Bei der

564 Siehe EuGH, Urteil vom 14. Februar 1978 – C-27/76 – Slg. 1978, 207.

565 Vgl. *Mankowski/Schreier*, AcP 208 (2008), S. 738.

566 Wirtschaftswissenschaftlich wird bei solchen Gütern von Homogenität gesprochen. Hierfür ist (wie auch bei der kartellrechtlichen sachlichen Marktabgrenzung) die

sachlichen Marktabgrenzung im Bereicherungsrecht ist in diesem Sinn auf die Austauschbarkeit der Güter aus Sicht eines durchschnittlichen, vernünftigen Nachfragers abzustellen.

Evident ist im Übrigen, dass die im Kartellrecht utilisierte Angebotsumstellungsflexibilität von Unternehmen keine Bedeutung im Bereicherungsrecht haben kann. Wegen des Vergangenheitsbezugs bei der Wertfeststellung können Produkte, die ein Unternehmen künftig anbieten könnte, keine Rolle spielen. Das Kartellrecht hat aus hiesiger Sicht daher nur insoweit für den objektiven Marktwert i. S. d. § 818 Abs. 2 BGB Bedeutung, als Transaktionen, die kartellrechtlich zu beanstanden sind, bei der Wertermittlung nicht berücksichtigt werden können (normative Grenzfunktion). Hierauf wird sogleich zurückzukommen sein (IV.).

4. Der maßgebliche örtliche Markt

Sofern örtliche Märkte zu unterscheiden sind, kann der relevante örtliche Markt ohne Bezug zu den individuellen Parteien nicht bestimmt werden; insbesondere ist über den relevanten Ort nicht durch die konkrete und gegenständliche Bestimmung des erlangten Vorteils entschieden. Bei nichtigem Werkvertrag wird beispielsweise die Werkleistung erlangt, und nicht „die Werkleistung am Ort X". Da ein „typischer" Ort nicht existiert, ist zu fragen, welchen örtlichen Markt die Parteien bei ihrer Preisvereinbarung bei billigem Vorgehen berücksichtigt hätten. Zur Bestimmung des örtlichen Markts sind daher die konkreten Umstände im Einzelfall heranzuziehen: Es ist zu fragen, wo eine etwaige Sachleistung erbracht wurde bzw. wo sich das Gut befand, in das durch Nutzung eingegriffen wurde. Anschließend ist zu entscheiden, welcher örtliche Umkreis typischerweise berücksichtigungsfähig ist.

IV. Der objektive Wert bei Fehlen eines Marktes

Zur Bestimmung des objektiven Werts kann nicht immer unmittelbar auf den Markt zurückgegriffen werden. Das Fehlen eines Markts, dessen Transaktionen unmittelbar zur Aggregation herangezogen werden können, kann zum einen darauf zurückzuführen sein, dass es keine Güter gibt, die mit dem zu bewertenden Gut sachlich vergleichbar sind. Das wäre beispielsweise bei einem Werk eines berühmten Künstlers der Fall. Aus Preisen, die bei Transaktionen über andere

---

physikalisch-technische oder chemische Identität irrelevant. Die Vertretbarkeit (i. S. d. § 91 BGB) ist ebenfalls bedeutungslos (zumindest missverständlich daher *Winner*, Wert und Preis, S. 6, 7).

Gegenstände vereinbart werden, lässt sich der Marktwert daher nicht ohne weiteres ableiten. Von solchen Konstellationen ist der Fall abzugrenzen, in dem gar kein Vermögenswert vorliegt, z.B. bei einem Liebesbrief. Der Brief mag zwar für eine einzelne Person einen hohen Wert in dem Sinne haben, dass sie bereit wäre hohe Geldbeträge zu zahlen, um ihren Besitz an ihm zu wahren. Um einen Vermögenswert bejahen zu können, müssen aber zumindest zwei potenziell an einer Transaktion interessierte Parteien dem Gegenstand einen Geldwert zuweisen; ansonsten ist eine Veräußerung nicht denkbar und ein Vermögenswert abzulehnen. Bei Gegenständen mit rein ideellem Wert kann es nur einen Herausgabeanspruch aus § 812 BGB geben[567], nicht aber einen Wertersatzanspruch gemäß §§ 812, 818 Abs. 2 BGB.

Weiterhin kann in diesem Sinn ein Markt fehlen, weil der maßgebliche Vorteil nicht isoliert gehandelt wird. So liegt der Fall beispielsweise bei der Nutzung eines eigenen Kraftfahrzeugs. Nur die Nutzung eines Mietfahrzeugs wird isoliert gehandelt. Die Nutzung eines eigenen Fahrzeugs ist ein Vorteil, der mit dem Eigentum an dem Fahrzeug zusammen veräußert wird. Bei solchen Transaktionen werden nur Preise für den Gesamtvorteil vereinbart.

Letztlich kann das Fehlen eines Markts rechtlich begründet sein. Es mögen zwar Transaktionen in der Realität existieren, auf die zurückgegriffen werden könnte. Bei der Bestimmung des objektiven Marktwerts i. S. v. § 818 Abs. 2 BGB können aber keine Transaktionen berücksichtigt werden, bei denen die Preisvereinbarungen gesetzlich missbilligt werden. Solche Transaktionen sind stets vor der Aggregation „auszusortieren". Dies führt noch nicht zu dem Fehlen eines Markts, wenn wenige Geschäfte von vielen (z.B. wegen Verstoßes gegen § 138 Abs. 2 BGB) herausgefiltert werden müssen. Sind aber alle Geschäfte auf dem relevanten Markt rechtlich zu beanstanden, fehlt der Markt. Das wäre der Fall, wenn ein nicht funktionsfähiger Markt im kartellrechtlichen Sinn vorliegt. Das Kartellrecht bewertet, wann vom Versagen des Markts auszugehen ist. Wenn das Zivilrecht „Anleihen beim Markt macht, so muss dies ein normativ gebilligter Markt sein"[568]. Zur Frage, wie im Fall eines kartellrechtlich zu beanstandenden Markts bei der Bestimmung des objektiven Marktwerts zu verfahren ist, haben

567 Diesen muss es aber auch geben. Nicht zutreffend ist insoweit die verbreitete Ansicht (vgl. BGH NJW 1952, 417), die allgemein einen Vermögenswert des Erlangten fordert: Dieser ist nur Voraussetzung des Bereicherungsanspruchs, wenn eine Naturalrestitution nicht möglich ist (vgl. *Canaris*, JZ 1971, 560, 561; MünchKommBGB/*Schwab*, § 818 Rn. 3).

568 *Mankowski/Schreier*, AcP 208 (2008), S. 746.

Mankowski/Schreier bereits ausführlich Stellung genommen[569]: Es ist der hypothetische Wettbewerbspreis, d.h. der Preis, der für das in Rede stehende Gut auf einem Markt mit funktionierendem Wettbewerb zu zahlen wäre, zu ermitteln[570]. Im Folgenden ist daher nur auf die ersten beiden dargelegten Konstellationen einzugehen.

Fehlt ein Markt, ist selbstverständlich bei Ertragsgegenständen das Abstellen auf den objektiven Ertragswert denkbar. Handelt es sich nicht um einen Ertragsgegenstand, steht man aber vor einem Problem. Sicher ist nur, dass der Markt in irgendeiner Weise mittelbar herangezogen werden muss. Das Recht kann „aus dem Nichts" keine Preise festlegen[571]. Die Rechtsprechung hat im Zusammenhang mit Dienst-/Werkleistungen wiederholt festgestellt, dass bei dem Fehlen eines Marktwerts (einer „üblichen Vergütung") auf den „angemessenen" Wert abzustellen ist.[572] Da der angemessene Wert einen Anwendungsfall des objektiven Werts darstellt, dürfte für die Rechtsprechung die objektive Angemessenheit, d.h. die Angemessenheit aus Sicht von Jedermann maßgeblich sein.

Zu fragen bleibt aber, was unter objektiver Angemessenheit zu verstehen sein kann. Aus der Rechtsprechung geht nur hervor, dass es für die Angemessenheit gleichgültig sein soll, „ob die Tätigkeit erfolgreich ist, d.h. zu einer entsprechenden Mehrung des Empfängervermögens (...) geführt hat"[573]. Eine Definition, die bei der Rechtsanwendung im Einzelfall keinerlei Fragen mehr offen lässt, kann auch hier nicht geboten werden. Für die Bestimmung des angemessenen Werts ist aber folgender Hinweis zu geben: Aufgrund des Zwecks des objektiven Werts ist es geboten, auf die Angemessenheit für die individuellen Parteien abzustellen. Der Richter kann Abstand vom objektiv Angemessenen nehmen und stattdessen die konkreten berechtigten Parteiinteressen ohne Bevorzugung einer Seite berücksichtigen. Es wäre ausreichend, einen Preis festzusetzen, der den Maßstäben des billigen Ermessens i. S. v. § 317 Abs. 1 BGB genügt[574].

---

569 *Mankowski/Schreier*, AcP 208 (2008), S. 751 ff.

570 *Mankowski/Schreier*, AcP 208 (2008), S. 752.

571 Vgl. *Mankowski/Schreier*, AcP 208 (2008), S. 730.

572 BGHZ 37, 258, 264; BGH NJW-RR 1986, 155, 155; BGH NJW 2000, 1560, 1562; erneut zuletzt OLG Naumburg, Urteil v. 11.2.2010 – 1 U 84/09 (Leitsatz abgedruckt in: BauR 2010, 1277).

573 OLG Naumburg, Urteil v. 11.2.2010 – 1 U 84/09 (zweiter Leitsatz).

574 Billiges Ermessen bedeutet, dass die Bestimmung die Interessen beider Parteien berücksichtigt, sich im Rahmen des in vergleichbaren Fällen Üblichen hält und nach der Lage der besonderen Umstände des Falles als angemessen, sachlich begründet und persönlich zumutbar erscheinen muss (siehe bereits oben S.).

V. Gleichsetzung des bei einem unwirksamen Vertrag vereinbarten Entgelts mit dem Wert i. S. v. § 818 Abs. 2 BGB?

Bei der Anwendung des Bereicherungsanspruchs zur Rückabwicklung nichtiger Verträge wird vertreten, dass als objektiver Wert das zwischen den Parteien vereinbarte Entgelt anzusetzen ist[575]. Gegen die Heranziehung des im Rahmen des nichtigen Vertrags vereinbarten Preises zur Bestimmung des objektiven Werts (in Gestalt des Marktwerts) wird zunächst angeführt, dass dieser nur *einen* Veräußerungswert in der Marktspanne darstelle, und somit *den Marktwert* nicht wiedergebe[576]. Wenn man aber der hier vertretenen Auffassung ist, dass der objektive Wert den Zweck verfolgt, den Preis, den die Parteien bei einer Veräußerung des Gläubigers an den Schuldner vereinbart hätten, zu erfassen, und dieser Zweck nur regelmäßig durch Abstellen auf den objektiven Wert zu realisieren ist, weil dies den einfachsten Weg zur Zweckrealisierung darstellt, geht das Argument ins Leere. Wenn sich der Zweck, durch eine andere, einfachere Methode verwirklichen lässt, kann gegen ihre Anwendung nichts eingewendet werden. Die Heranziehung der zwischen den Parteien getroffenen Preisvereinbarung kann eine solche Methode darstellen. Die Wertfeststellung wäre einfacher und wirkte sich daher u. U. positiv auf die Prozesskosten aus, was angesichts des dem § 287 Abs. 2 ZPO zugrundeliegenden Grundsatzes, dass der Prozessaufwand zur Klärung der streitigen Höhe einer Forderung im Verhältnis zur Bedeutung der Forderung stehen muss, relevant sein kann.

Der zweite, gewichtigere Einwand gegen die Heranziehung des vereinbarten Entgelts ist, dass der Preisvereinbarung jegliche Bedeutung abzusprechen sei, da der Vertrag nichtig ist[577]. Damit sei auch das von den Parteien festgelegte Äquivalenzverhältnis von Leistung und Gegenleistung betroffen[578].

Vorweg ist klarzustellen, dass die Äquivalenzvereinbarung nur für die *vereinbarte* Leistung Bedeutung haben kann. Weicht die tatsächlich erbrachte Leistung ab (z.B. bei im Verhältnis zur vereinbarten Leistung mangelhafter tatsächlicher Leistung oder weil die Leistung wegen der sofortigen Rückabwicklung anders einzuschätzen ist[579]), müsste sie selbstverständlich angepasst werden.

---

575 Erman/Westermann/*Buck-Heeb*, § 818 Rn. 24.

576 So begründen *Mankowski/Schreier* (AcP 208 (2008), S. 733) die Irrelevanz des vereinbarten Entgelts.

577 MünchKommBGB/*Schwab* § 818 Rn. 84.

578 Siehe obige Fn.

579 Vgl. *Larenz/Canaris* (Schuldrecht II/2, S. 275)): Es werden unterschiedliche Preise (Zinsen) für kurzfristige und langfristige Darlehen gezahlt.

Zur Beurteilung der Relevanz der parteilichen Preisvereinbarung für die Bestimmung des Werts der vereinbarten Leistung ist zunächst anzumerken, dass die Berücksichtigung von Parteientscheidungen, die im nichtigen Vertrag zum Ausdruck kommen, keine derart systemfremde Methode ist, wie es die strikte Ablehnung einer Berücksichtigung der vertraglichen Preisvereinbarung in der Literatur nahelegt. Bei der Anwendung des § 818 Abs. 3 BGB wird die Methode z.B. nicht als dogmatischer Affront gewertet. Obwohl in der Literatur betont wird, dass die Entscheidung im Vorfeld des Vertragsschlusses, den Vorteil in sein Vermögen zu „inkorporieren", im Kontext des Bereicherungsanspruchs wegen der Nichtigkeit des Vertrags irrelevant sei[580], stellt die herrschende Ansicht bei den „ersparten Aufwendungen" im Rahmen des § 818 Abs. 3 BGB (unbeanstandet) genau auf eine solche Vorfeldentscheidung ab. Eine Partei kann sich auch bei Wegfall des Vorteils nicht auf Entreicherung berufen, wenn sie sich den Vorteil, auch wenn der nichtige Vertrag nicht geschlossen worden wäre, entgeltlich beschafft hätte. Hier wird einer Vorfeldentscheidung des Schuldners, nämlich der Entscheidung über die Beschaffung des Vorteils, trotz der Nichtigkeit der Willenserklärung Relevanz zugesprochen.

In ähnlicher Weise stellt die Rechtsprechung (und der ihr folgende Teil der Literatur) zur Rechtfertigung der Saldotheorie auf das *faktische* Synallagma ab. Die Saldotheorie behandelt die Frage, ob bei der Leistungskondiktion die Einwendung der Entreicherung wegen des ersatzlosen Wegfalls des Erlangten in Höhe der vereinbarten Gegenleistung allgemein ausgeschlossen ist. Durch die Anerkennung des faktischen Synallagmas wird die Verbindung von Leistung und Gegenleistung, die sich aus dem geschlossenen gegenseitigen Vertrag ergibt, Relevanz zugesprochen, obwohl der Vertrag nichtig ist. Auch die von Canaris begründete Theorie von der Gegenleistungskondiktion, ein Gegenmodell zur Saldotheorie, muss auf Entscheidungen, die im nichtigen Vertrag zum Ausdruck kommen, rekurrieren. Die Theorie von der Gegenleistungskondiktion beruht auf der Annahme, dass § 818 Abs. 3 BGB Vertrauensschutz zugunsten des gutgläubigen Schuldners gewähre. Der gute Glaube des Schuldners umfasse beim nichtigen gegenseitigen Vertrag aber das Bewusstsein, die selbst erbrachte (oder noch zu erbringende) Leistung verloren zu haben. Dementsprechend könne sich der Schuldner bis zur Höhe seiner Gegenleistung nicht auf § 818 Abs. 3 BGB wegen des ersatzlosen (und von ihm verschuldeten) Wegfalls des Erlangten berufen.

580 *Canaris* (FS Lorenz, S. 28) erkennt, dass es sich hierbei i. d. R. um „Motiventscheidungen" handelt, deren Bestand die Wirksamkeit der Willenserklärung nicht beeinflusst. Umgekehrt soll die Unwirksamkeit der Willenserklärung aber auch die Vorfeldentscheidungen zu Fall bringen, weil sie erst durch den Vertragsschluss bindend würden.

Es wird trotz der Nichtigkeit des Vertrags auf die in ihm zum Ausdruck kommende vermögensmäßige Entscheidung des Gläubigers abgestellt, seine eigene Leistung für den erhaltenen Vorteil zu opfern[581]. Nach *Flumes* Theorie von der „vermögensmäßigen Entscheidung"[582] soll der Schuldner im Ausgangspunkt das Risiko des ersatzlosen Untergangs des Erlangten und des Entstehens sonstiger Nachteile durch den Erwerb tragen, weil er *faktisch* diese Risiken übernommen habe. Es sollen bei der Rückabwicklung von nichtigen gegenseitigen Verträgen Nachteile, die auf „von der causa des Erwerbs" unbeeinflusste Entscheidungen des Bereicherungsschuldners zurückzuführen sind, nicht i. R. v. § 818 Abs. 3 Berücksichtigung finden. *Flume* sieht also die Möglichkeit, dass bestimmte Vermögensentscheidungen, die der Bereicherungsschuldner getroffen hat und die zu einem Nachteil geführt haben, trotz der Nichtigkeit des abzuwickelnden Vertrages fortwirken und deshalb dem Schuldner zuzuordnen sind. Wer letztlich eine Anpassung der Rechtsfolgen der Leistungskondiktion an das Rücktrittsrecht bei der Rückabwicklung von gegenseitigen Verträgen befürwortet[583], nimmt an, dass die Wirksamkeit oder Unwirksamkeit eines Vertrags für die Rechtsfolgen bei der Rückabwicklung keinen Unterschied macht[584].

In der Sache geht es bei dem Streit um die Bestimmung des objektiven Werts nach der nichtigen Parteivereinbarung um die Reichweite von Nichtigkeitsnormen. Aus hiesiger Sicht erscheint es nicht abwegig, sondern vielmehr naheliegend, den Wirkungsumfang der Nichtigkeitsnormen im Kontext des Bereicherungsrechts nach ihrer jeweiligen Teleologie zu bestimmen. Es wäre zu fragen, ob die Nichtigkeitsnorm „äquivalenzrelevant" ist, d.h., ob die jeweilige Regelung den Zweck hat, die geschützte Partei vor einer für sie ungünstigen Preisvereinbarung zu bewahren. Nachzuweisen ist, dass die Anwendung der Norm im Einzelfall nicht diesen Zweck hat. Entsprechend § 139 BGB ist zu fragen, ob die Parteien die gleiche Preisvereinbarung getroffen hätten, wenn der Mangel nicht vorgelegen hätte.

Das ist sicher der Fall bei Normen, welche die Ausübung von Privatautonomie bei der Preisaushandlung ermöglichen, d.h. die Randbedingungen sichern, die gewährleisten, dass die Parteien ihren Willen bei der Preisgestaltung einbringen können. § 134 BGB i. V. m. § 19 GWB/ Art. 102 AEUV und § 138 Abs. 2 BGB

581 Ähnlich MünchKommBGB/*Schwab*, § 818 Rn. 242.

582 Vgl. AcP 194 (1994), 427 ff., 439 ff.; FS Niedermeyer, S. 164 ff.

583 So z.B. MünchKommBGB/*Schwab*, § 818 Rn. 252 ff.

584 Interessant ist in diesem Zusammenhang die Entscheidung BGHZ 183, 235 (Radarwarngerät II). In der Entscheidung bejahte das Gericht ein Widerrufsrecht des Verbrauchers nach § 312d BGB, obwohl der Vertrag gemäß § 138 Abs. 1 BGB nichtig war.

stellen z.B. solche Regelungen dar. Auch wenn der Wille einer Partei bzgl. des Preises wegen einer Täuschung über eine preisrelevante Tatsache nicht fehlerfrei gebildet wurde, kann der vereinbarte Preis nicht herangezogen werden[585]. Nicht hierher gehören allerdings die Fälle, in denen dem Schuldner eine Eigenschaft des Transaktionsgegenstands vorgespiegelt wurde, die tatsächlich fehlte; dann gibt die Preisvereinbarung den Wert der *vereinbarten* Leistung nämlich richtig wieder. Die Diskrepanz von vertraglich vereinbartem Wert und Wert i. S. v. § 818 Abs. 2 BGB ergibt sich daraus, dass die tatsächliche Leistung nicht der geschuldeten entsprach (s. o.). Bei einer Drohung i. S. v. § 123 Abs. 2 BGB ist zu prüfen, ob der Zwang sich (neben der Veräußerungsentscheidung auch) auf die Bedingungen der Veräußerung bezog. In den Fällen der Nichtigkeit gemäß §§ 119, 142 Abs. 1 BGB ist entsprechend danach zu differenzieren, ob ein preisrelevanter Irrtum vorlag; bei einem zur Nichtigkeit führenden Dissens gemäß §§ 154 Abs. 1 S. 1, 155 BGB ist maßgeblich, ob der Einigungsmangel preisrelevante accidentialia negotii[586] betrifft. Ein Formmangel dürfte keine Preisrelevanz aufweisen. Die §§ 104 ff. BGB sollen den Geschäftsunfähigen bzw. den beschränkt Geschäftsfähigen vor der Selbstschädigung durch Abschluss von Rechtsgeschäften schützen, und damit auch vor dem Abschluss für sie ungünstiger Vereinbarungen hinsichtlich der Äquivalenz von Leistung und Gegenleistung. Die §§ 104 ff. BGB gehen davon aus, dass die nicht (voll) Geschäftsfähigen mangels eines Mindestmaßes an Einsichts- und Urteilsfähigkeit nicht in der Lage sind, privatautonome Entscheidungen zu treffen[587]. Insoweit kann bei einer Nichtigkeit gemäß §§ 104 ff. BGB die vertragliche Preisvereinbarung nicht herangezogen werden.

Zu betonen ist zum Schluss, dass die Bestimmung des Werts im Rahmen des § 818 Abs. 2 BGB nach der vertraglichen Vereinbarung für die Ersatzpflicht des Schuldners nur insoweit bindende Wirkung hat, als dieser sich nicht (im Rahmen des § 818 Abs. 3 BGB) darauf berufen kann, dass er mit dem Gläubiger einen günstigeren Preis vereinbart hätte, wenn der Nichtigkeitsgrund nicht

585 In den Motiven zu § 346 BGB steht: „Das grundsätzliche Festhalten an den vertraglichen Bewertungen erscheint interessengerecht, da die aufgetretene Störung allein die Rückabwicklung, nicht aber die von den Parteien privatautonom ausgehandelte Entgeltabrede betrifft. Soweit auch diese beeinträchtigt ist, etwa weil die Voraussetzungen der §§ 119 Abs.2, 123 vorliegen, hat der Gläubiger die Möglichkeit, den Vertrag anzufechten und den Anspruch aus den §§ 812 ff geltend zu machen."

586 Bei einem Dissens über essentialia negotii (bei dem §§ 154, 155 BGB nicht anwendbar sind), also über den Transaktionsgegenstand oder –preis, kann die Preisbestimmung nicht herangezogen werden.

587 *Brox/Walker*, Allgemeiner Teil des BGB, Rn. 259.

vorgelegen hätte. Nicht entschieden ist, ob er sich bei dem Wegfall des Erlangten darauf berufen kann, dass er sich den Gegenstand günstiger von einem anderen Anbieter oder gar nicht beschafft hätte. Diese Frage ist i. R. d. § 818 Abs. 3 BGB zu entscheiden.

Von dem soeben behandelten Thema ist die Frage, ob die vertragliche Preisvereinbarung die *Obergrenze des Anspruchs* darstellt, zu unterscheiden. Das wird in der Literatur teilweise allgemein[588], teilweise nur bei einer Nichtigkeit des Vertrags wegen arglistiger Täuschung durch den Bereicherungsgläubiger[589] bejaht. Die Frage kann sich nur stellen, wenn ein äquivalenzrelevanter Nichtigkeitsgrund vorliegt, weil sich ansonsten der Anspruch ohnehin nach der Parteivereinbarung richtet. Entsprechend den obigen Ausführungen ist zu fragen, ob der Zweck der Nichtigkeitsnorm fordert, dass der Anspruch des Gläubigers auf die Preisvereinbarung begrenzt wird[590]. Insoweit ist die Problematik mit der des (vollen) Anspruchsausschlusses analog § 817 S. 2 BGB vergleichbar. Nach herrschender Auffassung wird der Bereicherungsanspruch aus Leistungskondiktion[591] analog § 817 S. 2 BGB ausgeschlossen, wenn dem Gläubiger ein (auch einseitiger[592]) Verstoß gegen das Gesetz oder die guten Sitten[593] vorzuwerfen ist. Die Norm beruht auf dem Gedanken der Rechtsschutzverweigerung[594]; ihr Zweck wird überwiegend in der Generalprävention gesehen[595]. Auch i. R. d. § 817 S. 2 BGB analog ist nach dem Zweck der Norm über den Ausschluss zu befinden[596]. Es erscheint daher sinnvoll, beide Fragen zusammen zu behandeln. Im Rahmen des § 818 Abs. 2 BGB ist bei Vorliegen eines äquivalenzrelevanten Nichtigkeitsgrunds der Marktwert ohne Begrenzung auf die Preisvereinbarung anzusetzen. Bei der Prüfung des Anspruchsausschlusses analog § 817 S. 2 BGB ist dann zu

588 Z. B. Staudinger/*Lorenz*, § 818 Rn. 26; RGRK/*Heimann-Trosien*, § 818 Rn. 20.

589 Z. B. MünchKommBGB/*Schwab*, § 818 Rn. 84.

590 Zutreffend MünchKommBGB/*Schwab*, § 818 Rn. 84.

591 Dem Wortlaut nach ist § 817 S. 2 BGB nur auf § 817 S. 1 BGB anwendbar. Es entspricht aber allgemeiner Auffassung, dass die Norm bei allen Leistungskondiktionen gilt, weil sie ansonsten wegen der parallelen Anwendbarkeit von § 812 Abs. 1 S. 1, 1. Var. und § 817 S. 1 BGB gegenstandslos wäre, vgl. *Larenz/Canaris*, Schuldrecht II/2, S. 162.

592 *Larenz/Canaris*, Schuldrecht II/2, S. 163.

593 Auch § 123 BGB ist erfasst, weil die Norm gegenüber § 138 BGB lex specialis ist (dem Getäuschten wird freigestellt, ob er die Wirksamkeit durch Anfechtung beseitigt).

594 *Larenz/Canaris*, Schuldrecht II/2, S. 162.

595 *Larenz/Canaris*, Schuldrecht II/2, S. 162.

596 MünchKommBGB/*Schwab*, § 817 Rn. 20 ff.

prüfen, ob der Zweck der Nichtigkeitsnorm einen teilweisen oder vollständigen Ausschluss verlangt.

VI. Anwendung in Nutzungsfällen

Die obigen abstrakten Ausführungen zum objektiven Wert sind nun zu seiner Bestimmung bei verschiedenen Nutzungsvorteilen anzuwenden. Es wird nicht nur auf die Nutzungen eingegangen, die über den bereicherungsrechtlichen Nutzungsanspruch ausgeglichen werden, sondern auch auf diejenigen, die den Hauptgegenstand des Bereicherungsanspruchs darstellen und auf die daher § 812 BGB Anwendung findet.

1. Geldnutzungen

Wurde Geld aufgrund eines nichtigen Darlehens genutzt (**primäre Nutzung** von Geld), ist der für die Nutzung vereinbarte Zins[597], im Fall eines „äquivalenzrelevanten" Nichtigkeitsgrunds der objektive Marktzins anzusetzen. Bei der sachlichen Marktabgrenzung ist zu beachten, dass die Nutzung von Eigenkapital und Fremdkapital nicht als vergleichbar bewertet werden[598]. Der durch den Schuldner erlangte Vorteil ist die Nutzung von Fremdkapital. Maßgeblich ist daher der marktübliche Kreditzins, also der Betrag, der auf dem Markt für die Gewährung eines Darlehens gezahlt wird[599].

Für die Zurverfügungstellung eines Darlehens werden allerdings unterschiedliche Beträge gezahlt. Die Feststellung eines objektiven Marktzinses kann daher nur durch Aggregation der einzelnen Werte erfolgen. Die beobachtete Spanne

---

597 Sofern die vereinbarten Sicherheiten nicht in äquivalenzrelevanter Weise von den tatsächlich geleisteten abweichen oder wegen der Kürze des Nutzungszeitraums nicht ein niedriger Zins anzusetzen ist (geringere faktische Laufzeit des Darlehens).

598 Der Wert für die Fremd- und Eigennutzung (hierzu sogleich unten) wird jeweils aus Darlehensgeschäften abgeleitet; der vereinbarte Zins spiegelt zugleich den Wert der Fremdnutzung für den Darlehensnehmer und den Wert der Eigennutzung für den Darlehensgeber wider. Sie sind in diesem Sinne zwei Seiten der gleichen Medaille. Sie unterscheiden sich dennoch aufgrund der verschiedenen existierenden Marktstufen (i. S. d. hier verwendeten Terminologie).

599 Klarzustellen ist, dass durch die Verwendung des Begriffs keine Entscheidung über die relevante Marktstufe vorweggenommen werden soll. Die Begriffe Kredit- und Habenzins werden nämlich teilweise zur Unterscheidung von Marktstufen verwendet. Mit dem Kreditzins wird der Betrag bezeichnet, den ein Kreditinstitut erhält, wenn es einem Verbraucher oder einem Unternehmen Kapital zur Verfügung stellt. Der Habenzins ist der Betrag, der in der umgekehrten Situation gezahlt wird.

von Werten wird aber ohne Festlegung bestimmter Parameter als zu groß empfunden, als dass ein durch Aggregation gebildeter Durchschnitts- oder Medianwert die einzelnen zur Spanne gehörenden Werte angemessen repräsentieren könnte. Die Parameter, nach denen Transaktionsgruppen unterschieden werden, sind der Zeitpunkt der Transaktion, die Marktstufe, auf der sie stattfindet, Laufzeit und Höhe des Darlehens und das bestehende Zahlungsausfallrisiko. Das Zahlungsausfallrisiko hängt von den geleisteten Sicherheiten und/oder von der Bonität des Kreditnehmers ab.

Die insoweit erforderliche Konkretisierung ist hinsichtlich des maßgeblichen Zeitpunkts, der Darlehenshöhe und -laufzeit und der geleisteten Sicherheiten unproblematisch. Der maßgebliche Zeitpunkt ist der Zeitpunkt der Erlangung des Geldbetrags, d.h. der Valutierung des Darlehens (anfängliche Unmöglichkeit der Herausgabe). Die Darlehenshöhe und -laufzeit sowie die relevanten Sicherheiten ergeben sich aus dem erlangten Vorteil. Hinsichtlich der Sicherheiten sind die tatsächlich geleisteten relevant. Ob Sicherheiten tatsächlich geleistet wurden, hängt davon ab, ob für den Anspruch auf Rückzahlung des Darlehensbetrags aus § 812 Abs. 1 S. 1, 1. Var. BGB Sicherheiten bestanden. Das setzt zum einen voraus, dass eine Sicherheit (zur Sicherung des Rückzahlungsanspruchs aus dem Darlehensvertrag) geleistet wurde, die gemäß der Sicherungsabrede auch den Rückzahlungsanspruch aus Bereicherungsrecht bei Nichtigkeit des Darlehens sichern soll[600] (in diesem Fall ist von der Nichtigkeit des Darlehens nicht analog § 139 BGB auf die Nichtigkeit des Sicherungsvertrags zu schließen). Ist das zu bejahen, müssen zum anderen noch die allgemeinen Voraussetzungen des Geschäfts, dessen Vollziehung die Pflicht aus dem Sicherungsvertrag erfüllt (z.B. die dingliche Bestellung der Hypothek) vorliegen. In diesem Fall scheitert bei akzessorischen Sicherheiten die Wirksamkeit des Erfüllungsgeschäfts nicht an der Forderungsabhängigkeit, da der Anspruch aus § 812 BGB gesichert wird; bei nicht akzessorischen Sicherheiten kann es aus dem gleichen Grund nicht gemäß § 139 BGB nichtig sein.

Die relevante Marktstufe kann, wie oben dargelegt, ohne Bezug zum individuellen Schuldner und Gläubiger nicht ermittelt werden. Es ist ein Darlehensgeschäft zwischen einer Partei auf der Marktstufe des Gläubigers als Kreditgeber und einer Partei auf der Marktstufe des Schuldners als Kreditnehmer maßgeblich. Hinsichtlich der Bonität des Kreditnehmers besteht ebenfalls eine „Objektivierungsgrenze“. Die Bonität ist ein personenbezogenes Datum, bei dem kein

600 Das hängt von dem durch Auslegung zu ermittelnden Parteiwillen ab, vgl. z.B. OLG Hamm, Urteil v. 1.12.2003 – 5 U 92/03.

Verweis auf das „Typische“ möglich ist. Der Zweck des objektiven Werts muss daher zu Hilfe gezogen werden. Der Zweck ist, den Preis zu erfassen, den die Parteien bei der Gewährung eines Darlehens durch den Gläubiger an den Schuldner vereinbaren würden. Hierfür sind gedanklich die tatsächlichen Umstände mit einer billigen Vorgehensweise zu verbinden. Maßgeblich ist daher die tatsächliche Bonität des Schuldners.

Bei der **sekundären Nutzung** von Geld (der Nutzung von Eigenkapital) kann eine Parteivereinbarung nicht herangezogen werden. Eine Vereinbarung liegt nur hinsichtlich eines anderen Vorteils (z.B. Kaufpreis einer Sache) vor. Dass keine im Transaktionskontext getroffene Bewertung des maßgeblichen Vorteils durch die Parteien zur Verfügung steht, ist ein spezifisches Problem der sekundären Nutzungen, da diese nicht Hauptgegenstand des Vertrags sind.

Bei der sekundären Nutzung von Geld ist der objektive Ertragswert anzusetzen. Eigenes Geld kann zur Ertragserzielung eingesetzt werden, indem es einem anderen gegen Zahlung von Zinsen zur Verfügung gestellt wird. Die wirtschaftliche Bedeutung der Verfügbarkeit von Eigenkapital bzw. seine Einsetzbarkeit liegt darin, dass mit ihm kein Ertrag (Zinsen) erzielt werden kann. Der Vorteil wird auch typischerweise durch den erzielbaren Ertrag bewertet[601]. Maßgeblich ist daher der mit einem Geldbetrag in Höhe des erlangten Betrags in dem Zeitraum von der Erlangung bis zur Rückabwicklung objektiv erzielbare Ertrag. Welcher Ertrag bei der Gewährung eines Darlehens zu erzielen ist, ergibt sich durch Beobachtung von realen Transaktionen. Insoweit führt hier die Anwendung der Ertragswertmethode zur Vergleichswertmethode. Es ist – wie auch bei der Nutzung von Fremdkapital – der objektive Marktwert für die Nutzung von Geld, der objektive Marktzins, maßgeblich. Hier ist allerdings der objektive Habenzins zu ermitteln.

Es bedarf, wie bereits ausgeführt, der Konkretisierung des Markts[602]. Die erforderliche Konkretisierung ist hinsichtlich des maßgeblichen Zeitpunkts, der Höhe des Geldbetrags und der Nutzungsdauer wie bei der Nutzung von Fremdkapital unproblematisch. Der maßgebliche Zeitpunkt ist der Zeitpunkt der Erlangung des Geldbetrags (anfängliche Unmöglichkeit der Herausgabe); Geldbetrag und Nutzungsdauer ergeben sich aus dem erlangten Vorteil.

Hinsichtlich der Marktstufe stößt man, wie bereits bei der primären Geldnutzung ausgeführt, bei der Konkretisierung auf eine „Objektivierungsgrenze“,

---

601 Bei der Bestimmung des fiktiven Aufwands für den Einsatz von Eigenkapital wird beispielsweise der kalkulatorische Eigenkapitalzins angesetzt.

602 Entsprechend wird in der Literatur darauf hingewiesen, dass es *den* marktüblichen Habenzins nicht gebe (MünchKommBGB/*Schwab*, § 818 Rn. 13).

so dass der Zweck des objektiven Werts heranzuziehen ist. Es ist nicht auf die Marktstufe, die bei einer Darlehensgewährung des Gläubigers an den Schuldner maßgeblich wäre, abzustellen. Es soll nämlich der Betrag ermittelt werden, den die Parteien für den Vorteil der *Eigennutzung* vereinbart hätten. Dieser hängt von dem Ertrag ab, den die Parteien jeweils bei Gewährung eines Kredits an einen Dritten hätten erzielen können. Handelt es sich um zwei (im Kontext von Darlehensgeschäften) auf gleicher wirtschaftlicher Stufe agierende Parteien, würden sie den Habenzins vereinbaren, der sich aus ihrer gemeinsamen wirtschaftlichen Position heraus erzielen lässt.

Hinsichtlich des Zahlungsausfallrisikos kann anders als bei der primären Nutzung nicht auf die Bonität des Schuldners und die von ihm tatsächlich geleisteten Sicherheiten abgestellt werden. Maßgeblich ist nämlich das Risiko, dass der Dritte, an dem das Darlehen gewährt wird, den überlassenen Geldbetrag nicht zurückgewährt (s. o.). Da (auch bei Berücksichtigung der Stellung der Parteien im Marktgefüge – etwa zwei Verbraucher) kein typisches Risiko feststellbar ist und die Ermittlung des individuellen Risikoverhaltens der Parteien schwierig sein dürfte, da ein Anreiz zur wahrheitsgemäßen Offenlegung fehlt, bleibt letztlich keine andere Lösung, als auf das von dem Schuldner tatsächlich eingegangene Risiko abzustellen und hilfsweise, wenn das Geld nicht angelegt wurde, auf eine risikolose Anlage abzustellen. In der zuletzt genannten Situation könnten, wenn eine Transaktion zwischen zwei Verbrauchern vorliegt, die im maßgeblichen Zeitraum durchschnittlich bei Anlage des relevanten Betrags auf einem Festgeldkonto gezahlten Zinsen angesetzt werden, sofern es sich um einen ausreichend hohen Betrag handelt, so dass eine Anlage (und nicht nur die Einzahlung auf das Girokonto) üblich ist[603].

2. Sachnutzungen

Wurden Wohn- oder Gewerberäume aufgrund eines nichtigen Mietvertrags genutzt, ist die zwischen den Parteien vereinbarte Miete anzusetzen, bei „äquivalenzrelevantem" Nichtigkeitsgrund die marktübliche Miete. Da Wohn- und Gewerberäume häufig sehr individuell sind, könnte man meinen, mit dem Problem des Fehlens eines Markts konfrontiert zu sein[604]. Typischerweise gibt es

603 Der bei Unternehmensbewertungen z. T. genutzte Basiszins, der auf die mit *langfristigen* öffentlichen Anleihen erzielbare Rendite abstellt, dürfte vom zeitlichen Rahmen i. d. R nicht passen.

604 Dann könnten die Preise von möglichst ähnlichen Räumen erst nach Modifikation aufgrund der Unterschiede zu den zu bewertenden Räumen aggregiert werden. Bei

jedoch (wie in § 558 Abs. 2 S. 1 BGB zum Ausdruck kommt) Räume, welche dem zu bewertenden Raum hinsichtlich Art, Größe, Ausstattung, Beschaffenheit und Lage aus Sicht eines durchschnittlichen Nachfragers entsprechen. Es scheint im Übrigen vertretbar, auf die zur Feststellung der ortsüblichen (Wohnraum-)Miete i. S. v. § 558 BGB entwickelten Methoden zu verweisen[605].

Schwieriger ist die Lage, wenn die Räume dem Schuldner aufgrund eines unwirksamen, vollzogenen Kaufvertrags zur Verfügung standen. Hier stellt sich zunächst wieder das bei den sekundären Nutzungen typische Problem, dass keine Parteivereinbarung vorliegt (vereinbart wurde nur der Kaufpreis), so dass zwingend auf den Markt zurückzugreifen ist. Bei der Ermittlung des Marktwerts ist problematisch, dass es keinen Markt gibt, auf dem die Nutzung einer im Eigentum stehenden Wohnung isoliert gehandelt wird; die Eigennutzung wird zusammen mit dem Eigentum veräußert; bei den beobachtbaren Transaktionen wird der Gesamtvorteil bei der Preisvereinbarung bewertet. Es muss daher eine andere Methode gewählt werden. Der gefundene Wert muss objektiv – oder jedenfalls aus Sicht der Parteien – „angemessen" sein.

Die Kosten der Nutzung einer eigenen Immobilie können aus den zu zahlenden Zinsen für das für den Erwerb benötigte Fremdkapital, den Zinsen, die mit dem eingesetzten Eigenkapital ohne den Erwerb hätten erwirtschaftet werden können, und den Aufwendungen für die Instandhaltung ermittelt werden[606]. Wer die Nutzung erwirbt, muss die Kosten aufwenden, wer sie veräußert, erspart den Betrag. Die Höhe der Zinsen hängt von dem Kaufpreis[607], dem Eigenkapitalanteil und der Kredit- und Habenzinshöhe ab. Bezüglich des Kaufpreises könnte auf die Parteivereinbarung, bei einem äquivalenzrelevantem Nichtigkeitsgrund auf den Marktwert abgestellt werden (es existiert, wie oben dargelegt, für Immobilien trotz ihrer Individualität regelmäßig ein Markt). Bezüglich der Zinsen ist auf den Marktwert zu verweisen. Wie oben dargelegt, bedarf es hier der

---

einer vermieteten Wohnung wäre zwar auch an das Ertragswertverfahren zu denken; allerdings wird es sich bei der mit einer vermieteten Wohnung erzielten Miete regelmäßig um eine Frucht handeln, so dass ein Wertersatz des Gebrauchsvorteils ausscheidet (siehe oben).

605 Siehe hierzu Hannemann/Viek/Emmert/*Emmert*, § 12, Rn. 168 ff (S. 428 ff).

606 Zutreffend insoweit BGHZ 167, 108, 112: „Diesem Berechnungsansatz liegt die zutreffende Erwägung zugrunde, dass sich der objektive Wert von Gebrauchsvorteilen bei der Eigennutzung eines Gegenstands nach den Aufwendungen ermitteln lässt, die der Nutzende infolge des Gebrauchs der Sache erspart hat".

607 Aus Sicht des Schuldners sind die Erwerbsnebenkosten (z.B. Notarkosten) auf den Kaufpreis aufzuschlagen.

Konkretisierung in verschiedener Hinsicht. Letztlich müssten (mangels eines „typischen“ und daher objektiven Eigenkapitalanteils[608]) die tatsächlichen Eigenkapitalanteile von Gläubiger und Schuldner berücksichtigt werden. Zu bedenken wäre bei der Wertbestimmung im Übrigen, dass die Eigennutzung für einen geringen Zeitraum (bis zur Rückabwicklung) nicht in jeder Hinsicht der normalen Eigennutzung entspricht, da diese auf längere Zeit angelegt ist. Dies wirkt sich auf die Kostenberechnung aus. Etwaige vom Schuldner getätigte Aufwendungen zur Instandhaltung stellen einen Kostenanteil der Nutzung über einen längeren Zeitraum dar, so dass bei der Bestimmung der Kosten des Schuldners nur ein (nach seiner Nutzungsdauer im Verhältnis zur Abschreibungszeit der Aufwendung berechneter) Anteil zu berücksichtigen ist. Ein weiterer Unterschied der kurzen Eigennutzung im Vergleich zur (typischen) langfristigen Eigennutzung besteht darin, dass sich Wertveränderungen des Objekts nicht auf das Vermögen des Schuldners auswirken. Erwartete Wertsteigerungen des Objekts beeinflussen jedoch häufig den Kaufpreis und den monatlichen Wert, den ein Käufer bereit ist, aufzuwenden. Ist das der Fall, müssten die monatlichen Kosten des Schuldners durch einen Abschlag angepasst werden.

Die dargestellte Wertbestimmungsmethode ist jedoch evident zu kompliziert, um eine geeignete praktische Lösung darzustellen. Sie könnte allzu schnell gegen den § 287 Abs. 2 ZPO zugrundeliegendem Grundsatz, dass der Prozessaufwand zur Klärung der Höhe einer Forderung im Verhältnis zur Bedeutung der Forderung stehen muss, verstoßen. Es scheint daher gerechtfertigt, in Durchbrechung des theoretischen Ansatzes in den Fällen der Eigennutzung von Immobilien (wie der BGH[609]) auf den üblichen Mietwert abzustellen. Die Kosten der Eigen- und Fremdnutzung weichen erheblich weniger voneinander ab als z.B. bei der sogleich zu erörternden Nutzung eines Fahrzeugs[610]. Im Übrigen kann die Bewertung im Ergebnis ohnehin stets nur einen Näherungswert liefern. Die Bewertung ist keine präzise Disziplin. Ist das Mieten in der Region deutlich teurer als der Erwerb der Nutzung durch Immobilienkauf, kann eine Anpassung des Werts nach unten vorgenommen werden.

Bei der Eigennutzung eines Fahrzeugs bestimmt sich der Wert theoretisch nach der gebrauchsbedingten[611] Wertminderung und den durch den Einsatz des

608 Es gibt bei der Kreditaufnahme zum Immobilienerwerb faktisch nur eine Untergrenze hinsichtlich des Eigenkapitalanteils.

609 BGHZ 167, 108, 112 ff.

610 Zutreffend BGHZ 167, 108, 112 ff.

611 Hierzu gehört nicht die „inbetriebnahmebedingte“ Wertminderung.

für den Erwerb erforderlichen Kapitalbetrags entgangenen Habenzinsen[612]. Die Rechtsprechung will den Nutzungswert nicht nach der tatsächlichen, sondern einer „zeitanteiligen linearen" Wertminderung[613] bestimmen, und berücksichtigt zudem nicht die Zinsen. Das Abstellen auf die zeitanteilige lineare Wertminderung mag vor dem Hintergrund der Vereinfachung der Wertbestimmung hinnehmbar sein. Der Nichtberücksichtigung der Zinsen ist hingegen zu widersprechen. Nur wenn der Nutzungsanspruch des Käufers wegen des Kaufpreises gemäß § 818 Abs. 1, 1. Var. BGB ausgeschlossen würde, wäre das Nichtansetzen der Zinsen zutreffend.

3. Unternehmensnutzungen

Wurde ein Unternehmen aufgrund eines unwirksamen Pachtvertrags genutzt, ist grundsätzlich auf die Parteivereinbarung hinsichtlich der Pachthöhe abzustellen. Sollte die Heranziehung der Parteivereinbarung unzulässig sein, ist für den Wert der Nutzung der objektive Ertragswert maßgeblich. Die Bedeutung der Nutzung eines Unternehmens liegt in der Möglichkeit, hiermit einen Ertrag erzielen zu können. Aus Sicht der deutschen Unternehmensbewertungstheorie[614] und -praxis[615] ist das Ertragswertverfahren bei der Bewertung von Unternehmen zu bevorzugen. Entscheidend ist daher zunächst grundsätzlich der in dem Zeitraum mit dem Unternehmen objektiv erzielbare Ertrag. Die bei § 818 Abs. 1, 1. Var., Abs. 2 i. V. m. § 100 2. Var. BGB interessierenden Unternehmen gewähren bei ordnungsgemäßem Vorgehen des Nutzenden zwar keinen einheitlichen Ertrag; bei solchen Unternehmen erfolgt der Nutzungsausgleich nämlich gemäß §§ 818 Abs. 1, 1. Var, 99 BGB. Das heißt aber nicht, dass die Anerkennung eines objektiven Ertrags logisch ausgeschlossen ist. Dass ein objektiver Ertrag ermittelt werden kann, bedeutet nicht, dass der tatsächlich von einem ordnungsgemäß handelnden Nutzer erzielte Ertrag dem objektiven Ertrag entsprechen muss.

Wie der objektive Ertragswert und der objektive Ertrag zu konkretisieren sind, ist nicht Gegenstand dieser Arbeit. Hier kann nur folgender Hinweis gegeben werden: Wird mit der herrschenden Ansicht in der Unternehmensbewertungsliteratur angenommen, dass es keinen „objektivierten", mit einem Unternehmen

612 Sofern kein finanzierter Kauf vorliegt. Die Kosten des Einsatzes des Eigenkapitals wollen auch *Thunhart*, Nutzungsvergütung, S. 42 ff, *Schauhoff*, Bereicherungshaftung, S. 154, und *Diesselhorst*, Natur der Sache, S. 114, berücksichtigen.

613 BGHZ 115, 47, 54 ff.; BGH NJW 1996, 250, 252, 253.

614 Vgl. *Matsche/Brösel*, Unternehmensbewertung, S. 10.

615 Vgl. IDW S1 i. d. F. 2008, 2.1. (S. 4).

von Jedermann erzielbaren Ertrag i. S. e. dem Unternehmen innenwohnenden und übertragbaren Ertragskraft[616] gibt, bestünde bei der Konkretisierung des objektiven Ertragswerts eine „Objektivierungsgrenze". Hier wäre zur Lösung des Problems wieder der Zweck des objektiven Werts, den Preis wiederzugeben, den die Parteien vereinbaren würden, zu nutzen. Es wäre daher ein Wert unter Berücksichtigung der subjektiven Ertragswerte beider Parteien zu bestimmen, der für die Parteien zumutbar und die Interessen beider Parteien möglichst weitgehend wahrt, wie es die Unternehmensbewertungsliteratur bei der Bestimmung des Unternehmensschiedswerts (nach dem Ertragswertverfahren) verlangt.

Wurde die Nutzung eines Unternehmens aufgrund der Vollziehung eines nichtigen Kaufvertrags erlangt, kann nicht auf die Parteivereinbarung zum Nutzungswert abgestellt werden. Insoweit wird, wie im Fall einer Pacht, bei der ein äquivalenzrelevanter Nichtigkeitsgrund vorliegt, der objektiv erzielbare Ertrag maßgeblich sein. Kann die Kaufpreisvereinbarung der Parteien bei der Wertbestimmung (mangels äquivalenzrelevanter Nichtigkeit des Kaufvertrags) berücksichtigt werden, wird die Feststellung des Nutzungswerts unter Umständen dadurch erleichtert, dass die Parteien bei der Kaufpreisermittlung im Vorfeld des (gescheiterten) Unternehmensverkaufs den objektivierten Ertrag oder die jeweiligen subjektiven Erträge (durch einen beauftragten Gutachter) ermittelt und zur Grundlage der Kaufpreisvereinbarung gemacht haben.

VII. Zusammenfassung

1. Da die Herausgabe des Gebrauchsvorteils in Natur nicht möglich ist, muss (vorbehaltlich § 818 Abs. 3 BGB) gemäß § 818 Abs. 2 BGB sein Wert geleistet werden. Der Wert eines Guts ist der dieses repräsentierende Geldbetrag. Er ist die aus Sicht des oder der Bewertungssubjekte in Geld ausgedrückte, angemessene Gegenleistung für den Erwerb des Guts. Je nachdem, auf welches oder welche Bewertungssubjekt(e) Bezug genommen wird, kann zwischen dem subjektiven Wert (Sicht eines konkreten einzelnen Bewertungssubjekts), dem Parteienwert (Sicht von zwei konkreten Parteien) und dem objektiven Wert (Sicht aller Parteien) unterschieden werden. Da die Bewertung des Guts durch eine Person von den individuellen Nutzenpräferenzen abhängt, weichen die Bewertungsergebnisse einzelner Personen regelmäßig voneinander ab, so dass ein objektiver Wert keine reale, sondern eine durch Aggregation von subjektiven Werten gebildete Größe ist.

616 IDW S1 i. d. F. 2008, 4.4.2.4 (S. 12).

Aus Sicht des Gesetzgebers sollte mit dem Wert im Rahmen des § 818 Abs. 2 BGB der objektive Wert, d.h. der Preis, den „Jedermann“ bei einer Transaktion für das Gut zahlte, gemeint sein. Mangels zwingender Gründe, den Willen des Gesetzgebers für unerheblich zu befinden, sind daher die Rechtsprechung und die herrschende Literaturauffassung, die den objektiven Wert für maßgeblich erklären, überzeugend. Der Gesetzgeber dürfte sich vorgestellt haben, dass der objektive Wert durch Beobachtung von Preisvereinbarungen bei Transaktionen über Güter bestimmt wird, die dem Gut, dessen Wert zu bestimmen ist, entsprechen (Vergleichswertmethode). Aus heutiger Sicht ist aber anerkannt, dass das Gesetz keine spezifische Bewertungsmethode zur Bestimmung des objektiven Werts vorgibt. Neben der Vergleichswertmethode kann daher bei Gegenständen, die der Ertragserzielung dienen, auch das Ertragswertverfahren angewendet werden (objektiver Ertragswert). Bei der Anwendung des Ertragswertverfahrens stellen sich diverse schwierige rechtliche Fragen; diese waren jedoch nicht Gegenstand dieser Arbeit.

2. Der objektive Marktwert wird gebildet, indem beobachtete Preisvereinbarungen aggregiert werden. Die Bestimmung des objektiven Marktwerts verlangt, dass der relevante Markt abgesteckt wird. Es muss zum einen entscheiden werden, welche Güter mit dem zu bewertenden Gut sachlich vergleichbar sind und daher bei der Aggregation herangezogen werden können. Die sachliche Marktabgrenzung alleine reicht aber in der Regel noch nicht aus. Ohne Abgrenzung des Marktes nach weiteren Kriterien wird nämlich häufig die bei Transaktionen beobachtete Preisspanne als zu groß empfunden, als dass ein durch Aggregation gebildeter Durchschnitts- oder Medianwert die einzelnen zur Spanne gehörenden Werte angemessen repräsentieren könnte. Die Marktabgrenzung muss daher regelmäßig nicht nur in sachlicher, sondern jedenfalls weiterhin auch hinsichtlich Zeit, Ort und Marktstufe vorgenommen werden. Die Bestimmung des objektiven Marktwerts setzt eine Konkretisierung voraus. Die Konkretisierung ist eine rechtliche Frage, die nicht allgemein für das BGB (oder gar das gesamte Zivilrecht), sondern aus dem Kontext und der Ratio der jeweils anzuwendenden Rechtsvorschrift abzuleiten ist. Die bereicherungsrechtliche Marktabgrenzung kann nicht durch Übertragung der kartellrechtlichen Methode erfolgen. Das Bereicherungsrecht und das Kartellrecht grenzen den Markt nämlich zu unterschiedlichen Zwecken ab.

Der maßgebliche Zeitpunkt kann, wie die herrschende Meinung zutreffend annimmt, aus dem systematischen Zusammenhang von § 812 und § 818 BGB hergeleitet werden (Zeitpunkt der Unmöglichkeit der Herausgabe des Vorteils). Hinsichtlich der übrigen Parameter, die bei der Konkretisierung des objektiven

Marktwerts festgelegt werden müssen, hat sich noch keine gängige Auffassung gebildet. Da ein objektiver Wert, d.h. ein Wert, der unabhängig von einem Bezug zum individuellen Gläubiger und Schuldner ist, ermittelt werden soll, muss prima facie die Konkretisierung des objektiven Marktwerts ebenfalls ohne Bezug zu den individuellen Parteien erfolgen. Setzt der zu konkretisierende Parameter einen Bezug zu einer Person voraus, können Schuldner und Gläubiger unberücksichtigt bleiben, wenn auf eine „typische" Person abgestellt werden kann. Ein durch Bezug zur „typischen" Person ermittelbares Datum hebt sich von den übrigen beobachtbaren Daten hinsichtlich der Beobachtungsfrequenz ab. Eine solche Vorgehensweise ist unter Umständen bei der sachlichen Marktabgrenzung möglich. Handelt es sich um zwei Verbraucher, ist entscheidend, welche anderen Güter von einem durchschnittlichen, vernünftigen Verbraucher unter Berücksichtigung des zu dem maßgeblichen historischen Zeitpunkt bestehenden Güterangebots und Preisgefüges im Verhältnis zum bewertenden Gut als austauschbar bewertet wurden. Mit Blick auf die Marktstufe und den Ort einer Transaktion existiert jedoch kein typisches Datum. Ohne einen Bezug zu den individuellen Parteien kann der objektive Marktwert daher nicht konkretisiert werden. Bei der Bestimmung des objektiven Marktwerts stößt man insoweit an „Grenzen der Objektivierung".

Das Problem, dass der objektive Marktwert nicht ohne Bezug zu einer individuellen Person festgestellt werden kann, ist unter Berücksichtigung des Zwecks des § 818 Abs. 2 BGB zu überwinden. Anders als in der Literatur vorgetragen, besteht aus hier vertretener Sicht der Zweck der Anordnung der Pflicht zum objektiven Wertersatz nicht darin, allein die hypothetischen Beschaffungskosten des Schuldners zu erfassen. Aus hiesiger Sicht besteht der Zweck des objektiven Werts daher darin, den Preis, auf den sich die Parteien bei einer Veräußerung des Vorteils durch den Gläubiger an den Schuldner geeinigt hätten, zu simulieren. Man kann sagen, dass der objektive Wert den übergeordneten Zweck verfolgt, einen „Parteien- oder Schiedswert" wiederzugeben, nämlich einen von einem unabhängigen Dritten festgelegten Preis, der durch Bezug zu den realen Umständen des Falles und den Interessen der beiden konkreten Parteien einen gerechten Interessenausgleich zwischen diesen schafft.

Der objektive Wert soll nämlich zugleich die Beschaffungskosten des Schuldners und den Veräußerungswert für den Gläubiger erfassen. Das wird theoretisch dadurch erreicht, dass der Wert bestimmt wird, der bei einer hypothetischen Veräußerung des Gläubigers an den Schuldner vereinbart würde. Verfolgt man diesen Zweck, ist es naheliegend, einen Anspruch in Höhe des objektiven Werts anzuordnen, wie es der Gesetzgeber tat. Die Feststellung des Preises, auf den die

Parteien sich einigen würden, ist nämlich in Situationen, in denen § 818 Abs. 2 BGB anzuwenden ist, schwierig, weil „bei bereits erfolgtem Ressourcentransfer (...) der Anreiz zur Offenlegung der wahren Nutzenpräferenzen fehlt“[617]. Existiert ein „Jedermann-Wert“, einigen sich fair agierende Parteien auf diesen.

Dass der objektive Wert zugleich die Beschaffungskosten des Schuldners und den Veräußerungswert für den Gläubiger erfassen soll, ergibt sich aus folgender Erwägung: Der objektive Wert sollte ursprünglich zugleich den vermuteten Vermögensvorteil des Schuldners und den Vermögensnachteil des Gläubigers darstellen. Vermutet wurde, dass der Schuldner sich den Vorteil, wenn er ihn nicht „ohne Rechtsgrund“ erlangt hätte, entgeltlich auf dem Markt beschafft hätte (und daher trotz des gegenständlichen Wegfalls des Vorteils aufgrund ersparter Aufwendungen noch bereichert ist). Inzwischen hat sich das dogmatische Verständnis des Bereicherungsanspruchs geändert; das Schadenserfordernis ist aufgegeben worden. Auf das Ziel, mit dem objektiven Wert zugleich die Beschaffungskosten des Schuldners und den Veräußerungswert für den Gläubiger zu erfassen, hatte der dogmatische Wandel jedoch keinen Einfluss. Sein Hintergrund war nämlich, dass man in manchen Fällen einen Schaden nicht feststellen konnte, dem Gläubiger den Anspruch aber nicht verweigern wollte. Der Gläubiger sollte auch bei den nicht verkörperten Vorteilen wie der Nutzung einer Sache, wenn ein Schaden mangels Veräußerungswillens und Veräußerungsmöglichkeit abzulehnen ist, den Anspruch erhalten. Die Aufgabe des Schadenserfordernisses erfolgte zur Privilegierung des Gläubigers. Man wollte, dass die ungegenständlichen Vorteile wie die gegenständlichen behandelt werden, und passte das dogmatische Verständnis entsprechend an. *Nicht der Anspruchsinhalt sollte verändert werden, sondern seine Voraussetzungen.* Durch die begriffliche Aufgabe des Schadenserfordernisses war es zwar auf einmal dogmatisch möglich, dem Wert i. S. v. § 818 Abs. 2 BGB einen anderen Inhalt zu geben. Die auf die Aufgabe des Schadenserfordernisses hin entwickelte herrschende Zuweisungsgehaltslehre beschränkte sich aber darauf, den erweiterten Anwendungsbereich des Bereicherungsanspruchs dogmatisch zu rechtfertigen.

Besteht bei der Konkretisierung des objektiven Marktwerts eine „Objektivierungsgrenze“ im oben erörterten Sinn, erfordert der dargelegte Zweck des objektiven Werts, dass auf die tatsächlichen Umstände, die bei einer hypothetischen Transaktion zwischen konkretem Gläubiger und Schuldner maßgeblich wären, zurückgegriffen und den Parteien die Absicht, eine billige Lösung zu finden, unterstellt wird. Mit Blick auf die Marktstufe ist bei der Bewertung einer primären

617 *Ellger*, Bereicherung durch Eingriff, S. 332.

Nutzung beispielsweise die Marktstufe, auf der sich die Parteien bei einer Transaktion begegnet wären, maßgeblich.

Seit der Entstehung des BGB wurde im Wege der Rechtsfortbildung ein Bereicherungsanspruchstypus im Kontext der Eingriffskondiktion entwickelt, der im Gegensatz zum „echten“ Bereicherungsanspruch bereicherungsunabhängig ist. Aufgrund der Aufgabe der Vorteilsabhängigkeit als Prinzip war zu prüfen, ob bei diesem Anspruch eine abweichende Auslegung des objektiven Werts im Rahmen des § 818 Abs. 2 BGB erforderlich ist. Im Ergebnis wurde festgestellt, dass der Inhalt des unechten Bereicherungsanspruchs kein Auslegungsproblem des § 818 Abs. 2 BGB ist. Der unechte Bereicherungsanspruch ist vom Haftungsgrund her ein deliktischer Anspruch, der konstruktiv dementsprechend in das Deliktsrecht verlagert gehört. Der Anspruch wird nämlich bei vorsätzlichem oder fahrlässigem deliktischen Eingriff in ein fremdes absolutes Rechtsgut durch Inanspruchnahme des Rechtsguts gewährt. Gegen die Einordnung ins Deliktsrecht kann nicht angeführt werden, dass sie der subjektiven Schadenslehre widerspräche. Durch die Entwicklung des unechten Bereicherungsanspruchs ist der objektive Schaden bei verschuldeten Eingriffen in Form der Inanspruchnahme eines fremden Guts bereits stillschweigend anerkannt. Es gilt schon lange der Grundsatz, dass bei verschuldeter Inanspruchnahme eines absoluten Rechtsguts die Vergütung für dic Inanspruchnahme gezahlt werden muss. Es hätte für Klarheit gesorgt, wenn man die zur Implementierung dieses Grundsatzes erforderliche Rechtsfortbildung im Kontext des Schadensbegriffs, und nicht im Rahmen der §§ 812 ff. BGB, vorgenommen hätte.

3. Besteht kein Markt, auf den bei der (mangels Vorliegens eines Ertragsgegenstands zwingend nach der Vergleichswertmethode vorzunehmenden) Wertbestimmung unmittelbar zurückgegriffen werden kann, ist grundsätzlich der für Jedermann „angemessene Wert“ als objektiver Wert i. S. v. § 818 Abs. 2 BGB anzusetzen. Ein Markt kann fehlen, weil der maßgebliche Vorteil nicht isoliert gehandelt wird oder weil es keine Güter gibt, die mit dem zu bewertenden Gut sachlich vergleichbar sind. Bereitet die Feststellung der objektiven Angemessenheit Schwierigkeiten, ist auf die Angemessenheit für die konkreten Parteien unter Berücksichtigung der beidseitigen, berechtigten individuellen Interessen abzustellen.

4. Bei der Frage, ob bei der Anwendung des Bereicherungsanspruchs zur Rückabwicklung nichtiger Verträge als objektiver Wert i. S. d. § 818 Abs. 2 BGB das zwischen den Parteien vereinbarte Entgelt anzusetzen ist, ist zu differenzieren. Maßgeblich ist die jeweilige Teleologie der Nichtigkeitsnorm. Entscheidend ist, ob sie „äquivalenzrelevant“ ist, d.h., ob sie den Zweck hat, die geschützte

Partei vor einer für sie ungünstigen Preisvereinbarung zu bewahren. Ist dies nicht der Fall, ist das Abstellen auf den durchschnittlichen Marktwert im Verhältnis zur Heranziehung des vereinbarten Entgelts die weniger zweckmäßige Lösung, da der Wert i. S. v. § 818 Abs. 2 BGB den Zweck hat, den Preis zu erfassen, den die Parteien bei einer hypothetischen Transaktion vereinbart hätten. Die hiervon zu unterscheidende Frage, ob die vertragliche Preisvereinbarung die Obergrenze des Anspruchs darstellt, entscheidet sich durch analoge Anwendung des § 817 S. 2 BGB.

5. Sind sekundäre Nutzungen über Ersatz des objektiven Werts des Gebrauchsvorteils gemäß §§ 818 Abs. 1, 1. Var., 100 2. Var. BGB auszugleichen, kann allerdings per definitionem nicht auf eine Preisvereinbarung der Parteien zur Bestimmung des objektiven Werts zurückgegriffen werden. Sekundäre Nutzungen sind solche, die nicht den Hauptgegenstand des Vertrags darstellen; es liegt daher keine utilisierbare Parteivereinbarung vor.

Bei der sekundären Nutzung von Geld, d.h. der Nutzung von Eigenkapital, ist der objektive Ertragswert anzusetzen, der dem marktüblichen Habenzins entspricht. Zur Marktkonkretisierung gilt: Es ist auf den Zeitpunkt der Erlangung des Geldbetrags, auf das tatsächlich vom Schuldner eingegangene Risiko (hilfsweise auf eine risikofreie Anlage), auf ein Darlehen in Höhe des tatsächlich erlangten Betrags und auf eine Laufzeit, die dem Zeitraum entspricht, in dem das Geld tatsächlich zur Verfügung stand, abzustellen. Die relevante Marktstufe ist grundsätzlich diejenige, auf der beide Parteien bei einem Einsatz des Geldes zur Ertragserzielung agieren würden. Liegt eine Transaktion zwischen zwei Verbrauchern vor, können jedenfalls die im maßgeblichen Zeitraum durchschnittlich bei Anlage des relevanten Betrags auf einem Festgeldkonto gezahlten Zinsen angesetzt werden, sofern es sich um einen ausreichend hohen Betrag handelt, so dass eine Anlage üblich ist.

Bei der Nutzung von Geschäfts- und Wohnräumen ist auf den üblichen Mietwert abzustellen. Ist das Mieten in der Region deutlich teurer als der Erwerb der Nutzung durch Immobilienkauf, kann der Wert nach unten korrigiert werden. Bei der Nutzung eines aufgrund nichtigen Kaufvertrags erworbenen Fahrzeugs bestimmt sich der Wert nach dem Umfang der „zeitanteiligen linearen" Wertminderung und den durch den Einsatz des für den Erwerb erforderlichen Kapitalbetrags entgangenen marktüblichen Habenzinsen (s. o.).

Der objektive Wert der Nutzung eines aufgrund nichtigen Kaufvertrags erlangten Unternehmens entspricht dem in dem Zeitraum der Nutzung objektiv erzielbaren Ertrag. Sollte die Feststellung des objektiv erzielbaren Ertrags nicht möglich oder unverhältnismäßig schwierig sein, ist ein Wert unter

Berücksichtigung der subjektiven Ertragswerte beider Parteien zu bestimmen, der für diese zumutbar ist und die beidseitigen Interessen möglichst weitgehend wahrt.

Wert i. S. d. § 818 Abs. 2 BGB

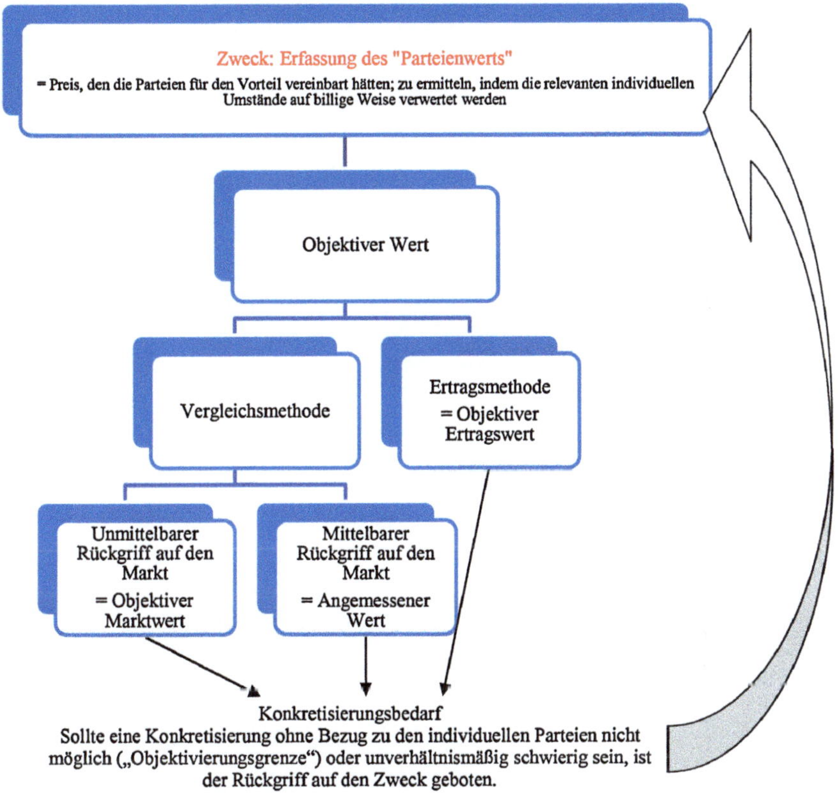

§ 4 Erweiterung des Nutzungsanspruchs auf nicht gezogene Nutzungen bei der Abwicklung von gegenseitigen Verträgen?

Die bislang dargestellten Probleme beziehen sich auf die Frage, was unter den gezogenen Nutzungen i. S. d. § 818 Abs. 1, 1. Var. BGB zu verstehen ist. Zuletzt soll die weitere Frage behandelt werden, ob es – entgegen dem Gesetzeswortlaut – bei der Abwicklung von gegenseitigen Verträgen eine Haftung für nicht gezogene Nutzungen geben kann. Die Frage stellt sich, weil die Entreicherungseinwendung gemäß § 818 Abs. 3 BGB bei der Abwicklung von gegenseitigen Verträgen eingeschränkt wird. Sie kann sich nach den bisherigen Ergebnissen nur bei den fruchttragenden Gegenständen ergeben. Bei den Gebrauchsvorteilen sind nicht gezogene Nutzungen nicht denkbar, weil im Rahmen der Ziehung auf die Nutzungsmöglichkeit abgestellt wird.

A. Die Einschränkung des § 818 Abs. 3 BGB bei der Abwicklung von gegenseitigen Verträgen – Saldotheorie und alternative Modelle im Rahmen des § 818 Abs. 3 BGB

Auf den endgültigen Inhalt des Bereicherungsanspruchs hat § 818 Abs. 3 BGB einen dezisiven Einfluss. § 818 Abs. 3 BGB kann den Anspruch des Gläubigers (vermögensmäßig) mindern oder vollständig ausschließen. Voraussetzung für die Anwendung der Norm ist, dass der Schuldner nicht mehr bereichert ist. Eine Entreicherung kann in zwei Formen vorliegen. Das „Erlangte" kann zum einen ersatzlos weggefallen sein[618]. Zum anderen können trotz (jedenfalls wertmäßigen) Vorhandenseins des „Erlangten" im Schuldnervermögen im Zusammenhang mit der Vermögensverschiebung Vermögensnachteile bei diesem eingetreten sein, welche eine Entreicherung begründen.

Weitgehender Konsens[619] herrscht allerdings dahingehend, dass § 818 Abs. 3 BGB bei der Abwicklung von gegenseitigen Verträgen eingeschränkt werden muss. Hintergrund ist, dass nach der gesetzlichen Ausgangslage bei der Abwicklung eines gegenseitigen Vertrags jede Partei einen selbstständigen bereicherungsrechtlichen

618 Entreicherung kann bei einem ersatzlosen Wegfall des Erlangten auch nur angenommen werden, wenn der Schuldner keine Aufwendungen erspart hat.

619 A. A. jedoch *Kaiser*, Rückabwicklung, S. 329 ff.

Anspruch auf das von ihr Geleistete hat, auf den jeweils § 818 Abs. 3 BGB separat anzuwenden ist (Zweikondiktionentheorie). Wenn ein Käufer die erhaltene Sache zerstört hat, könnte er deshalb den gezahlten Kaufpreis zurückverlangen, müsste aber selbst keinen Wertersatz nach §§ 812, 818 Abs. 2 BGB leisten, weil er sich auf § 818 Abs. 3 BGB berufen könnte. Dieses Ergebnis wird allgemein als unbillig empfunden[620]. Wie mit diesem Problem aber umzugehen ist, ist umstritten.

Die Rechtsprechung vertritt die Saldotheorie. Nach dieser kann sich der Bereicherungsschuldner im Grundsatz erst auf Entreicherung i. S. v. § 818 Abs. 3 BGB nach Saldierung der gegenseitigen Bereicherungsansprüche berufen, d.h. nur bzgl. des von ihm geschuldeten Werts, der über seine eigene bereicherungsrechtliche Pflicht hinausgeht[621]. Dogmatisch wurde die Theorie zunächst vom Reichsgericht[622] damit begründet, dass das „Erlangte" die positive vermögensmäßige Differenz zwischen seiner eigenen und der erhaltenen Leistung sei. Der BGH hat teilweise[623] ein anderes Verständnis offenbart: Das Erlangte sei zwar (entsprechend der heute herrschenden Ansicht) gegenständlich zu verstehen. Gehe die Sache aber ersatzlos bei dem Käufer unter, sei nicht nur er, sondern gleichzeitig auch der Verkäufer in Höhe des Sachwerts entreichert[624]. Zur materiellen Begründung wird das „faktische" Vorliegen eines synallagmatischen Verhältnisses zwischen den Ansprüchen der Parteien angeführt. Trotz der Nichtigkeit des Vertrags bleibe das vertraglich vereinbarte Synallagma bestehen[625]. Die Saldotheorie wird nicht zugunsten einer Partei, die zum Zeitpunkt des Untergangs bösgläubig oder verklagt ist, und nicht zulasten einer arglistig getäuschten[626], bewucherten[627]

620 Siehe obige Fn.

621 Bei ungleichartigen Bereicherungsansprüchen führe die „Saldierung" dazu, dass der eigene Anspruch nur Zug um Zug gegen Erbringung der selbst bereicherungsrechtlich geschuldeten Leistung durchsetzbar sei – und zwar ohne Geltendmachung eines Zurückbehaltungsrechts durch die andere Partei (vgl. BGHZ 146, 298, 307).

622 RGZ 54, 137, 141, 142.

623 Dem Verständnis des Reichsgerichts entsprechende Formulierungen finden sich aber z.B. in BGHZ 147, 152, 157.

624 BGHZ 57, 137, 150.

625 Vgl. z.B. BGHZ 78, 216, 223: „Schon nach dem Grundgedanken, auf dem die sogenannte Saldotheorie beruht, bleiben Leistung und Gegenleistung durch das von den Parteien ursprünglich gewollte Austauschverhältnis (Synallagma) auch bei der bereicherungsrechtlichen Abwicklung miteinander verknüpft (BGHZ 57, 137, 150; 72, 252, 256)".

626 BGHZ 57, 137, 150.

627 Vgl. BGHZ 146, 298, 307, 308 und BGH NJW 2006, 3054, 3057 (wucherähnliches Rechtsgeschäft).

oder nicht (voll) geschäftsfähigen Partei[628] angewendet. Außerdem wird sie nicht zulasten eines Käufers angewendet, der den Kaufvertrag gemäß § 119 Abs. 2 BGB angefochten hat, wenn die Verschlechterung auf einem Sachmangel beruht, für den nach dem Vertrag der Verkäufer einzustehen hätte[629].

Die wichtigsten in der Literatur vertretenen Alternativmodelle zur Saldotheorie sind die von *Canaris* begründete Theorie von der Gegenleistungskondiktion[630], *Flumes* Theorie von der vermögensmäßigen Entscheidung[631] sowie eine an den Rechtsfolgen des Rücktritts orientierte Lösung[632]. Die Theorie von der Gegenleistungskondiktion beruht auf der Annahme, § 818 Abs. 3 BGB schütze den guten Glauben des Bereicherungsschuldners an die Wirksamkeit seines Erwerbs[633]. Der gute Glaube umfasse bei gegenseitigen Verträgen auch das Bewusstsein, die eigene Leistung endgültig verloren zu haben[634]. *In Höhe seiner eigenen Leistung* soll der Schuldner daher nach §§ 819 Abs. 1, 818 Abs. 4 BGB verschärft haften. Wichtig ist, dass er in der Konsequenz nur für die ihm *zurechenbare* (d.h. nicht für eine zufällige) Entreicherung einstehen muss. Eine Ausnahme greife, wenn keine Zurechnungsfähigkeit des Schuldners vorliege (§§ 104 ff. BGB) und wenn der Schutzzweck der Nichtigkeitsnorm der Einschränkung des § 818 Abs. 3 BGB entgegenstünde (z.B. §§ 123, 138 BGB)[635]. Nach *Flumes* Theorie von der „vermögensmäßigen Entscheidung" soll der Schuldner als Ausgangspunkt das Risiko des ersatzlosen Untergangs des Erlangten (auch bei zufälligem Untergang) tragen, weil er dieses Risiko durch die Inkorporierung des Gegenstands in sein Vermögen unter Einsatz der Gegenleistung übernommen habe[636]. *Flume* nimmt an, dass die in dem Vertrag zum Ausdruck kommende Vermögensentscheidung über die Gefahrtragung trotz der Nichtigkeit des Vertrags Bestand habe. Auch er macht vom Grundsatz Ausnahmen, wenn der vorliegende Nichtigkeitsgrund die vermögensmäßige Entscheidung beseitigt. Nach den Vertretern einer an den Rechtsfolgen des Rücktritts

628 BGHZ 126, 105, 108; BGH NJW 2000, 3562, 3562, 3563.

629 BGHZ 78, 216, 223 ff.

630 Vgl. *Larenz/Canaris*, Schuldrecht II/2, S. 321 ff.

631 FS Niedermeyer, S. 164 ff; AcP 194 (1994), S. 427 ff., 439 ff.

632 Vgl. z.B. MünchKommBGB/*Schwab* § 818, Rn. 252 ff; *Singer*, FS Medicus, S. 496 ff.; *Bockholdt*, AcP 206 (2006), S. 773 ff; *Konzen*, FS Canaris, S. 627; *Linke*, Rückabwicklung, S. 172 ff.

633 *Larenz/Canaris*, Schuldrecht II/2, S. 324.

634 *Larenz/Canaris*, Schuldrecht II/2, S. 324.

635 *Larenz/Canaris*, Schuldrecht II/2, S. 329 ff.

636 *Flume*, FS Niedermeyer, S. 173.

orientierten Lösung ist § 818 Abs. 3 BGB an § 346 Abs. 3 S. 1 Nr. 3 BGB anzupassen. Nach § 346 Abs. 3 S. 1 Nr. 3 BGB haftet der Rückgewährschuldner nur auf Wertersatz, wenn die Verschlechterung oder der Untergang aufgrund der Missachtung der eigenüblichen Sorgfalt (§ 277 BGB) eingetreten ist. Teilweise wird hierbei die Anwendbarkeit der Norm in allen bereicherungsrechtlichen Rückabwicklungsfällen befürwortet, weil die Nichtigkeit kraft Gesetzes die Parteien ebenso überraschend wie der gesetzliche Rücktrittsgrund treffe[637]. Teilweise wird eine Übertragung der Haftungsprivilegierung nur für die Fälle, in denen der Nichtigkeitsgrund dem Gläubiger zuzurechnen ist, befürwortet[638]. Letztlich wollen auch die Vertreter der rücktrittsorientierten Lösung Ausnahmen von der Haftung des Schuldners (nach dem privilegierten Maßstab) aus dem Schutzzweck bestimmter Nichtigkeitsnormen ableiten[639].

Die verschiedenen Ansichten unterscheiden sich zusammenfassend im Wesentlichen wie folgt: Nach der Saldotheorie und der Lehre von der vermögensmäßigen Entscheidung trägt der Schuldner bis zur Höhe seiner Leistung das Risiko des *zufälligen* Untergangs. Die beiden Theorien führen allerdings in den Vorleistungsfällen zu unterschiedlichen Ergebnissen: Nach der Saldotheorie kann der Bereicherungsschuldner, der eine Vorleistung von seinem Vertragspartner erhalten hat, sich trotz des Untergangs des Empfangenen auf die Entreicherung berufen[640]. Nach der Theorie von der Gegenleistungskondiktion ist dem Bereicherungsschuldner, der den Untergang der empfangenen Leistung *zu vertreten hat,* die Einwendung der Entreicherung in Höhe der Gegenleistung genommen. Nach der rücktrittsorientierten Handhabung des § 818 Abs. 3 BGB gilt dies nicht stets bei einfacher Fahrlässigkeit, sondern nur, wenn die einfache Fahrlässigkeit *nicht der eigenüblichen Sorgfalt entspricht*[641].

---

637 MünchKommBGB/*Schwab,* § 818 Rn. 256; *Singer*, FS Medicus, S. 496 ff.; *Konzen*, FS Canaris, S. 627; *Linke*, Rückabwicklung, S. 172 ff.

638 *Bockholdt*, AcP 206 (2006), S. 789 ff.

639 MünchKommBGB/*Schwab,* § 818 Rn. 269.

640 Die Ungleichbehandlung wird zu Recht kritisiert, weil eine Vorleistung lediglich die Übernahme des Insolvenzrisikos des Vertragspartners bedeutet (vgl. z. B. *Flume*, FS Niedermeyer, S. 162, 167; *Larenz/Canaris*, Schuldrecht II/2, S. 326; MünchKommBGB/*Schwab,* § 818 Rn. 230).

641 Teilweise soll die Einschränkung aber nur bei bestimmten Nichtigkeitsgründen gelten, s. o.

B. Übertragung der Wertung auf die Nutzungen

Nach allen Ansichten wird eine Haftung des Bereicherungsschuldners in bestimmten Fällen für den objektiven Wert der Leistung bis zur Höhe der eigenen (Gegen-) Leistung bejaht, auch wenn eine Bereicherung nicht (fort-)besteht. Es stellt sich die Frage, ob dies nicht auch bei den Nutzungen gelten muss.

I. Meinungsstand

Nach der Rechtsprechung des BGH[642] werden Nutzungsansprüche gemäß § 818 Abs. 1, 1. Var. BGB in die Saldierung aufgenommen. Demgegenüber werden nicht gezogene Nutzungen nicht berücksichtigt[643].

Eine Übertragung der Saldotheorie auf die Nutzungen vertritt demgegenüber zunächst *Schauhoff*[644]. Die Parteien seien nur um die gezogenen Nutzungen aus der erlangten Leistung abzüglich der „üblichen" Nutzungen der erbrachten Gegenleistung bereichert. In ähnlicher Weise will *Diesselhorst*[645] die Parteien auch für unterlassene Nutzungen bis zur Höhe des Nutzungspotenzials ihrer eigenen Leistung haften lassen. *Koppensteiner/Kramer*[646] sind der Ansicht, eine Partei könne (aufgrund des venire contra factum proprium-Grundsatzes) nicht von dem Vertragspartner die gezogenen Nutzungen verlangen, ohne selbst die mit dem empfangenen Gegenstand bei ordnungsgemäßer Wirtschaft erzielbaren Nutzungen (bzw. deren Wert) anzubieten.

Canaris überträgt die Wertungen seiner Theorie von der Gegenleistungskondiktion in den Nutzungsbereich[647]. Er nimmt auch hier an, dass der Bereicherungsschuldner beim gegenseitigen Vertrag bis zur „Opfergrenze" seiner eigenen Leistung zu behandeln sei, als hafte er nach § 818 Abs. 4 BGB[648]. Auch zur Unterlassung der ordnungsgemäßen Nutzungsziehung habe sich der Schuldner nur befugt halten dürfen, weil er den Vertrag für wirksam und seine eigene Leistung für verloren gehalten habe. Zur eigenen Leistung gehöre auch das Nutzungspotenzial. Deshalb hafte der Schuldner bis zur Grenze seiner Leistung samt Nutzungspotenzial nicht nur für den objektiven Wert der erhaltenen Leistung,

642 BGHZ 145, 52, 56, 57.
643 BGH NJW 1995, 454, 455.
644 *Schauhoff*, Bereicherungshaftung, S. 161 ff.
645 *Diesselhorst*, Natur der Sache, S. 100 ff.
646 *Koppensteiner/Kramer*, Bereicherung, S. 141.
647 *Canaris*, FS Lorenz, S. 45 ff.
648 *Canaris*, FS Lorenz, S. 45.

sondern auch für die entgegen den Regeln der ordnungsgemäßen Wirtschaft nicht gezogenen Nutzungen analog § 987 Abs. 2 BGB.

Flume will seine Lehre von der vermögensmäßigen Entscheidung nicht auf den Nutzungsausgleich nach § 818 Abs. 1, 1. Var. BGB ausweiten[649]. Er unterscheidet insoweit zwischen primären und sekundären Nutzungen. Bei den primären Nutzungen gelte: „Was der Bereicherungsschuldner mit der Nutzungsüberlassung anfängt, ist beim Erwerb aufgrund nichtigen gegenseitigen Vertrags Sache seiner vermögensmäßigen Entscheidung, und (...) das Unterlassen der Nutzung oder die ergebnislose Nutzung ihm in Hinsicht auf seine vermögensmäßige Entscheidung (...) zuzurechnen." Bei den sekundären Nutzungen soll demgegenüber keine entsprechende vermögensmäßige Entscheidung vorliegen; auch bei gegenseitigen Verträgen hafte der Schuldner nur in Höhe der tatsächlich gezogenen Nutzungen. Er könne auch die vom Vertragspartner gezogenen Nutzungen herausverlangen, wenn er selbst keine Nutzungen gezogen habe.

II. Stellungnahme

Das Hauptargument, das gegen eine Übertragung der Einschränkung der Entreicherungseinwendung auf § 818 Abs. 1, 1. Var. BGB vorgetragen wird, ist der Wortlaut des § 818 Abs. 1, 1. Var. BGB („gezogen")[650]. Die Bedeutung des Wortlauts wird aus hiesiger Sicht überbewertet. Durch das Abstellen auf die „gezogenen Nutzungen" wird im Rahmen der §§ 818 Abs. 1, 1. Var., 99 BGB nur die Entreicherungseinwendung teilweise vorgezogen[651]. Der Begriff „gezogen" erfüllt die gleiche Funktion wie § 818 Abs. 3 BGB. Wenn § 818 Abs. 3 BGB eingeschränkt wird, muss dies auch für § 818 Abs. 1, 1. Var. BGB gelten. Wie schon der Gesetzgeber betonte, fehlt es an einem Grund, den Hauptanspruch und den Nebenanspruch unterschiedlich zu behandeln[652]. Dass der Wortlaut des § 818 Abs. 1, 1. Var. BGB nicht bindend ist, ist wie im Rahmen des § 818 Abs. 3 BGB

649 *Flume*, GS Knobbe-Keuk, S. 124, 125.

650 Vgl. *Flume*, GS Knobbe-Keuk, S. 124; *Kaiser*, Rückabwicklung, S. 404; BGH NJW 1995, 454, 455.

651 Siehe oben (S. 76).

652 Motive II, S. 838 (zu § 740): „Was von dem Empfangenen gilt, muß auch von demjenigen gelten, was aus diesem entstanden oder hervorgegangen ist. Es fehlt an jedem Grunde, das aus dem Geleisteten Erworbene anders zu beurtheilen als das Geleistete." (Im Entwurf zum BGB wurden Nutzungs- und Surrogatsanspruch noch gemeinsam durch die Formulierung „aus dem Geleisteten Erworbene" erfasst. Eine sachliche Änderung durch die Neufassung der Ansprüche in § 818 BGB war nicht beabsichtigt, vgl. Mudgan II, S. 1185.)

zu begründen: Der Gesetzgeber hat die Abwicklung von gegenseitigen Verträgen nicht hinlänglich bedacht. Wenn § 818 Abs. 3 BGB entgegen dem Wortlaut eingeschränkt werden kann, gilt dies auch für § 818 Abs. 1, 1. Var. BGB. Das weitere Argument, die Annahme einer Nutzungen-Bereicherungshaftung des gutgläubigen Bereicherungsschuldners ohne tatsächliche Bereicherung sei mit dem Bereicherungsrecht nicht vereinbar[653], lässt sich genauso gut (oder schlecht) gegen eine Haftung des Schuldners gemäß §§ 812, 818 Abs. 2, Abs. 3 BGB trotz fehlender Bereicherung bis zur Grenze der eigenen Leistung anführen. Entweder handelt es sich um einen Verstoß gegen das Bereicherungsprinzip oder nicht (weil nur bis zur eigenen Leistungsgrenze gehaftet wird); eine differenzierende Betrachtung beim Haupt- und Nebenanspruch, die erst zusammen die vollständige Abwicklung bewerkstelligen, ist nicht überzeugend.

Die grundsätzliche Entscheidung darüber, ob und unter welchen Voraussetzungen die Einschränkung von § 818 Abs. 3 BGB bei der Abwicklung von gegenseitigen Verträgen anzunehmen ist, ist nicht Gegenstand dieser Arbeit. Klarzustellen ist lediglich, dass diese in den Nutzungsbereich übertragen werden muss. Die Argumente bei dem Hauptanspruch beanspruchen auch beim Nebenanspruch Geltung. Nur bei Anwendung der rücktrittsorientierten Ansicht zur Einschränkung des § 818 Abs. 3 BGB können hieran Zweifel aufkommen: Schließlich sieht § 346 Abs. 1, 2. Var. BGB nur eine Pflicht des Bereicherungsschuldners zur Herausgabe gezogener Nutzungen vor. Einen Anspruch auf nicht gezogene Nutzungen sieht das Gesetz nur für die Zeit nach dem Rücktritt vor (§ 347 Abs. 1 BGB). Das berechtigte Ziel, einen Gleichlauf zwischen der rücktritts- und der bereicherungsrechtlichen Abwicklung zu verwirklichen, darf jedoch nicht dazu verleiten, gesetzliche Inkohärenzen zu perpetuieren. Wie dargelegt, kann eine unterschiedliche Handhabung von Haupt- und Nebenanspruch nicht überzeugen. Bei einer rücktrittsorientierten Auslegung des § 818 Abs. 3 BGB sollte der gleiche Maßstab i. R. d. § 818 Abs. 1, 1. Var. BGB angelegt werden. § 346 Abs. 1, 2. Var. BGB wäre idealerweise ebenfalls an § 346 Abs. 3 S. 1 Nr. 3 BGB anzupassen.

Die bei der Rückabwicklung von gegenseitigen Verträgen aus heutiger Sicht vorzunehmende Einschränkung des § 818 Abs. 3 BGB ist daher in den Nutzungsbereich zu übertragen. Entgegen dem Wortlaut der §§ 818 Abs. 1, 1. Var., 99 BGB sind auf der Ebene der Anspruchsentstehung die entgegen den Regeln der ordnungsgemäßen Wirtschaft nicht gezogenen Früchte zu berücksichtigen. Ob dem Schuldner die versäumte Nutzung vorzuwerfen sein muss, hängt von der Ansicht

653 *Flume*, GS Knobbe-Keuk, S. 125.

zur Einschränkung des § 818 Abs. 3 BGB ab, die auf den Nutzungsanspruch übertragen ist. Folgt man der von der Rechtsprechung vertretenen Saldotheorie oder der von Flume begründeten Lehre von der vermögensmäßigen Entscheidung, ist es unerheblich, ob der Schuldner die versäumte Nutzungsziehung zu vertreten hat. Folgt man hingegen der von Canaris begründeten Lehre von der Gegenleistungskondiktion, ist ein Vertretenmüssen des Schuldners erforderlich. Wird schließlich die am Rücktrittsrecht orientierte Handhabung des § 818 Abs. 3 BGB vertreten, ist Voraussetzung des Anspruchs, dass grobe Fahrlässigkeit oder einfache, aber nicht der eigenüblichen Sorgfalt entsprechende Fahrlässigkeit zu bejahen ist.

§ 5 Zusammenfassung

1. Der Bereicherungsanspruch gemäß § 812 BGB hat zwei wesentliche Funktionen: Zum einen dient er im Bereich des Vertragsrechts der Rückabwicklung nichtiger, aber vollzogener Verträge. Zum anderen bildet er einen Teil des Rechtsgüterschutzes; er gewährt einen Anspruch bei rechtswidrigem, aber schuldlosem Eingriff[654] in ein absolutes Rechtsgut des Gläubigers durch dessen Inanspruchnahme und ergänzt insoweit die §§ 687 Abs. 2, 823 ff. BGB. Haftungsgrund des Schuldners und Anspruchsberechtigung des Gläubigers ergeben sich aus einer Diskrepanz zwischen faktischer und rechtlicher Zuordnung eines Vorteils: Ein Vorteil, der rechtlich dem Gläubiger zugeordnet wird, ist faktisch dem Schuldner zugeordnet. Im vertraglichen Bereich ergibt sich die rechtliche Zuordnung an den Gläubiger aus der Nichtigkeit des vollzogenen Vertrags. Der Vorteil ist dem Schuldner inter partes nur aufgrund des Vertrags rechtlich zugeordnet; dieser ist aber nichtig. Im Rechtsgüterschutz ist die Nutzung und Verwertung absoluter Rechtsgüter ihrem Inhaber mit inter omnes-Wirkung zugeordnet. Trotz der unterschiedlichen Funktionen gelten im Hinblick auf den Inhalt des Anspruchs die gleichen Grundsätze.

Gläubiger und Schuldner sollen möglichst im Wege der „Naturalrestitution" so gestellt werden, als wäre der Leistungsvorgang oder der Eingriff nicht geschehen. Ist die Herausgabe des Erlangten nicht möglich, sollen sie durch §§ 812, 818 Abs. 2 BGB vermögensmäßig so gestellt werden, als wäre die Leistung mit Rechtsgrund bzw. der Eingriff rechtmäßig erfolgt. Sofern der Vorteil einen Vermögenswert hat, sollen die Parteien vermögensmäßig so gestellt werden, als hätte der Gläubiger den Vorteil an den Schuldner entgeltlich veräußert. Der Erfüllung dieses Zwecks dient die Verpflichtung des Schuldners zur Zahlung des objektiven Werts nach § 818 Abs. 2 BGB. Im Rahmen des § 818 Abs. 3 BGB kann der Schuldner darlegen und beweisen, dass kein Vermögensvorteil (mehr) besteht und er (entgegen der Vermutung in § 818 Abs. 2 BGB) keine Aufwendungen erspart hat. Der Bereicherungsanspruch ist insoweit ein vom Vorteil des Schuldners abhängiger, aber von einem subjektiven Schaden des Gläubigers unabhängiger Anspruch ohne Abschöpfungsfunktion. Die drei grundlegenden Prinzipien können wie folgt formuliert werden:

---

654 Der Eingriff muss nicht notwendig durch den Schuldner erfolgt sein (siehe S. 23).

- Der Anspruch des Gläubigers ist stets durch den tatsächlichen, bei der Geltendmachung fortbestehenden Vorteil des Schuldners begrenzt (Vorteilsabhängigkeit/Schädigungsverbot).
- Für den Anspruch in Höhe des Veräußerungswerts ist es unerheblich, ob der Gläubiger willens und faktisch in der Lage war, den Vorteil zu veräußern (Unerheblichkeit eines subjektiven Schadens).
- Der Anspruch des Gläubigers ist stets auf den Veräußerungswert beschränkt. Ein darüber hinausgehender Vorteil des Schuldners ist unerheblich. (Keine Abschöpfungsfunktion/Keine echte Gewinnherausgabe).

Diese Grundsätze gelten uneingeschränkt auch im Bereich der Nutzungen i. S. v. § 818 Abs. 1, 1. Var. BGB. Der Haupt- und Nebenanspruch gleichen zusammen vollständig die Leistung (und ausnahmsweise auch die Inanspruchnahme des fremden Rechtsguts) aus. Unter Geltung des § 818 Abs. 1, 1. Var. BGB ist die Rechtslage nicht anders, als wenn nur § 812 BGB existierte und der Nutzungsausgleich im Rahmen des Hauptanspruchs zu bewältigen wäre.

2. Den §§ 818 Abs. 1, 1. Var., 99 BGB liegt keine gesetzliche Entscheidung für eine echte Gewinnherausgabe zugrunde. Aus den Normen lässt sich auch keine im Widerspruch zum Hauptanspruch stehende Zuweisungsentscheidung ableiten. §§ 818 Abs. 1, 1. Var., 99 BGB gewähren einen wertmäßigen Nutzungsausgleich durch Zahlung des objektiven Ertragswerts der Nutzung, der entsprechend der grundsätzlichen Wertung des § 818 Abs. 3 BGB auf den tatsächlichen Vorteil des Schuldners begrenzt ist. Der in § 99 BGB verankerte restitutionsrechtliche Fruchtbegriff erfasst nur Erträge, auf deren Art und Wert der individuelle Schuldner, der den Gegenstand ordnungsgemäß zur Ertragserzielung einsetzt, keinen oder einen nach der Verkehrsanschauung als vernachlässigbar bewerteten Einfluss hat. Der Schuldner trägt im Rahmen der §§ 818 Abs. 1, 1. Var., 99 BGB entsprechend der Wertung des § 818 Abs. 3 BGB die Darlegungs- und Beweislast dafür, dass er den objektiven Ertragswert nicht realisiert hat. Die Besonderheit des Früchteausgleichs gegenüber dem Ausgleich der Gebrauchsvorteile gemäß §§ 818 Abs. 1, 1. Var., 100 2. Var. BGB besteht darin, dass auch eine „Naturalrestitution" möglich ist.

3. Bei dem Ausgleich nach §§ 818 Abs. 1, 1. Var., 100 2. Var. BGB findet wertmäßig ebenfalls ein objektiver Ausgleich statt. Es ist der objektive Wert des gezogenen Vorteils, der mit der Verkehrsanschauung in der Regel in der Nutzungsmöglichkeit zu sehen ist, zu bestimmen. Bei der Bestimmung des objektiven Werts gelten für den bereicherungsrechtlichen Haupt- und Nutzungsanspruch die gleichen Grundsätze: Bei der Wertbestimmung kann die Ertragswert- oder Vergleichswertmethode Anwendung finden. Zur Bestimmung des objektiven Marktwerts,

d.h. des objektiven Werts, der nach der Vergleichswertmethode ermittelt wird, ist eine bereicherungsrechtliche Marktabgrenzung erforderlich. Entsprechend dem Zweck des objektiven Werts, den Preis zu erfassen, auf den sich die Parteien bei einer Veräußerung des Vorteils durch den Gläubiger an den Schuldner geeinigt hätten, muss die Marktabgrenzung nicht ohne Bezug zum individuellen Gläubiger und Schuldner, d.h. „objektiv", erfolgen. Dies ist auch nicht stets möglich. Der Schuldner kann auch bei dem Anspruch nach §§ 818 Abs. 1, 1. Var., 100 2. Var. BGB die Einwendung der Entreicherung geltend machen.

4. Die bei der Rückabwicklung von gegenseitigen Verträgen aus heutiger Sicht vorzunehmende Einschränkung des § 818 Abs. 3 BGB ist in den Nutzungsbereich zu übertragen. Entgegen dem Wortlaut der §§ 818 Abs. 1, 1. Var., 99 BGB können daher auf der Ebene der Anspruchsentstehung die entgegen den Regeln der ordnungsgemäßen Wirtschaft nicht gezogenen Früchte berücksichtigt werden. Die Entreicherungseinwendung gemäß § 818 Abs. 3 BGB steht dem Schuldner nur unter Beachtung des synallagmatischen Verhältnisses der gegenläufigen Bereicherungsansprüche zur Verfügung.

Literaturverzeichnis

Aereboe, Friedrich: Die Taxation von Landgütern und Grundstücken, Paderborn 2013, Nachdruck von 1912 (zitiert: „*Aeroboe*, Taxation“).

Bamberger, Heinz Georg/Roth, Herbert (Hrsg.): Beck'scher Online Kommentar zum Bürgerlichen Gesetzbuch, München, Stand 1.5.2014, Edition 31 (zitiert: „BeckOK/*Bearbeiter*“).

Bar, Christian/Clive v., Eric/Schulte-Nölke, Hans und Beale, Hugh/Herre, Johnny/Huet, Jerome/Storme, Matthias/Swann, Stephen/Varul, Paul/Veneziano, Anna/Zoll, Fryderyk (Hrsg.): Principles, Definitions and Model Rules of European Private Law – Draft Common Frame of Reference (DCFR), München 2009 (zitiert: „Draft Common Frame of Reference 2009“).

Bardmann, Manfred: Grundlagen der allgemeinen Betriebswirtschaftslehre, Wiesbaden 2011 (zitiert: „*Bardmann*, BWL“).

Batsch, Karl Ludwig: Vermögensverschiebung und Bereicherungsherausgabe in den Fällen unbefugten Gebrauchens beziehungsweise Nutzens von Gegenständen: Eine Kritik der Lehre von der „Eingriffskondiktion“, Marburg 1968 (zitiert: „*Batsch*, Vermögensverschiebung“).

Behrends, Okko/Knütel, Rolf/Kupisch, Berthold/Seiler, Hans Hermann (Hrsg.): Corpus Iuris Civilis – Text und Übersetzung.

- Die Institutionen, 2. Auflage, Heidelberg 1997 (zitiert: „*Behrends/Knütel/Kupisch/Seiler*, Institutionen“).
- Digesten 1–10, Heidelberg 1995 (zitiert: „*Behrends/Knütel/Kupisch/Seiler*, Digesten 1“).
- Digesten 11–20, Heidelberg 1999 (zitiert: „*Behrends/Knütel/Kupisch/Seiler*, Digesten 2“).
- Digesten 21–27, Heidelberg 2005 (zitiert: „*Behrends/Knütel/Kupisch/Seiler*, Digesten 3“).
- Digesten 28–34, Heidelberg 2012 (zitiert: „*Behrends/Knütel/Kupisch/Seiler*, Digesten 4“).

Otto, Karl Eduard/Schilling, Bruno/Sintenis, Karl Friedrich Ferdinand (Hrsg.): Das Corpus Iuris Civilis, Band 6, Aalen 1985, Nachdruck Leipzig 1832 (zitiert: „*Otto/Schilling/Sintenis*, CIC 6“).

Scott, S. P. (Hrsg.): The Civil Law – The Digest or Pandects, Volume 5, New York, 1974 (zitiert als: *Scott*, Digest 5“).

Behrens, Christian-Uwe/Kirspel, Matthias: Grundlagen der Volkswirtschaftslehre: Einführung, München 2010 (zitiert: „*Behrens/Kirspel*, VWL“).

Berjasevic, Nefail: Wucherähnliche Rechtsgeschäfte: der Versuch einer Dogmatik, Dissertation Siegen 2011 (zitiert: „*Berjasevic*, Wucherähnliche Rechtsgeschäfte").

Bockholdt, Frank: Die Übertragung rücktrittsrechtlicher Wertungen auf die bereicherungsrechtliche Rückabwicklung gegenseitiger Verträge, AcP 206 (2006), 769 ff.

Böger, Ole: System der vorteilsorientierten Haftung im Vertrag, Tübingen 2009 (zitiert: „*Böger*, Vorteilsorientierte Haftung").

Brockmeyer, Norbert: Arbeitsorganisation und ökonomisches Denken in der Gutswirtschaft des römischen Reiches, Bochum 1968 (zitiert: „*Brockmeyer*, Arbeitsorganisation").

Brox, Hans (Begr.)/Walker, Wolf-Dietrich: Allgemeiner Teil des BGB, 38. Auflage, München 2014 (zitiert: „*Brox*/Walker, AT").

Bürgers, Tobias/Körber, Torsten (Hrsg.): Heidelberger Kommentar zum Aktiengesetz, 3. Auflage, Heidelberg/München/Landsberg/Berlin 2014 (zitiert: HeidelbKommAktG/*Bearbeiter*).

Bydlinski, Franz: Juristische Methode und Rechtsbegriff, 2.Auflage, Österreich 1991 (zitiert: „*Bydlinski*, Juristische Methode").

Caemmerer, Ernst v.: Bereicherung und unerlaubte Handlung, in: Festschrift für Ernst Rabel, Band 1, 333 ff. (zitiert: „*v. Caemmerer*, Bereicherung").

Canaris, Claus-Wilhelm: Die Feststellung von Lücken im Gesetz. Eine methodologische Studie über Voraussetzungen und Grenzen der richterlichen Rechtsfortbildung praeter legem, 2. Auflage, Berlin 1983 (zitiert: „*Canaris*, Lückenfeststellung").

Canaris, Claus-Wilhelm: Anmerkung zu BGH, Urteil vom 7.11.1971, VII ZR 9/70 (Bereicherungsrecht und Minderjährigenschutz –Flugreisefall), JZ 1971, 560 ff.

Canaris, Claus-Wilhelm: Die Gegenleistungskondiktion, in: Festschrift für Werner Lorenz zum 70. Geburtstag, Tübingen 1991, S. 19 ff. (zitiert: „*Canaris*, FS Lorenz").

Charwath, Philipp: Römisches Recht, Berlin 2011 (zitiert: *Charwath*, Römisches Recht").

Derleder, Peter/Knops, Kai-Oliver/Bamberger, Heinz Georg (Hrsg.): Handbuch zum deutschen und europäischen Bankrecht, 2. Auflage, Wien 2009 (zitiert: „Derleder/Knops/Bamberger/*Bearbeiter*").

Diesselhorst, Malte: Die Natur der Sache als aussergesetzliche Rechtsquelle verfolgt an der Rechtsprechung zur Saldotheorie, Tübingen 1968 (zitiert: *Diesselhorst*, Natur der Sache").

Djazayeri, Alexander: Die Geschichte der Giroüberweisung: Von den Anfängen im 19. Jahrhundert bis zum modernen Zahlungsdiensterecht, Göttingen 2011 (zitiert: „*Djazayeri*, Giroüberweisung“).

Ebel, Friedrich/Thielmann, Georg: Rechtsgeschichte: Von der römischen Antike bis zur Neuzeit, 3. Auflage, Heidelberg 2003 (zitiert: *Ebel/Thielmann*, Rechtsgeschichte“).

Ellger, Reinhard: Bereicherung durch Eingriff – Das Konzept des Zuweisungsgehalts im Spannungsfeld von Ausschließlichkeitsrecht und Wettbewerbsfreiheit, Hamburg 2002 (zitiert: *Ellger*, „Bereicherung durch Eingriff“).

Erman, Walter (Begr.): Bürgerliches Gesetzbuch, Handkommentar, Band 2 (§§ 759–2385), 14. Auflage, Köln 2014 (zitiert: „Erman/*Bearbeiter*“).

Ernst, Werner (Begr.)/Zinkhahn, Willy (Begr.)/Bielenberg, Walter (Begr.)/ Krautzberger, Michael: Baugesetzbuch, Stand: 107. Ergänzungslieferung 2013, München (zitiert: „Ernst/Zinkhahn/*Bearbeiter*“).

Esser, Josef: Schuldrecht Besonderer Teil, Band II, 4. Auflage, Karlsruhe 1971 (zitiert: „*Esser*, Schuldrecht BT II“).

Fikentscher, Wolfgang/Heinemann, Andreas: Schuldrecht, 10. Auflage, Berlin 2006 (zitiert: „*Fikentscher/Heinemann*, SchuldR“).

Fischer, Hans Albrecht: Bereicherung und Schaden, in: Festschrift für Ernst Zitelmann zu seinem 60. Geburtstage überreicht von Verehrern und Schülern, München u.a. 1913 (zitiert: „*Fischer*, FS Zitelmann“).

Flach, Dieter: Römische Agrargeschichte, München 1990 (zitiert: „*Flach*, Römische Agrargeschichte“).

Flume, Werner: Der Wegfall der Bereicherung in der Entwicklung vom römischen zum geltenden Recht, in: Festschrift für Hans Niedermeyer zum 70. Geburtstag, Göttingen 1953, 103 ff. (zitiert: „*Flume*, FS Niedermeyer“).

Flume, Werner: Aufwendungen und Erträge bei der Rückabwicklung nichtiger gegenseitiger Verträge als Problematik der Rechtsfigur der ungerechtfertigten Bereicherung, in: Gedächtnisschrift für Brigitte Knobbe-Keuk, Köln 1997, 111 ff. (zitiert: *Flume*, GS Knobbe-Keuk“).

Flume, Werner: Die Saldotheorie und die Rechtsfigur der ungerechtfertigten Bereicherung, AcP 194 (1994), 427 ff.

Fortunato, Sérgio Fernandes: Früchte und Nutzungen: eine dogmenhistorische Untersuchung zur privatrechtlichen Erfassung von Vermögenserträgen, Frankfurt 2012 (zitiert: „*Fortunato*, Früchte“).

Füller, Jens: Eigenständiges Sachenrecht?, Tübingen 2006 (zitiert: „*Füller*, Eigenständiges Sachenrecht?“).

Goette, Wulf/ Habersack, Mathias (Hrsg.): Münchener Kommentar zum Aktiengesetz, Band 5, 3. Auflage, München 2010 (zitiert: „MünchKommAktG/*Bearbeiter*").

Goetzke, Heinrich: Subjektiver Wertbegriff im Bereicherungsrecht, AcP 173 (1973), 289 ff.

Göppert, Heinrich Robert: Über die organischen Erzeugnisse – eine Untersuchung aus dem römischen Sachenrecht, Halle 1869 (zitiert: „*Göppert*, Erzeugnisse").

Gregor, Stephan: Das Bereicherungsverbot, Tübingen 2012 (zitiert: „*Gregor*, Bereicherungsverbot").

Gretter, Bettina: Bereicherungsansprüche bei Rückabwicklung eines nichtigen Kaufvertrags: Ersparte Schuldzinsen als herauszugebende Nutzungen i. S. von § 818 Abs. 1 BGB?, DB 1995, 516 ff.

Gröger, Hans-Christian: Kapitalmarktorientierte Unternehmensbewertung: Untersuchung unter Berücksichtigung der persönlichen Besteuerung der Kapitalgeber, Wiesbaden 2009 (zitiert: „*Gröger*, Unternehmensbewertung").

Gursky, Karl-Heinz: Ersparnisgedanke und Reserveursache im Bereicherungsrecht, JR 1972, 279 ff.

Hackspiel, Thorsten: Unternehmensbewertung von KMU – Prozessuale und quantitative Besonderheiten, M&A Review 3/2010, 131 ff.

Hagmann, Birke: Gewinnherausgabe im Rahmen des Nutzungsherausgabeanspruchs gemäß § 818 I 1. Alt. BGB, Frankfurt a. M. 2007 (zitiert: „*Hagmann*, Gewinnherausgabe").

Hannemann, Thomas/Viek, Karl Friedrich/Emmert, Thomas (Hrsg.): Handbuch des Mietrechts, 5. Auflage, Köln 2013 (zitiert: „Hannemann/Viek/Emmert/*Bearbeiter*").

Hattenhauer, Hans: Bricht Miete Kauf?, in: Gedächtnisschrift für Jürgen Sonnenschein: 22. Januar 1938 bis 6. Dezember 2000, Berlin 2003, 153 ff. (zitiert: „*Hattenhauer*, GS Sonnenschein").

Heck, Philipp: Grundriß des Sachenrechts, Tübingen 1930, Neudruck Aalen 1970 (zitiert: „*Heck*, SachenR").

Heimbach, Gustav Ernst: Die Lehre von der Frucht, Leipzig 1843 (zitiert: *Heimbach*, Fruchtlehre").

Helms, Tobias: Gewinnherausgabe als haftungsrechtliches Problem, Tübingen 2007 (zitiert: „*Helms*, Gewinnherausgabe").

Herrle, Elisabeth: Besonderheiten bei der Bewertung von kleinen und mittleren Unternehmen, Norderstedt 2007 (zitiert: „*Herrle*, Bewertung KMU").

Honsell, Heinrich: Das rechtshistorische Argument in der modernen Zivilrechtsdogmatik, in: Akten des 26. Deutschen Rechtshistorikertages, Frankfurt a. M. 1987, 299 ff. (zitiert: „*Honsell*, Rechthistorisches Argument“).

Jagmann, Rainer: Wertersatz oder Gewinnhaftung? – Der Gegenstand des Bereicherungsanspruchs bei der Rückabwicklung rechtsgrundloser Leistungen im deutschen und im amerikanischen Recht, Freiburg 1979 (zitiert: „*Jagmann*, Wertersatz“).

Jahr, Günther: Schadensersatz wegen deliktischer Nutzungsentziehung – zu Grundlagen des Rechtsgüterschutzes und des Schadensersatzrechts, AcP, 183 (1983), 725 ff.

Jakobs, Horst Heinrich: Eingriffserwerb und Vermögensverschiebung in der Lehre von der ungerechtfertigten Bereicherung, Bonn 1964 (zitiert: „*Jakobs*, Eingriffserwerb“).

Jakobs, Horst Heinrich: lucrum ex negotiatione – Kondiktionsrechtliche Gewinnhaftung in geschichtlicher Sicht, Tübingen 1993 (zitiert: „*Jakobs*, lucrum“).

Jakobs, Horst Heinrich/Schubert, Werner (Hrsg.): Die Beratung des Bürgerlichen Gesetzbuchs in systematischer Zusammenstellung der unveröffentlichten Quellen, Allgemeiner Teil, 1. Teilband, Berlin u.a. 1985 (zitiert: „*Jakobs/Schubert*, Beratung“).

Kaiser, Dagmar: Die Rückabwicklung gegenseitiger Verträge wegen Nicht- und Schlechterfüllung nach BGB, Tübingen 2000 (zitiert: „*Kaiser*, Rückabwicklung“).

Kehoe, Dennis P.: Investment, Profit and Tenancy: The Jurists and the Roman Agrarian Economy, Michigan 1997 (zitiert: “*Kehoe*, Roman Agrarian Economy”).

Keil, Barbara: Fehlerhafte Unternehmenskäufe – Konzept eines funktionsäquivalenten Zwei-Wege-Modells für die Rückabwicklung, Berlin 1998 (zitiert: „*Keil*, Fehlerhafte Unternehmenskäufe“).

Kellmann, Christof: Grundsätze der Gewinnhaftung – Rechtsvergleichender Beitrag zum Recht der ungerechtfertigten Bereicherung, Berlin 1969 (zitiert: „*Kellmann*, Gewinnhaftung“).

Kleinheyer, Gerd: Rechtsgutverwendung und Bereicherungsausgleich, JZ 1970, 471 ff.

Kohler, Jürgen: Die gestörte Rückabwicklung gescheiterter Austauschverträge, Köln u.a. 1989 (zitiert: *Kohler*, Gestörte Rückabwicklung“).

Kolb, Frank: Rom: Die Geschichte der Stadt in der Antike, München 2002 (zitiert: „*Kolb*, Rom“).

König, Detlef: Gewinnhaftung, in: Festschrift für Ernst von Caemmerer zum 70. Geburtstag, Tübingen 1978, 179 ff. (zitiert: „*König*, FS v. Caemmerer“).

Konzen, Horst: Schuldrechtsreform, Rücktritt und Wegfall der Bereicherung bei gescheiterten Austauschverhältnissen, in: Festschrift für Claus-Wilhelm Canaris zum 70. Geburtstag, München 2007, 605 ff. (zitiert: „*Konzen*, FS Canaris").

Koppensteiner, Hans-Georg: Probleme des bereicherungsrechtlichen Wertersatzes, NJW 1971, 588 ff., 1769 ff.

Koppensteiner, Hans-Georg/Kramer, Ernst A.: Ungerechtfertigte Bereicherung, 2. Auflage, Berlin 1988 (zitiert: „*Koppensteiner/Kramer*, Bereicherung").

Kötz, Hein (Begr.)/Wagner, Gerhardt: Deliktsrecht, 12. Auflage, München 2013 (zitiert: *Kötz/Wagner*, DeliktsR").

Krause, Jens-Uwe: Spätantike Patronatsformen im Westen des Römischen Reichs, München 1987 (zitiert: „*Krause*, Spätantike Patronatsformen").

Lange, Hermann/Schiemann, Gottfried: Schadensersatz, 3. Auflage, Tübingen 2003 (zitiert: „*Lange/Schiemann*, Schadensersatz").

Larenz, Karl: Zur Bedeutung des „Wertersatzes" im Bereicherungsrecht, in Festschrift für Ernst von Caemmerer zum 70. Geburtstag, Tübingen 1978, 209 ff. (zitiert: „*Larenz*, FS v. Caemmerer").

Larenz, Karl/Canaris, Claus-Wilhelm: Methodenlehre der Rechtswissenschaft, 3. Auflage, Berlin u.a. 1995 (zitiert: „*Larenz/Canaris*, Methodenlehre").

Larenz, Karl/Canaris, Claus-Wilhelm: Lehrbuch des Schuldrechts, Band 2 Besonderer Teil, 2. Halbband, 13. Auflage, München 1994 (zitiert: „*Larenz/Canaris*, SchuldR II/2").

Linke, Bernd: Die Rückabwicklung gescheiterter gegenseitiger Verträge, Baden-Baden 2007 (zitiert: „*Linke*, Rückabwicklung").

Loenartz, Peter Josef: Die Restitutionspflicht des Besitzers fremden Gutes – eine theologisch-juristische Abhandlung, Trier 1885 (zitiert: „*Loenartz*, Restitutionspflicht").

Magnus, Ulrich: Schaden und Ersatz – Eine rechtsvergleichende Untersuchung zur Ersatzfähigkeit von Einbußen, Tübingen 1987 (zitiert: „*Magnus*, Schaden").

Mankowski, Peter/Schreier, Michael: Zum Begriff des Wertes und des üblichen Preises, insbesondere in § 818 Abs. 2 BGB – Zugleich zur Verzahnung von Zivil- und Kartellrecht, AcP 208 (2008), 725 ff.

Matschke, Manfred Jürgen/Brösel, Gerrit: Unternehmensbewertung. Funktion – Methoden – Grundsätze, 4. Auflage, Wiesbaden 2013 (zitiert: „*Matschke/Brösel*, Unternehmensbewertung").

Medicus, Dieter: Anmerkung zu BGH NJW 1970, 665, NJW 1970, 667.

Mestmäcker, Ernst-Joachim: Eingriffserwerb und Rechtsverletzung in der ungerechtfertigten Bereicherung, JZ 1958, 521 ff.

Mirkovic, Miroslava: The Later Roman Colonate and Freedom, Philadelphia 1997 (zitiert: „*Mirkovic*, Later Roman Colonate").

Mohr, Rolf: Einführung in die Volkswirtschaftslehre, Norderstedt 2004 (zitiert: *Mohr*, VWL").

Motive: Motive zu dem Entwurfe eines bürgerlichen Gesetzbuches für das Deutsche Reich, Berlin. u.a. 1888.

- Band 2, Recht der Schuldverhältnisse (zitiert: „Motive II").
- Band 3, Sachenrecht (zitiert: „Motive III").

Moxter, Adolf: Grundsätze ordnungsgemäßer Unternehmensbewertung, 2. Auflage, Wiesbaden 1983 (zitiert: „*Moxter*, Unternehmensbewertung").

Mugdan, Benno (Hrsg.): Die gesamten Materialien zum Bürgerlichen Gesetzbuch für das deutsche Reich, Band 2, Aalen, 1979, Nachdruck von Berlin, 1899 (zitiert: „Mugdan II").

- Die gesamten Materialien zum Bürgerlichen Gesetzbuch für das deutsche Reich, Band 3, Aalen, 1979, Nachdruck von Berlin, 1899 (zitiert: „Mugdan III").

Neumann, Ulfried: Die Katze im Bier, oder: Abgrenzung von Tatfrage und Rechtsfrage im strafprozessualen Revisionsrecht, in: Festschrift für Rainer Hamm zum 65. Geburtstag am 24. Februar 2008, Berlin 2008, S. 525 ff. (zitiert: „*Neumann*, FS Hamm").

Ott, Alfred Eugen: Marktformen, in: Albers, Willi (Hrsg.), Handwörterbuch der Wirtschaftswissenschaft, Band 5, S. 104 ff., Stuttgart u.a. 1980 (zitiert: „*Ott*, Marktformen").

Palandt, Otto (Begr.): Bürgerliches Gesetzbuch, 72. Auflage, München 2013 (zitiert: „Palandt/*Bearbeiter*").

Pawlowski, Hans-Martin: Methodenlehre für Juristen, 3. Auflage, Heidelberg 1999 (zitiert: „*Pawlowski*, Methodenlehre").

Peemöller, Volker H.: Praxishandbuch der Unternehmensbewertung, 4. Auflage, Herne 2009 (zitiert: „*Peemöller*, Unternehmensbewertung").

Petrazycki, Leon v.: Die Lehre vom Einkommen. Vom Standpunkt des gemeinen Civilrechts unter Berücksichtigung des Entwurfs eines bürgerlichen Gesetzbuches für das Deutsche Reich, Band I: Grundbegriffe, Berlin 1893 (zitiert: „*Petrazycki*, Einkommen Band I").

Petrazycki, Leon v.: Die Lehre vom Einkommen. Vom Standpunkt des gemeinen Civilrechts unter Berücksichtigung des Entwurfs eines bürgerlichen Gesetzbuches für das Deutsche Reich, Band II: Einkommensersatz, Berlin 1895 (zitiert: „*Petrazycki*, Einkommen Band II").

Pindyck, Robert S./Rubinfeld, Daniel L.: Mikroökonomie, 7. Auflage, München 2009 (zitiert: *Pindyck/Rubinfeld*, Mikroökonomie").

Prütting, Hanns/Wegen, Gerhard/Weinreich, Gerd (Hrsg.): BGB Kommentar, 9. Auflage, Köln 2014 (zitiert: „Prütting/Wegen/Weinreich/*Bearbeiter*").

Rebmann, Kurt/Rixecker, Roland/Säcker, Franz Jürgen (Hrsg.): Münchener Kommentar zum Bürgerlichen Gesetzbuch.

- Band 1: Allgemeiner Teil, 6. Auflage, München 2012, (zitiert: MünchKommBGB/*Bearbeiter*").
- Band 3: Schuldrecht Besonderer Teil I, 6. Auflage, München 2012 (zitiert: MünchKommBGB/*Bearbeiter*").
- Band 5: Schuldrecht Besonderer Teil III, 4. Auflage, München 2004 (zitiert: „MünchKommBGB/*Bearbeiter*, 4. Auflage").
- Band 5: Schuldrecht Besonderer Teil III, 6. Auflage, München 2013 (zitiert: MünchKommBGB/*Bearbeiter*").
- Band 6: Sachenrecht, 6. Auflage, München 2013 (zitiert: MünchKommBGB/*Bearbeiter*").
- Band 9: Erbrecht, 6. Auflage, München 2013 (zitiert: MünchKommBGB/*Bearbeiter*").

Reeb, Hartmut: Grundprobleme des Bereicherungsrechts, München 1975 (zitiert: „*Reeb*, Bereicherungsrecht").

Reichel, Hans: Der Begriff der Frucht im römischen Recht und im deutschen BGB, Jherings Jahrbücher für die Dogmatik des bürgerlichen Rechts, Bd. 42 (1901), 205 ff.

Reuter, Dieter/Martinek, Michael: Ungerechtfertigte Bereicherung, Tübingen 1983 (zitiert: „*Reuter/Martinek*, Bereicherung").

RGRK: Das Bürgerliche Gesetzbuch mit besonderer Berücksichtigung der Rechtsprechung des Reichsgerichts und des Bundesgerichtshofs, hrsg. von Mitgliedern des Bundesgerichtshofs.

- Band I, 12. Auflage, Berlin 1982.
- Band II Teil 5, 12. Auflage, Berlin 1989.
- Band III Teil 1, 12 Auflage, Berlin 1979 (zitiert: RGRK/*Bearbeiter*).

Rittner, Fritz (Begr.)/Dreher, Meinrad/Kulka, Michael: Wettbewerbs- und Kartellrecht, 8. Auflage, Heidelberg u.a. 2014 (zitiert: „*Rittner/Dreher/Kulka*, Kartellrecht").

Rodbertus, Karl: Untersuchungen auf dem Gebiete der Nationalökonomie des klassischen Alterthums, 1. Teil, in: Jahrbücher für Nationalökonomie und Statistik, 1864 Bd. 2, 206 ff.

Rössler, Rudolf/Troll, Max (Begr.): Bewertungsgesetz, 20. Auflage, München 2014 (zitiert: Rössler/Troll/*Bearbeiter*").

Röthel, Anne: Normkonkretisierung im Privatrecht, Tübingen 2004 (zitiert: „*Röthel*, Normkonkretisierung").

Rupietta, Dirk: Die bereicherungsrechtliche Rückabwicklung unwirksamer Unternehmenskaufverträge, Köln 2001 (zitiert: „*Rupietta*, Rückabwicklung").

Savigny, Friedrich Karl v.: System des heutigen römischen Rechts.

- Band IV, Berlin 1841, Neudruck Aalen 1981 (zitiert: „*Savigny*, System Bd. IV").
- Band V, Berlin 1841, Neudruck Aalen 1981 (zitiert: „*Savigny*, System Bd. V").

Schauhoff, Stephan: Die Bereicherungshaftung wegen der Nutzung rechtsgrundlos erlangten Geldes – Zur Auslegung des § 818 Abs. 1 und Abs. 2 BGB, Berlin 1992 (zitiert: „*Schauhoff*, Bereicherungshaftung").

Schipp, Oliver: Der ökonomische Nutzen des Kolonats? Das System der Bodenpacht und die ökonomischen Folgen, in: Günther (Hrsg.), Ordnungsrahmen antiker Ökonomien: Ordnungskonzepte und Steuerungsmechanismen antiker Wirtschaftssysteme im Vergleich, Wiesbaden 2012, 181 ff. (zitiert: „*Schipp*, Kolonat").

Schmid-Domin, Horst G.: Bewertung von Arztpraxen und Kaufpreisfindung, 3. Auflage, Berlin 2009 (zitiert: „*Schmid-Domin*, Bewertung").

Schöler, Klaus: Grundlagen der Mikroökonomik. Eine Einführung in die Theorie der Haushalte, der Firmen und des Marktes, 3. Auflage, Potsdam 2011 (zitiert: *Schöler*, Mikroökonomik").

Scholz, Harald: Der objektive Wert als Rechtsbegriff im bürgerlichen Recht, Berlin 2003 (zitiert „*Scholz*, Objektiver Wert").

Schrüfer, Klaus: Allgemeine Volkswirtschaftslehre, 3. Auflage, Berlin 2010 (zitiert: „*Schrüfer*, VWL").

Schubert, Werner (Hrsg.): Die Vorlagen der Redaktoren für die erste Kommission zur Ausarbeitung des Entwurfs eines Bürgerlichen Gesetzbuchs, Sachenrecht, Teil 1, Berlin u.a. 1982 (zitiert: „*Schubert*, Redaktorenvorlagen").

Schwintowski, Hans-Peter: Das Unternehmen im Bereicherungsausgleich, JZ 1987, 588 ff.

Serfas, Janina: Gerechter Preis, gerechter Lohn. Ein Vergleich von scholastischer und klassischer Theorie, Köln 2012 (zitiert: „*Serfas*, Gerechter Preis").

Singer, Reinhard: Selbstbestimmung, Vertrauensschutz und faktisches Synallagma, in: Perspektiven des Privatrechts am Anfang des 21. Jahrhunderts: Festschrift für Dieter Medicus zum 80. Geburtstag am 9. Mai 2009, Köln 2009, 487 ff. (zitiert: „*Singer*, FS Medicus").

Smith, Adam: Der Wohlstand der Nationen. Eine Untersuchung seiner Natur und seiner Ursachen, 3. Auflage, München 1983 ((englische) Erstausgabe 1776) (zitiert: „*Smith*, Wohlstand").

Soergel: Kommentar zum Bürgerlichen Gesetzbuch, hrsg. von Walter Siebert.
– Allgemeiner Teil 1, 13. Auflage Stuttgart 2000.
– Schuldrecht 9/3, 13. Auflage, Stuttgart 2012 (zitiert „Soergel/*Bearbeiter*").

Sprengnetter, Hans Otto/Kierig, Jochem: ImmoWertV. Das neue Wertermittlungsrecht – Kommentar zur Immobilienwertermittlungsverordnung, Sinzig 2010 (zitiert: „Sprengnetter/Kierig, ImmoWertV").

Staudinger, Julius v. (Begr.): J. von Staudingers Kommentar zum Bürgerlichen Gesetzbuch.
– Allgemeiner Teil 3, Neubearbeitung, Berlin 2012.
– Recht der Schuldverhältnisse, Ungerechtfertigte Bereicherung, Neubearbeitung, Berlin 2007.
– Recht der Schuldverhältnisse, Unerlaubte Handlungen 3, Neubearbeitung, Berlin 2012.
– Sachenrecht, Eigentum 3, Neubearbeitung, Berlin 2013.
– Erbrecht, Gemeinschaftliches Testament, Erbvertrag, Pflichtteil, Neubearbeitung, Berlin 2006 (zitiert: „Staudinger/*Bearbeiter*").

Stefani, Ulrike/Bleibtreu, Christopher: Unternehmensbewertung, in: Klamar, Nils/Sommer, Ulrich/Weber, Ingo (Hrsg.), Der effiziente M&A Prozess, Freiburg 2013, 79 ff. (zitiert: „*Stefani/Bleibtreu*, Unternehmensbewertung").

Thielmann, Georg: Zum Eigentumserwerb durch Verarbeitung im römischen Recht, in: De iustita et iure, Festgabe für Ulrich von Lübtow, Berlin 1980, 187 ff. (zitiert: „*Thielmann*, FS Lübtow").

Thunhart, Raphael: Die Nutzungsvergütung: Grundgedanken, Tatbestände und Bemessung im BGB, Berlin 2005 (zitiert: „*Thunhart*, Nutzungsvergütung").

Unterholzner, D.: Von der Erwerbung des Eigenthums an den Erzeugnissen, AcP 8 (1825), 309 ff.

Voelskow, Rudi: Zur Abgrenzung von Miete und Pacht, NJW 1983, 910 ff.

Wendehorst, Christiane: Anspruch und Ausgleich: Theorie einer Vorteils- und Nachteilsausgleichung im Schuldrecht, Tübingen 1999 (zitiert: „*Wendehorst*, Anspruch und Ausgleich").

Wilburg, Walter: Die Lehre von der ungerechtfertigten Bereicherung nach österreichischem und deutschem Recht. Kritik und Aufbau, Graz 1934 (zitiert: „*Wilburg*, Ungerechtfertigte Bereicherung").

Wilhelm, Jan: Rechtsverletzung und Vermögensentscheidung als Grundlagen und Grenzen des Anspruchs aus ungerechtfertigter Bereicherung, Bonn 1973 (zitiert: „*Wilhelm*, Rechtsverletzung").

Windscheid, Bernhard: Lehrbuch des Pandektenrechts, Band 1, 5. Auflage, Stuttgart 1879 (zitiert: „*Windscheid*, Pandektenrecht“).

Winner, Martin: Wert und Preis im Zivilrecht, Wien 2007 (zitiert: „*Winner*, Wert und Preis“).

Wirbelauer, Eckhard (Hrsg.): Antike, München 2010 (zitiert: „Wirbelauer/*Bearbeiter*“).

Wurmnest, Wolfgang: Marktmacht und Verdrängungsmissbrauch, 2. Auflage, Tübingen 2012 (zitiert: „*Wurmnest*, Marktmacht“).

Würthwein, Susanne: Schadensersatz für Verlust der Nutzungsmöglichkeit einer Sache oder für entgangene Gebrauchsvorteile?: zur Dogmatik des Schadensersatzrechts, Tübingen 2001 (zitiert: „*Würthwein*, Schadensersatz“).

Zimmermann, Reinhard: The Law of Obligations: Roman Foundations of the Civilian Tradition, Oxford 1996 (zitiert: „*Zimmermann*, Obligations“).

Zimmermann, Reinhard: The Unwinding of Failed Contracts in the UNIDROIT Principles 2010, Uniform Law Review 2011, 563 ff.

Zinsch, Benjamin Alexander: Die Bewertung mittelständischer Unternehmen unter besonderer Berücksichtigung marktorientierter Verfahren, Hamburg 2008 (zitiert: „*Zinsch*, Bewertung mittelständischer Unternehmen“).

Veröffentlichungen des Instituts für deutsches und europäisches Wirtschafts-, Wettbewerbs- und Regulierungsrecht der Freien Universität Berlin

Herausgegeben von Franz Jürgen Säcker

Band 1 Franz Jürgen Säcker (Hrsg.): Deutsch-russisches Energie- und Bergrecht im Vergleich. Ergebnisse einer Arbeitstagung vom 31. März / 1. April 2006. 2007.

Band 2 Franz Jürgen Säcker / Walther Busse von Colbe (Hrsg.): Wettbewerbsfördernde Anreizregulierung. Zum Anreizregulierungsbericht der Bundesnetzagentur vom 30. Juni 2006. 2007.

Band 3 Dirk Zschenderlein: Die Gleichbehandlung der Aktionäre bei der Auskunftserteilung in der Aktiengesellschaft. Zum Problem der Zulässigkeit der Weitergabe von Informationen an einzelne Aktionäre und Dritte. 2007.

Band 4 Simone Kirchhain: Die Anwendung der Vertikal-GVO auf innerstaatliche Wettbewerbsbeschränkungen nach der 7. GWB-Novelle. 2007.

Band 5 Franz Jürgen Säcker: Der Independent System Operator. Ein neues institutionelles Design für Netzbetreiber? 2007.

Band 6 Stefanie Otto: Allgemeininteressen im neuen UWG. § 1 S. 2 UWG und die wettbewerbsfunktionale Auslegung. 2007.

Band 7 Jochen Eichler: Vertragliche Dritthaftung. Eine Auseinandersetzung mit der Frage der Dritthaftung von sogenannten Experten und anderen Auskunftspersonen im Rahmen des § 311 Abs. 3 BGB. 2007.

Band 8 Markela Stamati: Die Anforderungen der operationellen Entflechtung nach den Beschleunigungsrichtlinien der Europäischen Kommission. Umsetzung in Deutschland und Griechenland. 2008.

Band 9 Franz Jürgen Säcker: The Concept of the Relevant Product Market. Between Demand-Side Substitutability and Supply-Side -Substitutability in Competition Law. 2008.

Band 10 Renate Rabensdorf: Die Durchgriffshaftung im deutschen und russischen Recht der Kapitalgesellschaften. Eine rechtsvergleichende Untersuchung. 2009.

Band 11 Franz Jürgen Säcker: Der beschleunigte Ausbau der Höchstspannungsnetze als Rechtsproblem. Erläutert am Beispiel der 380-kV-Höchstspannungsleitung Lauchstädt – Redwitz – Grafenrheinfeld mit Querung des Rennsteigs im Naturpark Thüringer Wald. 2009.

Band 12 Helen Mahne: Eigentum an Versorgungsleitungen. 2009.

Band 13 Franz Jürgen Säcker (Hrsg.): Russisches Energierecht - Gesetzessammlung. 2009.

Band 14 Franz Jürgen Säcker / Maik Wolf: Integrierte Energieversorgung in geschlossenen Verteilernetzen. Zum Gestaltungsspielraum des Gesetzgebers zur Neuregelung des § 110 EnWG im Lichte des Dritten EG-Energiepakets. 2009.

Band 15 Franz Jürgen Säcker (Hrsg.): Das Dritte Energiepaket für den Gasbereich. Deutsch-Englische Textausgabe mit einer Einführung. 2009.

Band 16 Franz Jürgen Säcker (Hrsg.): Das Dritte Energiepaket für den Elektrizitätsbereich. Deutsch-Englische Textausgabe mit einer Einführung. 2009.

Band 17 Thomas Dörmer: Die Unternehmenspacht. Rechtsstellung der Vertragsparteien unter besonderer Berücksichtigung der Pflicht des Unternehmenspächters zur ordnungsgemäßen Unternehmensführung sowie der Rechtslage bei Vertragsbeendigung. 2010.

Band 18 Klaas Bosch: Die Kontrolldichte der gerichtlichen Überprüfung von Marktregulierungsentscheidungen der Bundesnetzagentur nach dem Telekommunikationsgesetz. 2010.

Band 19 Geng-Sook Leem: Einheitliche Corporate Governance-Grundsätze für die Europäische Aktiengesellschaft (SE). Eine rechtsvergleichende Untersuchung anhand der Ausgestaltung der SE im deutschen und britischen Recht. 2010.

Band 20 Wiebke Gebhardt: Gentechnik und Koexistenz nach der Gesetzesnovelle von 2008: Zivilrechtliche Haftung im Vergleich Deutschland und USA. 2010.

Band 21 Cathrin Isenberg: Die Geruchsmarke als Gemeinschaftsmarke. Schutzfähigkeit und Einsatzmöglichkeiten. 2010.

Band 22 Franz Jürgen Säcker / Jochen Mohr / Maik Wolf: Konzessionsverträge im System des europäischen und deutschen Wettbewerbsrechts. 2011.

Band 23 Judith Antonia Loeck: Die unzumutbare Belästigung nach der UWG Novelle 2008 und dem Gesetz zur Bekämpfung unerlaubter Telefonwerbung und zur Verbesserung des Verbraucherschutzes bei besonderen Betriebsformen. 2011.

Band 24 Jörg Jaecks: Konzernverrechnungsklauseln und verwandte einseitige Verrechnungsbefugnisse im Mehrpersonenverhältnis. 2011.

Band 25 Franz Jürgen Säcker: Marktabgrenzung, Marktbeherrschung, Markttransparenz und Machtmissbrauch auf den Großhandelsmärkten für Elektrizität. 2011.

Band 26 Susanne Wende: Die einheitliche Auslegung von Beihilfen- und Vergaberecht als Teilgebiete des europäischen Wettbewerbsrechts. 2011.

Band 27 Leonie Kempel: Die Anwendung von Art. 102 AEUV auf geistiges Eigentum und Sacheigentum. Die Voraussetzungen des Kontrahierungszwangs nach Art. 102 AEUV und der Essential-Facility-Doktrin unter besonderer Berücksichtigung der Unterschiede zwischen geistigem Eigentum und Sacheigentum. 2011.

Band 28 Christoph Schuldt: Werbejingles – schützenswerte Kompositionen!? Die urheberrechtliche und markenrechtliche Schutzfähigkeit von Werbejingles vor unbefugter Nachahmung. 2012.

Band 29 Lydia Scholz: Die Rechtfertigung von diskriminierenden umweltpolitischen Steuerungsinstrumenten. Eine Untersuchung der Reichweite der Warenverkehrsfreiheit und ihrer Begrenzung durch den Umweltschutz als Vertragsziel am Beispiel der deutschen Energiefördergesetze EEG und KWKModG. 2012.

Band 30 Franz Jürgen Säcker: Investitionen in Kraftwerke zur Sicherung einer zuverlässigen Elektrizitätsversorgung nach der Energiewende. Rechtliche und ökonomische Rahmenbedingungen. 2012.

Band 31 Florian Leib: Kartellrechtliche Durchsetzungsstrategien in der Europäischen Union, den USA und Deutschland. Eine rechtsvergleichende Darstellung. 2012.

Band 32 Holger Hoch: Marktverschlusseffekte und Effizienzen vertikaler Zusammenschlüsse. Kartellrechtliche Beurteilung nach europäischem und deutschem Recht. 2012.

Band 33 Sebastian Kemper: Gasnetzzugang in Deutschland und in Spanien. 2012.

Band 34 Elena Timofeeva: Unbundling in der russischen Elektrizitätswirtschaft im Vergleich zum deutschen und europäischen Energierecht. 2012.

Band 35 Gisela Drozella / Harald Krebs: Marktbeherrschung im Bereich Stromerzeugung / Stromgroßhandel. Eine kritische Analyse der neueren Sicht des Bundeskartellamts. 2013.

Band 36 Christian Rehm: Die Einzel- und Gesamtverantwortung der Vorstandsmitglieder der Aktiengesellschaft. Die Verantwortung für die Leitung und Geschäftsführung im mehrköpfigen Vorstand in der unabhängigen und der herrschenden AG. 2013.

Band 37 Ann-Christin Richter: Mengen- und umsatzbezogene Rabatte marktbeherrschender Unternehmen in den Grenzen des Art. 102 AEUV. 2013.

Band 38 Nikolaos Pitsos: Die erhebliche Behinderung des wirksamen Wettbewerbs (SIEC-Test) im Fusionskontrollrecht. Zugleich ein Beitrag zur Problematik der oligopolistischen Marktbeherrschung unter Vergleich mit dem amerikanischen SLC-Test. 2013.

Band 39 Mirko Heinemann: Das Markenzeichen als Anknüpfungspunkt des Markenimages. 2013.

Band 40 Sylvia Lorenz: Der Immaterialgüterschutz virtueller Ladengeschäfte. Ein Vorschlag für die rechtliche Erfassung virtueller Güter. 2014.

Band 41 Anke Reimers: Wettbewerbsrechtliche und regulatorische Analyse der Kapazitätenvergabe an Grenzkuppelstellen im Elektrizitätsbinnenmarkt. 2014.

Band 42 Franz Jürgen Säcker / Carsten König / Lydia Scholz: Der regulierungsrechtliche Rahmen für ein Offshore-Stromnetz in der Nordsee. 2014.

Band 43 David Preisendanz: Der Humor in der vergleichenden Werbung. 2014.

Band 44 Martin Gerig: Vollendung des EU-Energiebinnenmarktes vs. nationale Marktabschottungen. Europarechtskonformität mitgliedstaatlicher Fördermaßnahmen und Kapazitätsmärkte am Beispiel Deutschlands. 2014.

Band 45 Jan Patrick Ehinger: Dritthaftung für Kunstexpertisen und Aufnahmebestätigungen in den Catalogue raisonné. Ein Beitrag zur Expertenhaftung. 2014.

Band 46 Julia Gerzen: Das Recht der Gesellschafter-Fremdkapitalfinanzierung. Rechtsvergleichende Analyse der Behandlung von Gesellschafterdarlehen vor und in der Insolvenz der GmbH nach deutschem und russischem Recht. 2014.

Band 47 Laura Börger: Die gerichtliche Kontrolldichte bei der Überprüfung von Entscheidungen der Europäischen Kommission auf dem Gebiet der Fusionskontrolle. 2014.

Veröffentlichungen des Instituts für Energie- und Regulierungsrecht Berlin

Band 48 Daniel Simon Travers: Kopplungsangebote. Eine Studie zum Vertrags- und Lauterkeitsrecht. 2015.

Band 49 Anna Olbryś-Sobieszuk: EU-rechtliche Schranken der Glücksspielwerbung in Deutschland, Großbritannien und Polen. 2015.

Band 50 Franz Jürgen Säcker/Lydia Scholz/Thea Sveen: Renewable Energy Law in Europe. Challenges and Perspectives. 2015.

Band 51 Lina Berezgova: Festlegung von Stromnetzentgelten in Deutschland und Russland. Eine rechtsvergleichende Untersuchung der anreizbasierten Regulierungsvorgaben. 2015.

Band 52 Fengliang Jin: Aufgreifkriterien in der Fusionskontrolle. Eine rechtsvergleichende Untersuchung des europäischen (Art. 3 FKVO), deutschen (§ 37 GWB), taiwanesischen (§ 6 FHG) und festlandchinesischen (§ 20 AMG) Rechts. 2015.

Band 53 Vasileios Triantafyllidis: Die Einordnung der Passing-On-Defense in das allgemeine Schadensersatzrecht. Eine rechtsvergleichende, dogmatische Studie. 2015.

Band 54 Peipei Liu: Die Inhaltskontrolle von Allgemeinen Geschäftsbedingungen und formularmäßigen Vertragsklauseln im deutsch-chinesischen Vergleich. 2016.

Band 55 Evelyn Kozak: Zur Notwendigkeit eines arbeitsrechtlichen und haftungsrechtlichen Whistleblowerschutzes. 2016.

Band 56 Genevieve Baker: Der bereicherungsrechtliche Nutzungsanspruch. 2017.

www.peterlang.com

www.ingramcontent.com/pod-product-compliance
Ingram Content Group UK Ltd.
Pitfield, Milton Keynes, MK11 3LW, UK
UKHW021823290926
8980IPUK00004B/231

9 783631 714324